山东省农产品物流与供应链研究

赵 敏 著

西北工业大学出版社

西 安

【内容简介】 本书从农产品物流与农产品供应链理论研究着手,借鉴国内外农产品物流与供应链的发展经验,分析了当前山东省农产品物流与供应链存在的一些问题,并基于此展开了对山东省农产品物流与供应链模式及选择、合作机制以及发展策略等方面的研究。

本书可供从事农产品物流与供应链领域工作的专家学者、企业管理者参考,也可作为高等院校物流管理、供应链管理等专业的学生知识拓展的阅读材料。

图书在版编目(CIP)数据

山东省农产品物流与供应链研究 / 赵敏著. — 西安:西北工业大学出版社,2020.10
ISBN 978-7-5612-7366-1

Ⅰ. ①山… Ⅱ. ①赵… Ⅲ. ①农产品-物流-研究-山东 Ⅳ. ①F724.72

中国版本图书馆CIP数据核字(2020)第203020号

SHANDONGSHENG NONGCHANPIN WULIU YU GONGYINGLIAN YANJIU

山东省农产品物流与供应链研究

责任编辑:朱晓娟	**策划编辑**:梁 卫
责任校对:胡莉巾	**装帧设计**:李 飞

出版发行:西北工业大学出版社
通信地址:西安市友谊西路127号 邮编:710072
电　　话:(029)88491757,88493844
网　　址:www.nwpup.com
印 刷 者:西安真色彩设计印务有限公司
开　　本:787 mm×1 092 mm   1/16
印　　张:15
字　　数:310千字
版　　次:2020年10月第1版   2020年10月第1次印刷
定　　价:72.00元

如有印装问题请与出版社联系调换

前 言

农产品物流是我国社会主义新农村建设的重要基础,是农业产业化发展的必然要求,是提高农民收入的重要手段,也是加快城市化进程、缩小城乡差距的重要环节,更是一项关系到国计民生的重大工程。山东省是我国的农业大省,同时又是农产品的出口大省,相对其他地区而言,山东省的农产品物流与供应链运作效率不高,提升需求迫切。因此,研究山东省农产品物流与供应链,发现问题,并采取措施解决这些问题,总结农产品物流发展过程中的经验教训,找到适合山东省农产品物流发展的模式,实现农产品物流与供应链由传统向现代的转变,可以对我国其他省区建设现代农产品物流与供应链体系提供方法论支撑、决策依据和实践指导,对相似区域的农产品物流与供应链体系的建设也有重要的参考价值。为带动农民增收,提高农民的生产、生活水平,实现乡村振兴,构建和谐社会打好基础。

本书共8章。第1章对研究背景与意义及国内外相关研究现状进行详细阐述。第2章主要介绍农产品物流与供应链相关理论,并在此基础上阐释农产品物流与供应链的关系,为后续研究奠定基础。第3章通过对山东省农产品物流园、农贸市场、农产品商贸公司等展开调研来分析农产品物流与供应链发展的背景与环境条件、农产品供应链体系存在的问题以及供应链环境下的山东省农产品冷链物流模式。第4章介绍国内外农产品物流与供应链发展经验,借鉴美国、荷兰、日本、法国等发达国家农产品物流的发展经验,分析我国农产品物流与供应链的模式及优化。第5章从山东省农产品物流园服务、循环物流模式以及多温共配模式等三方面阐述农产品物流服务模式与案例,并在此基础上提出山东省农产品供应链模式的选择。第6章结合"互联网+"背景对山东省农产品供应链模式进行优化设计,提出农产品供应链的消费者到消费者模式(C2C)、企业到企业模式(B2B)、企业到消费者模式(B2C)等优化模式,并从法制环境、平台建设、冷链设施、标准化建设以及支付安全等方面提出运行保障措施。第7章从供应链企业合作关系的问题分析和原因分析、合作框架等方面研究山东省农产品供应链合作机制。第8章依据农产品供应链效率优化方法提出山东省农产品物流与供应链的发展策略。

  本书在撰写过程中，得到了博士生导师夏同水教授和张春翠、刘阳阳、朱雪丽、徐倩、于海浩、郭司岗等的大力支持，在此深表感谢！本书的出版得到了山东管理学院学术著作出版基金、山东管理学院智慧物流功能体系研究团队和济南市软科学计划的支持，在此一并表示感谢。另外，撰写本书参阅了相关文献资料，在此，谨向其作者深表谢意。

  山东省农产品物流与供应链的理论与实践仍处于发展过程中，有许多课题值得深入研究与探讨。由于水平有限，书中难免存在不妥之处，敬请读者批评指正。

著　者

2020年7月

目 录

第1章 绪论 ··· 001
 1.1 研究背景和意义 ··· 001
 1.2 国内外研究现状 ··· 004

第2章 农产品物流与供应链相关理论 ··· 009
 2.1 农产品物流理论 ··· 009
 2.2 农产品供应链理论 ··· 019
 2.3 农产品物流与供应链的联系 ··· 024

第3章 山东省农产品物流与供应链管理发展现状 ···································· 028
 3.1 山东省农产品物流与供应链发展的背景与环境条件 ······················ 028
 3.2 山东省农产品供应链调研综述 ·· 030
 3.3 山东省现行农产品供应链体系问题分析 ······································ 038
 3.4 供应链环境下的山东省农产品冷链物流 ······································ 040

第4章 国内外农产品物流与供应链发展经验 ·· 053
 4.1 美国农产品物流发展现状 ·· 053
 4.2 促进美国农产品物流发展的主要因素及措施 ································ 057
 4.3 美国农产品物流的发展对我国的启示 ··· 066
 4.4 荷兰、日本、法国农产品流通体系的建设经验 ····························· 073
 4.5 我国农产品物流与供应链模式及优化 ··· 075

第5章 山东省农产品物流服务模式与案例 ··· 096
 5.1 山东省农产品物流园服务 ·· 096
 5.2 山东省农产品循环物流模式——以济南市为例 ····························· 110

5.3　山东省农产品物流与供应链多温共配模式 ················· 145
　　5.4　山东省农产品供应链模式选择 ····························· 185

第6章　"互联网＋"背景下山东省农产品供应链模式创新 ················· 188
　　6.1　山东省现有的农产品供应链模式 ··························· 188
　　6.2　"互联网+"背景下山东省农产品供应链模式 ················· 192
　　6.3　"互联网+"背景下山东省农产品供应链模式运行保障 ········· 194

第7章　山东省农产品供应链合作机制 ································· 197
　　7.1　山东省农产品供应链企业间合作关系存在的问题 ············· 197
　　7.2　供应链企业间合作存在问题的原因 ························· 198
　　7.3　供应链企业间合作机制的总体框架 ························· 201
　　7.4　建立供应链企业间的合作机制 ····························· 207

第8章　山东省农产品物流与供应链发展策略研究 ······················· 216
　　8.1　农产品供应链效率优化原则与目标 ························· 216
　　8.2　农产品供应链效率优化策略 ······························· 219
　　8.3　山东省农产品物流与供应链发展策略 ······················· 221

参考文献 ··· 226

第1章 绪　　论

1.1 研究背景和意义

1.1.1 研究背景

近年来，为了切实推进乡村振兴战略的实施，国家始终将涉农问题作为重点关注的对象。自2014年起，每年的中央1号文件均有发展农村电商产业的相关表述。2017年，商务部提出了我国物流体系在未来一段时期内应以完善县、乡、村配送机制为主要发展方向，集聚优质资源解决我国农村居民在参与电商产业活动时所面临的物流瓶颈，不仅要充分激发我国乡村地区庞大的消费潜力，还要为农产品的线上销售提供必要的支撑，使乡村成为我国电商产业乃至整体经济发展的全新驱动力。2017年，山东省政府工作报告中指出，应鼓励智慧供应链创新发展，提升民生物资配送和冷链物流能力。这一系列方针政策为中国新时期农产品供应链的发展指明了方向。当前，全国乡村地区的经济水平已经得到提升。山东省是我国农业大省，农产品流通量巨大，然而山东省的农业发展尚存在诸多有待完善之处，比如农产品销售缺乏市场机制的有效引导，产销主体多以农民个体为主，农产品质量的评判缺乏统一标准，农产品供应链环节多，农产品物流技术落后、损耗大、成本高、效率低等问题。提升山东省农产品供应链水平，解决农产品流通问题显得尤为迫切和重要。

对山东省农产品物流与供应链的研究，主要基于以下几方面的原因：

（1）与欧美等发达国家中物流产业对农业的覆盖相比，山东省现有的农产品物流体系尚存在较大的不足，即使与近邻的日韩两国乃至是国内处于领先水平的江苏、辽宁诸省相比，也颇有不及。在电商平台逐渐成为农产品主要销售渠道的当下，物流体系的完善将直接影响山东省农业的发展水平，也是山东省农产品走出国门，参与国际市场竞争的必要条件。

（2）随着我国服务业市场的逐步完善，作为服务业的重要组成部分，我国物流产业呈现出明显的国际化和信息化发展趋势。诸多国际知名物流服务提供商均对我国物流产业的发展前景持乐观态度，相继通过设立分公司或以与国内物流企业进行合作等方式进军中国市场，加剧了我国物流服务市场的竞争态势。在愈发严峻的市场形势下，本土物流企业应从提升服务质量着手，优化自身的资源配置，完善物流网络覆盖，尽快抢占乡村农产品物流市场，全面提升企业的竞争力。

（3）山东省农产品物流体系不够健全已经严重影响了区域涉农经济的发展。20世纪80年代，我国各地区曾普遍存在卖粮难的情况，这主要是由运力不足，交通道路等基础设施不完善所导致的，经过近40年的发展，运力以及基础设施方面的问题早已不复存在，但近年来仍频繁出现了水果和蔬菜等农产品滞销的情况，其主要原因在于农产品供大于求，农产品结构调整存在盲目性和趋同性，价格波动频繁等问题严重。

（4）山东省出台了一系列关于农产品物流发展的相关政策，将农产品物流的发展提上了议事日程。以加快专业物流企业的发展为建设重点，提升新型物流产品或服务的供给质量，以专业化、国际化和信息化为发展方向构建科学高效的现代物流体系。充分利用山东省目前较为完善的海、陆、空立体交通网络，着力提升农产品物流的覆盖面积，为山东省农产品拓宽国际市场提供了必要的支撑。

山东省结合自身市场需求以及区域内物流体系的发展情况，制定了《现代物流业振兴发展规划》。该文件明确了当下山东省农产品物流产业发展的阶段性目标：引导并扶持本土物流产业的龙头企业发展，优化产业布局，完善物流网络，以粮、棉、果蔬物流为重点发展方向，着力补齐省内物流体系在大宗商品及农产品等方面的短板。同时，也将发展冷链物流作为重要的工作内容，为果蔬、肉类等需要保鲜的农产品提供更加专业化的物流服务。除此之外，山东省还制定了配套的政策法规，为省内现代物流产业的发展提供完善的制度保障，充分显示出山东省政府对物流产业现代化发展的重视程度，同时也是区域经济发展的必然要求。

（5）山东省农产品物流的理论基础较为薄弱。目前，国内学界尚未形成统一的农产品物流的概念，供应链等在相关理论上没有较为明确的界定，使得农产品物流的发展及管理缺乏必要的理论依据，严重阻碍了山东省农产品产销的发展。截至目前，山东省尚未形成较为完善的农产品物流体系，现有的农产品物流多是企业组织或个体农户通过购买第三方专业物流公司的服务来实现的，未形成规模化、集中化经营，增加了物流成本。

（6）山东省农产品物流供应链呈现出"枣核形"分布模式，即作为供应链首尾两端的农产品生产者及终端市场的消费者在供应链中处于从属地位，对产业的发展并没有足够的话语权，且规模相对也较小，而处于供应链中间环节的供销商、企业组织等由于获得了绝对的信息优势，所以通常处于主导地位，致使农民收入增长缓慢，不利于农村经济发展，这就使对山东省农产品供应链模式进行调整和创新成为当务之急。

（7）随着我国市场经济体制的逐步完善以及全球一体化程度的不断加深，我国传统的以家庭为单位的农业生产方式已不能满足当下国内外市场的需求。在国家的积极引导下，我国农业呈现出明显的产业化、集中化和规模化发展趋势。农业产业化发展指的是以农产品生产为基础，沿产业链进行纵向延伸，打通生产者与市场之间的连接，形成包括生产、加工、营销等环节的完整产业体系。

自加入世界贸易组织之后，我国企业的国际贸易活动愈发频繁，其中农产品已经成为我国进出口贸易中重要的组成部分，与国际市场的关联性不断加深。在参与国际贸易的过程中，我国农业产业化程度欠佳、产品附加值较低等问题逐渐显现出来，已成为制约我国农产品国际市场竞争力发展的主要因素。就美国、澳大利亚等发达国家的农业发展经验而言，构建畅通、高效的产品流通渠道是国家或地区农业产业化发展的先决条件。我国农业发展有着悠久的历史，农耕文明传承千年而不绝，但是必须认识到的是，在社会逐渐步入信息时代的当下，我国农业信息化程度严重不足，不仅制约了我国农业发展的效率，也使得产品流通渠道难以统一，给农业的发展带来了不利的影响。

1.1.2 研究意义

就目前情况而言，国内学界对山东省农产品物流产业的研究尚未形成完善的理论体系，目前现有的研究多侧重于产品流通（包括流通体系、流通体制等）。本书在充分借鉴现有研究成果的基础上，从农产品物流与供应链理论研究着手，尝试通过剖析国内外农产品物流与供应链的发展经验，分析当前山东省农产品供应链存在的一些问题，基于此展开对山东省农产品物流与供应链模式及选择、山东省农产品供应链合作机制以及山东省农产品物流与供应链发展策略等方面的研究。希望通过对这些问题的阐述，为从事农产品物流与供应链理论研究的学者提供思路、理论和方法上的借鉴，弥补现有研究的不足，在一定程度上丰富该研究领域的理论体系。

农产品物流是扩大农产品销售的重要渠道，是推动我国乡村振兴战略的重要驱动力，对农业的发展具有积极的促进作用。作为基础性产业，农业与民生息息相关，对社会稳定及国家和谐具有重要意义。山东省作为我国重要的农产品产地，农产品出口创汇已经成为区域经济发展的重要推动力。但是必须正视的是，山东省的物流与供应链运作效率不高，提升需求迫切。因此，研究山东省农产品物流与供应链，找到其中存在的不足，并通过科学的方法进行调整和改进，借鉴欧美日等发达国家物流产业在农产品方面的适用经验，从山东省农产品生产经营的实际情况出发，构建科学、合理的农产品物流与供应链运作模式，能够推动物流产业的现代化发展，对我国其他重要农业省区的农产品物流及供应链发展提供有价值的决策依据和实践指导，对相似区域的农产品物流与供应链体系建设也有重要的参考价值，为带动农民增收，提高农民的生产、生活水平，实现乡村振兴，构建和谐社会打好基础。

因此，对山东省农产品物流与供应链展开研究具有重要的理论意义、实践意义和社会意义。

1.2 国内外研究现状

1.2.1 农产品物流研究

西方学术界对农产品物流的理论研究起步相对较早，1901年，约翰·F. 格鲁维尔在《农产品流通产业委员会报告》中第一次论述了影响农产品配送成本的各因素，填补了对农产品物流研究的空白。国外，尤其是欧美日等农业比较发达的国家，基本上都是以大农场的形式进行生产的，农产品生产经营规模大，劳动生产率高，农场主希望从农用物资的生产和供应、农业生产以至于农产品的收购、储藏运输、加工、包装，一直到销售等环节组成一个有机的整体，或者由农业合作社或农协会等专门的组织来运作。产品流通的各个环节已经呈现系统化，整个物流流程实行统一计划、管理和控制，已经从物流发展转化为农产品供应链发展。

当前，就欧美日等发达国家现有的发展状况而言，农产品物流主要可划分为以美国为代表的超市主导型以及以日本为代表的市场主导型两种类型。Zuurbier对欧美多个发达国家的农产品供应链进行了实证分析，分析结果显示，垂直协作不仅可以降低农产品物流所产生的必要成本，同时也可以显著提升物流的效率。Cook指出，近年来市场需求呈现出明显的差异化发展趋势，零售业凭借其灵活性更容易被消费者所选择，拥有自主配送能力的大中型超市可以省去诸多中间环节，只与生产者及消费者连接，在提升经营利润的同时，也降低了货品在多次传输过程中所产生的损耗。

国内学者对农产品物流的研究主要集中在主张重视农产品物流、农产品物流存在的问题及农产品物流发展模式等方面。

著名经济学家厉以宁提出："我们今天要发展优势农业，要提高农民收入，一定要建立物流概念，发展农产品物流产业。"中国物流与采购联合会常务副会长认为，农产品物流涉及整个国民经济的运行效率和运行质量，涉及农民的根本利益以及农业的现代化，因此，要充分重视农产品物流，提高对农产品物流重要性的认识。

秦代红认为，我国农产品物流存在主体发育不健全，农民组织化程度低，农民缺乏市场竞争力和自我保护能力，多数农产品物流企业规模小、带动作用低等问题。罗其友和陶陶认为，近中期实施以"减负体养、投入整合"为核心的"农业零负担"政策，少取、放活，逐步取消农产品生产、加工、运输、营销等环节的各种负担；中远期要从"农业零负担"政策逐步向"农业正支持"政策过渡，其中农产品物流支持政策主要通过消除运输、储运、营销等方面的制约，来改善农产品流通基础设施和营销环境，引导农产品合理流通，降低物流成本，提高农产品市场竞争力。

姜大立等从农业物流管理的角度，提出了农业物流管理应通过农资连锁经营配送管理、农业产业化经营管理和农产品物流管理来开展，并提出了我国四类农业物流运作模式——农资企业的连锁经营模式、订单农业模式、产业化生产模式和农产品批发模式。胡定寰等针对我国的超市对农产品流通的影响，提出了在中国可以采用"超市+龙头企业（农产品供应商）+农户"的模式，引导大量的小规模农户进入超市供应链，加快普及安全、优质农产品的进度。

1.2.2 冷链物流研究

冷链指的是需要在低温环境下进行仓储、运输的易腐产品从生产到加工，再到终端销售环节之前，为保证产品质量而采取的一系列管理措施。这是在低温存储技术的提升以及物流产业发展的共同作用下催生的全新产业，极大地满足了易腐产品的仓储、运输需求，扩大了该类产品的销售范围。目前，就经营实务而言，采用冷链物流服务的产品可分为以下三种：

一是初级农产品，指的是由生产环节直接产出，未经后续加工的农产品，如瓜、果、蔬菜、肉、蛋和奶等；二是经过加工的初级农产品，如肉制品和乳制品等；三是需要低温环境保存的其他产品。

冷链物流的概念最早诞生于欧美等发达国家，美国学者巴尔里尔以及英国学者莱迪齐均在1894年公开使用了"冷链物流"一词，由于当时市场的物流需求较小且低温存储技术发展不够成熟，这一概念的提出并没有得到广泛的关注。直到第二次世界大战以后，全球进入战后重建时期，经济发展提速，冷链物流才成为市场关注的热点之一。20世纪50年代末期，美国学者阿萨德率先提出了3T原则，对冷冻食品的适宜时间（Time）、储存温度（Temperature）以及耐藏性（Tolerance）进行了明确的限制。左尔在3T原则的基础上补充了食品的加工、包装以及冻前质量三个要素，被业内称为3P理论。就目前而言，在冷链物流概念的定义上国内外学术界均没有形成较为统一的认识。

欧盟将冷链界定为产品原材料从生产、加工、包装到终端销售市场的全过程中所涉及的所有需要在低温环境下完成的操作。具体而言，冷链贯穿了冷藏食品生产、仓储、运输以及销售的全过程。美国食品药品管理部门则认为，冷链是从生产环节到食用环节，通过对温度的控制以抑制细菌的滋生，从而保障食品的质量的操作。我国在2001年颁发的物流行业标准中将冷链物流定义为，为保障食品品质，使其在生产销售的全过程中通过专业的设备实现低温存储。在2006年，国家对其进行了修订，认为冷链是在产品生产到使用的过程中为确保其质量而将其于低温环境下保存的物流方式。2010年，国家发展和改革委员会对农产品冷链物流发展提出了指导性意见，对冷链物流所使用的技术、设备等均提出了明确的要求。

毋庆刚认为，冷链物流指的是为保障易腐食品在加工、运输、营销环节不会发生质量损耗而将其置于适宜的温度环境之下的行为。由于农产品不易保存，质量易受到温度等外部环境的影响，所以冷链物流最为主要的服务对象便是农产品行业，而冷链物流的建设发展需要较大的前期投入，且需随科技的发展不断地对设备、技术进行更新。农产品因种类、品质等方面的不同，对冷链的要求也存在较为明显的差异，对冷链技术以及管理操作提出了较高的要求。Shankar通过分析提出了冷链物流的评价指标体系，对冷链物流企业的状况进行了分析。该指标体系认为，冷链物流具有明显的阶段性特点，还针对不同阶段的特征对物流的效率以及优化调整给出了相应的建议。李学工充分利用当下信息技术的发展成果，研发了农产品从生产到终端销售全产业流程的追溯系统，实现了农产品冷链中各个环节的信息化管理。谢如鹤通过构建邻接矩阵以及可达矩阵对农产品冷链体系中各重要因素进行了测算和分析，并以此为依据构建了农产品冷链物流的结构模型。Prakash对电子射频技术在冷链物流中的应用进行了实践尝试，并取得了一定的成果。王金凤对使用冷链物流产品的终端销售环节进行了研究，尤其是在零售店的选址方面取得了较为显著的成效，以成本最小化、效益最大化为原则，以提升客户满意度为目标构建了双层规划模型。David侧重于对评估及评审在冷链物流管理中所发挥的作用进行了研究。邹艺风构建了食品冷链物流分析模型，并结合具体案例对模型的可靠性及适用性进行了分析，对发现的问题给出了具有一定可行性的整改建议。许金立使用供应链模型对水产品的冷链物流进行了详细的分析，并在分析过程中结合水产品冷链的实际特点对供应链模型进行了修正。

李学工从我国近期农产品物流的实际发展入手，对发展过程中存在的不足进行了准确定位并给出了相应的调整方案。向金秀综合分析了相关的物流理论，并在此基础上构建了冷链物流路线分析模型，全面考虑了冷链物流各环节所需耗费的费用，从而找到了农产品冷链物流配送的最优路径。

Sanye对农产品在跨气候地区物流运输的实际问题进行了分析，并给出了具有可行性的建议及对策。Nicholas针对生鲜产品易腐的特点，以对生鲜产品品质构成影响的诸多要素为因子构建了物流分析模型，并对墨西哥地区的农产品物流进行了实证分析，根据分析结果给出了相应的优化建议。李栋梁对农产品物流过程中所存在的食品安全问题进行了专项研究，认为科学的冷链物流体系可以有效地解决农产品质量在物流环节中的损耗，并给出了具体的实施建议。

1.2.3 农产品供应链研究

国外学者对农产品物流的研究更注重于供应链集成，认为涉农供应链是一种贯穿"田间到餐桌"的过程且是"生产商与消费者双驱动模式"特征明显的非线性系统。Kenneth认为，涉农链是一个"生产调整+消费驱动"的复杂系统；徐洪波指出，美国农产品的销售主要是直销模式，生产基地和超市对接的比例大约为80%，通过批发市场销售的农产品只有20%。郑颖杰等提出了电子商务环境下我国农产品物流业发展趋势为以顾客为中心、小批量、个性化、准确性、及时性、可持续发展以及适应性等。孙统超等提出4个优化的物流模式设计，以及与之相应的策略与建议。宋轶基于电子商务构建了集成式农产品供应链的模型；杨跃之提出了农产品流通的电子广告模式、网络信息平台模式、网络直销模式和电子交易市场模式等4种模式类型。吴宇轩提出了互联网+背景下"O2O+C2B"复合模式的解决方案。黄友文通过企业战略分析法（SWOT）分析了对我国生鲜电商物流的优劣势、面临的机遇和挑战，并提出了相应的对策；樊世清等通过改进的蚁群算法对生鲜农产品冷链物流车辆配送路径优化进行了研究。

1.2.4 农产品供应链模式研究

李碧珍对农产品的自营物流模式、第三方物流模式和物流园区模式展开了比较分析。Wuya等探讨了农产品物流的信息、效率和监督问题等，发现只有构建第四方物流的农产品物流模式，才可以降低我国农产品物流成本并提升物流效率。有的学者倾向于针对特定区域或者特定农产品种类，设计与选择农产品物流模式，研究的区域包括国外的一些城市和国内的山东省、新疆维吾尔自治区、安徽省等省（自治区），研究的农产品种类主要是蔬菜、水果等。李学工以山东省寿光蔬菜业为分析视角，研究了生鲜农产品进入超市的商业物流运作模式。Yanee等以泰国水果、蔬菜供应链为研究对象，对生鲜的农产品超市对接模式进行了比较，并分析了政府政策对这些模式的影响，进而从5种模式中选择了最有效的一种，即农业合作社与超市的对接模式。李红对新疆维吾尔自治区农产品的国际物流模式进行了优化，构建了协同型农产品物流模式。该模式的前提是农业合作社，运行载体是农产品物流园区，核心是物流配送中心，第三方、第四方物流企业起辅助性作用。张国宝等通过访谈法调研了安徽省茶叶加工企业，并借助Logit回归模型分析茶叶加工企业选择物流模式的影响因素。Sonny等为赞比亚卡塔塔的番茄物流活动提出了4种物流模式，并选择了可以最大限度降低番茄物流成本的第4种物流模式（可降低71.64%的物流成本）。Wladimir等对新鲜水果供应链代表性文献的运筹学模型进行了综述，试图寻找求解生鲜水果供应链问题的最佳模型。许颖借助技术经济评价法和专家打分对3种赣南脐橙的物流模式备选方案进行了选优。

1.2.5 农产品供应链合作机制研究

李照男对农产品供应链潜在的风险进行了探究，其所研究的内容涵盖了内部运营、外部合作、市场以及食品质量等多维度的风险。通过研究指出，目前优化供应链的重要工作是对其中潜在的风险进行有效的管控。许政达也对我国蔬菜供应链有待完善之处进行了研究。马静对参与农产品供应链的所有主体，如政府、农村合作社、涉农企业以及终端环节的零售商以及消费者等，进行了全面的研究，并以不同主体的立场给出了促供应链发展的建议。李英以农产品相关理论为切入点，对陕西省农产品物流发展情况进行了全面的分析。肖小翠等集中研究了期权契约在供应链中的应用，构建了以市场及零售商为主体的供应链模型，并结合实践结果对该模型进行了完善，从而提升了模型的适用性及准确性。程列研究了TPL在VMTPL模型中的应用。还有部分学者从算法等角度入手对供应链进行了完善，但是就目前现有的研究成果而言，鲜有以产品供应链为对象的研究。宋轶充分考虑了网络信息技术对农产品供应链的影响，根据电商服务的特点构建了农产品供应链的分析模型。

综上所述，基于农业的基础性地位以及物流产业在各产业协同发展中所发挥的重要作用，世界各国政府、学界对农产品物流的关注度不断提升，不仅极大地丰富了该领域的理论体系，也使得理论研究向纵深延伸。但是，国内对于物流方面的研究起步相对较晚，多是专家学者的自发性行为，所以研究成果较为分散，没有形成较为完善的理论系统，与欧美等发达国家尚存在较大差距，有待进一步完善。

第 2 章 农产品物流与供应链相关理论

2.1 农产品物流理论

2.1.1 农产品物流的概念

农产品物流是物流理论在农产品营销实践中的具体应用。目前，就国内学术界普遍性的观点而言，现代农产品物流是以消费者的需求为导向，以提升农产品生产方经营利润及降低产品物流成本为目的，实现农产品从生产环节到最终食用环节的所有权转移。而就物流活动的具体内容而言，大致可分为运输、仓储、装卸和配送等诸多类别。其根本目的是通过降低农产品在物流运输环节所消耗的成本从而提升农产品生产营销的利润，减少产品从生产方到消费者之间的中间环节。

本书所研究的农产品物流指的是，农产品产出之后，在加工、仓储、装卸和运输等环节所需进行的操作。需要注意的是，农产品物流的对象是已经产出的农产品，所以农产品物流不仅为生产者销售自己的产品提供服务，也服务于消费者的消费需求，成为二者之间必要的桥梁。

经济活动通常包含生产、流通和消费三个维度。物流是流通在实践中的具体表现。农产品在流通过程中可以根据内容的不同划分为商流及物流两类。商流指的是在农产品流通过程中所发生的货币与商品之间的转换。商流的本质是钱物交易，是将农产品的价值用一般等价物的形式进行展现。而物流则侧重于农产品在地理意义上发生的位移，农产品在完整的物流活动中经历了从产地到市场再到消费者餐桌的过程，通过满足消费者的餐饮需求而实现农产品的价值。从宏观层面来看，农产品物流不仅包含商品在地理层面上发生的位移，也包含在产品营销过程中所发生的信息传递。产品的仓储以及运输是物流最为关键的环节，其所消耗的成本在物流总成本中占据了绝大部分份额。

综上所述，农产品物流是一个多因素共同作用的完整体系，包含实践操作以及信息传播两个维度的内容。物流产业的实践操作指的是农产品在物流过程中所经历的加工、包装、装卸和运输等环节。为了确保农产品的质量不在物流过程中受损，应结合农产品易腐、不易保存的特点，提升各环节操作的专业性，最大限度地降低农产品的损耗，通过选择适宜的设备以及技术，规划最优配送线路等方式，在降低农产品物流成本的同时，确保农产品的质量。在当前形势下，信息技术的应用可以有效地提升物流作业的效率，通过科学规划，统筹管理降低物流管理的成本。农产品物流的信息系统通常包含市场分析、订单处理、客户信息和存货管理等多项功能，各功能之间存在着不同程度的内在联系。各功能之间的相互作用与实现，为物流体系的高效运转提供了必要的助力。为了更好地实现信息系统在物流产业发展中的作用，系统的开发设计应充分结合物流产业自身的特点，使之与操作实践高度契合。

2.1.2　农产品和农产品物流的特点

1.农产品的特点

农产品指的是农业生产活动中的产出物，如谷物、黍类、豆类以及瓜果蔬菜等产品。农产品所具有的特殊性使得农产品物流业呈现出与一般物流产业相异的特点。就第一产业和第二产业的产出物而言，在产品自身特质、营销方式以及消费模式等方面均有明显的不同，主要可归纳为以下几种：

（1）农产品的生物特性。农产品均是可食用的动物或植物制品，具有生物特性，该特性主要有以下几方面的内涵：一是植物制品，尤其是含糖量较高的水果等产品较易腐烂，不易保存，从而使农产品的使用价值大幅下降，甚至完全丧失。如何有效地抑制农产品的易腐性，使其价值和质量不会在物流环节中出现大幅的损耗，已经成为农产品生产者必须解决的问题。二是产品通常具有单价低、产量高等特点。农产品通常会保持其天然形态，附加值较低，所以单价始终维持在低位，生产者想获取高额利润只能依靠数量的累积，但是数量庞大又必然导致物流成本的提升。三是农产品的体积和形状等方面存在较大的差异，大多数农产品并不呈规则的几何形状，所以在物流运输中难以施行标准化装卸，也在一定程度上提升了成本。

（2）农产品的生产周期性。农产品生产具有明显的周期性特点，不同季节、不同时令的产出物各不相同，而对于单一产品种类而言，其发育成熟必然需要消耗一定的时间，所以难以大幅地提升生产效率。同时农产品的产出也具有集中性的特点，除人为因素干预之外，同种类的农作物均会在同一时期成熟、上市，这就使得产品的供给过于集中，必然会导致价格竞争，在一定程度上也压缩了利润空间。

与动物性农产品相较，植物性农产品受自然气候的影响更为严重，一定要严格按照农时进行耕作，同时在农作物生长过程中也极易受到气温、降水等气候因素的影响。同时，农作物的这一生产方式并不能使劳动力得到充分的利用，在农闲时节大量劳动力并不能参与农业生产创造价值，造成了资源的浪费。但是，必须认识到的是，虽然农作物的产出具有固定的周期性及季节性特点，但是市场的消费需求却不分季节，一直延续。虽然通过温室、大棚等方式可以在一定程度上缓解这一矛盾，但是这种方式产量较小，与庞大的市场需求相比无异于杯水车薪。因此，为了从根本上提升市场供给的延续性，可以通过国际贸易或冷链仓储等方式延长农产品的供给时间。这在给农产品物流产业提供了良好发展契机的同时也带来了极大的挑战。

（3）农业呈分散型分布，难以形成区域合力。我国农业难以形成大规模的区域集中，主要是由以下几点原因造成的：第一，农业生产受气候影响较为显著。如前文所述，以植物性农作物为代表的农产品对温度、湿度、日照等气候因素要求相对较高，所以农业生产由种植的农作物的不同呈现出明显的地域性差异。为了保证产量及产品质量，当地居民只会种植最适宜当地气候的农作物，所以使得农业分布相对较为分散。第二，地形地貌及土壤资源对农作物的生产具有决定性影响，除气候因素之外，土壤作为农作物汲取养分的重要途径，土壤资源的特点也决定了适宜的农产品种类。虽然农产品产出地的分布具有地域性特点，但是市场的需求却在地域性因素上没有明显的差别，而构建完善的农产品物流是解决这一矛盾最为有效的方式。

（4）农产品产地与终端消费者之间的地理距离。我国经济发展在地域因素上不平衡的现状较为明显，经济发展程度较高的大型城市主要集中在东部地区，这一区域的土地资源以承载城市功能为主，偶有零星的农业用地也多分布于城市远郊地区，而中西部人口密度相对较小且土地面积较为广阔，成为我国农业的主要分布地区，这种区位性的功能差异直接导致了农产品原产地与消费能力相对较高的市场出现了异位。东部地区居民的农产品供给主要来自于中西部地区，而在生产和消费市场之间架起桥梁的正是农产品物流产业。

2.农产品物流的特点

农产品所具有的共性特点，需要物流产业给出与之相应的差异化方案以满足其物流需求，在一定程度上对农产品物流产业的发展起到了促进作用。

（1）农产品物流需求量大。我国人口众多，自然资源极为丰富，地形和地貌相对较为复杂，平原、高山、高原、沙漠等地形条件不一而足，且纬度跨度较大，一国之内兼具热带、亚热带、暖温带、中温带以及寒温带五种气候特征，农产品种类极为丰富，产量也居于世界前列。我国农业产出物除满足本国居民生活需求之外，还可通过国内外商业活动创造经济价值，从而为农产品物流产业的发展提供了必要的市场环境。

首先，随着物质生活水平的提升，我国肉制品及水产品的市场需求不断扩大，收入增长和城市化将是未来50年中国人均畜产品、水产品和饲料需求增长的主要驱动力。其次，在现代健康理论的影响下，瓜果蔬菜类产品也逐渐成为农产品市场的热点，市场需求总量也处于上升通道之中。收入增长和城市化也将是未来50年中国人均水果、蔬菜、食油和食糖增长的主要驱动力。

（2）农产品物流风险高。因为农产品的生物特性，所以其通常具有易腐性，物流环节的存储、装卸等操作极易使产品的质量发生损耗，从而影响了农产品的价值。而农产品生产的周期性以及地域性与市场连续性的需求之间的矛盾常年存在，为了更好地满足消费者的需求，提升农业生产的经济效益，发展农产品物流来延长农产品的供给时间，实现区域间农产品资源的有效调配就成了必然方式之一。但是，由于农业生产者与市场消费者之间存在着明显的信息不对称，未能建立有效的信息互通渠道，所以双方的供需信息通常无法完全契合，始终存在一定的偏差，这给农产品物流带来了较大的风险。

（3）农产品物流条件苛刻。农产品的诸多特性对物流环节提出了较高的要求，主要有：①易腐、不易保存的特性对物流中仓储、运输等方面均有着一定的要求。比如，生鲜产品在物流环节中需要冷链运输，这就涉及设备、技术、规划管理等多方面的专业技术，才能实现有效的温度控制，保障产品的质量不受损失。②若农产品变质、腐坏，还会对作业环境构成污染，所以农产品物流行业正逐渐呈现出绿色物流的发展趋势。③农产品数量庞大、单体形状不规则等特点，对运输装卸均提出了较高的需求，必须进行科学的统筹规划，才能有效地降低物流的成本，从而提升农产品的市场竞争力。④特定农产品还会对物流环节提出较为特殊的要求。⑤由于农产品成熟后容易腐坏，生命周期较短，所以发展高效便捷的农产品物流是农产品得以顺利进行营销的关键因素之一。

（4）农产品物流实现增值。农产品物流的功能并不仅局限于在保障质量的前提下实现产品由产地到终端市场的供给，还可以通过加工、仓储等环节提升产品的附加值，扩大产品经营利润。物流中的加工环节可以有效地降低农产品在运输环节中的损耗，切实地保障农产品的质量，使其保存期限得以延长。欧美等国的农产品物流中加工环节是不可或缺的，经过加工的农产品价值会得到显著的提升。据统计数据显示，加工环节可以使初级农产品的价值提升3倍以上，但我国这一项数据的均值仅为0.8，与发达国家存在明显的差距。

2.1.3 农产品物流体系及其特征

农产品物流体系的本质是从系统的角度对农产品物流的要素进行研究。本书主要借鉴了以下两种较为主流的学术观点：一是王新利以农村为主体而构建的物流体系。该体系以区域为基础，对农村地区所进行的农产品生产、加工等经济活动所涉及的物流需求进行了归纳整理，并形成了较为完整的体系。该体系包括物流的各个要件，各要件的功能，以及各要件之间的相互作用。各要件可以单独作为一个系统。二是刘东英对农产品物流体系的相关概念进行的细致的理论研究。他认为，以实现农产品价值为目标，根据农产品特性选择适宜的方式以及路径实现农产品所有权的转移是物流活动的根本目的，而诸多物流活动以及不同物流活动之间的内在联系即为物流体系。

本书在充分参考了刘东英所提出的相关概念的基础上，对农产品物流体系的概念进行了界定，认为农产品物流体系指在一定的农产品物流渠道节点的基础上，由农产品集成物流商通过集成分散的农产品专业物流商，组织一体化的农产品物流功能活动，为农产品供应链提供低成本的、高效率的农产品物流服务及其中所有关系的总和。

在供应链视角下的农产品物流体系指的是服务于经济发展，将农产品供应链中的主体（如农户、加工企业、物流通路中的各个节点等），进行整合从而形成一个内部联系极为紧密的体系，进而推进农产品物流信息化、一体化发展。其主要有下述特点。

1. 集成化

在供应链视角下的农产品物流体系，其集成化特点主要体现在物流及供应链两个方面。物流的集成化主要体现在将物流所具有的功能进行整合，从而提升客户的服务体验。农产品物流的集成化指的是通过对物流服务的供给者进行整合，按照农产品的物流需求进行重新组合或调配，从而保障农产品物流的高效性及适宜性。供应链集成化的根本目的是通过对各节点技能的优化以及加强各节点之间的衔接效率，在一定的统筹协调机制之下，使各节点充分发挥现有功能，形成完整的功能体系。农产品供应链的集成化指的是在同一的组织协调下，由供应链中的某一节点为主导，对参与农产品的产销环节的企业组织进行整合，将其中涉及的具体服务整合为统一的功能体系。

2. 制度化

农产品物流体系的制度化则主要体现在政府为规范行业活动，保护市场秩序而制定的法律法规及政策等，以及行业协会等民间组织所提出的在组织架构等方面的制度创新。组织架构的制度创新主要指的是通过统一的制度体系将分散运营的各个物流主体进行整合，通过集中化经营实现规模效应，降低农产品物流所需消耗的成本。农产品的主要生产者在物流服务体系中属于消费者，即服务需求方。通过对农村合作社、农户等生产主体的整合，将原本以家庭为主要单位的分散式农业生产向规模化集中生产进行转变，从而扩大需求的规模，增加其议价能力。对于物流服务的供给者，各专业的物流企业也可以通过深度合作或资源共享等方式形成集成化的服务供给。而这一切集中化的行为均是建立在政府制定的较为完善的农产品物流法律法规的基础之上的。

3.一体化

这里所说的一体化主要指的是具体的物流活动的一体化。因为传统的农业生产模式是以家庭为主体，所以具有明显的分散性特点，相对应的物流服务也较为分散。服务的分散不仅体现在农产品种类以及数量等方面，还体现在所需的服务大多数情况下均是物流中的单一环节上，如初级农产品加工、仓储或运输等。通过在服务需求方以及服务供给方两个环节的集中，供应链中一体化服务的供给成为可能。将加工、存储、装卸、运输、配送等多个环节集合为有机整体，提升各环节之间衔接的效率。

4.信息化

信息化特点是传统物流充分利用信息技术发展的成果，提升服务质量，完善服务体系的具体表现。对农产品物流体系而言，所涉及的信息主要有物流服务需求信息、供给信息以及农产品信息等多种类别。物流供给信息主要指的是物流企业所提供的服务质量，所具有的农产品运输能力以及企业的经营理念等信息。而需求信息则包括需要进行物流运输的农产品数量、类型以及特性等信息，还有具体的服务内容、运输距离等。农产品信息则指的是当季农产品的产量以及农产品的构成等。信息化就是利用信息技术发展的成果，通过大数据分析技术的应用进行信息的采集分析，并构建信息管理系统提升信息传播的效率，加强信息处理，从而全面地提升物流产业发展的速度。

2.1.4 农产品物流模式

1.批发市场模式

我国农产品销售的渠道呈现出多样化特点，如设立于产地附近的集散市场、区域性的批发市场以及贴近于消费市场的大型商超等。其中，立足于农产品产地的市场为生产者农产品销售提供了一定的便利，极大地缩短了农产品物流的距离，节省了大量的成本。但是随着市场竞争的加剧以及前文所提及的供需市场的异位，目前以消费者为导向的销售市场占据了主体的地位。

我国的农业生产经营模式在长期以来均是以家庭联产承包责任制为主体的，具有明显的分散性特征，所以就农产品物流而言，不仅承担着加工、运输、仓储等职责，还具有在供给端将农产品集聚，并在销售端再进行分散的功能。学界将这种两端分散，在中间环节集聚的物流模式称为"双市场模式"。

双市场模式指的是有农户或农村合作社自发地将分散化的农业产出物进行集聚，统一在固定的产方市场进行销售，或集中委托物流公司进行运输，再由终端市场对消费者个体进行分销，从而实现从产地到餐桌的全供应链的模式。从中可以看到，农产品在全供应链流程中需要经过多次交易，不仅压缩了农产品的利润空间，也在多次物流过程中消耗了大量的成本，增大了农产品在物流过程中出现损耗的风险。

随着我国乡村振兴战略的实施，改善农业生产经营模式成了政府重点工作之一，土地政策的放宽使得农民可以通过对土地使用权的承包自主地进行农业生产，为规模化、集中化农业生产提供了必要条件。这种模式不仅提升了农业生产的效率，同时也使生产者具有了较强的议价能力，实现了集中化生产，减少了产销之间的中间环节，通过降低物流成本实现了经济效益的提升，这种模式适用于所有的农产品种类。

2.农业生产合作组织模式

通过生产合作组织的作用，可以实现分散化农业生产的高效整合，提升农产品在生产端的整合程度，推动规模化生产的进程，在降低生产成本的同时也降低了农产品在初级市场进行集聚所消耗的成本。

生产合作组织可以凭借相对雄厚的资本储备以及农产品集中化所带来的议价能力，为农户或农村合作社提供较有时效性的需求信息以及覆盖全供应链的物流服务，并且在议价能力增强之后，物流成本可以得到有效的控制，不仅免去了农户选择物流服务所消耗的时间和精力，也在一定程度上拓宽了利润空间。

3.企业化模式

农产品物流的企业化包含两个维度的内容：一是对初级农产品进行加工所建立的农户与加工企业之间的联系；二是以初级农产品形式进行销售而形成的农户与物流企业之间的关联。

企业化模式具有较高的组织性。该模式体系下，企业组织的资本积累、管理制度以及专业技术水平等方面均必须满足农产品生产者的相关需求。企业通过对自身所拥有资源的合理配置，为农产品生产者提供农产品从产地到消费者的居间过程的一系列服务。在居间过程中不仅实现了农产品所有权的转移以及地理位移，还通过加工等环节提升了农产品的附加价值。

4.连锁超市模式

连锁超市模式是物流联盟模式的一种具体体现。在这种模式下，农产品的生产者、流通或加工型企业、连锁超市三个重要的产品产销主体建立长效的战略合作关系，保持了供应链的稳定性，且在供应链内部建立了较为完善的信息共享机制。在信息共享机制的作用下，消费者的需求可以及时地反馈给生产者，使其根据市场需求对生产资源进行调整，保证了供需的一致性。这样不仅提高了生产的针对性，也避免了市场突发的风险，提升了产销效率。该模式在生鲜类产品中使用得相对较多。

5.农产品物流园区模式

农产品物流园区指的是在产端市场或销端市场形成的可以提供完整物流服务的空间聚集体，是农产品物流体系一体化特点的具化表现，也是现代物流产业发展的必然结果。不论是贴近于产方市场还是立足于销方市场，物流园区均是作为农产品产销的中间环节，在组织形式上与批发市场相似之处，但进一步拓展了物流一体化功能，是销地市场发展的高级阶段。

农产品物流园区是多种物流服务环节以及多物流企业组织在空间上所进行的集聚，其根本目的是通过统一管理形成规模化的物业服务供给，所以该模式在前期建设中需要大量的成本投入，并且对管理水平有着较高的要求。而单一的物流企业很难具有相应的资质或能力，所以物流园区的建设通常是由政府作为主导，由财政负责前期的建设投资。这种模式的优点也较为显见，不仅可以推动物流产业的快速发展，通过服务的供给也可以大幅促进农业的发展。但是，由于财政资金的使用需要经过较为严格的流程，且政府建设项目也需要长时间的论证，所以该模式仅在我国个别地区付诸实践，未能形成产业化。

2.1.5 农产品物流的分类

按照需要物流服务的农产品可以将其划分为以下6种类型。

1.粮食作物物流

粮食作物通常指的是可以满足人们基本生理需求或作饲养牲畜用途的农产品，是人类生命存续所必需的资源，具体有谷物、蔬菜、豆类等。随着科技的进步，粮食作物的产量大幅提升，在一般情况下均可以保持充足的市场供给。粮食作物可以通过不同的加工方式扩展产品的类别，也可以用于化工用途。

2.经济作物物流

经济作物不仅可以满足人们基本的生理需要，还可以用于工业生产或满足人们更高层次的食用需求。与粮食作物相较，此类农产品通常具有更高的经济价值，可以带来较为丰厚的利润，如油料作物、棉花等。

3.畜牧产品物流

畜牧产品主要指的是通过牲畜饲养所获得的使用资源，如生活中常见的肉、蛋、奶等。畜牧产品通常均属于生鲜制品，具有易腐的特点，对物流环节的技术要求相对较高，且如蛋类产品还具有易碎的特征，所以在物流过程中不仅要求物流服务达到专业技术水平，同时也对服务人员的职业精神也有一定的要求。

4.水产品物流

水产品主要指的是经过人工养殖或在自然水体，如江、河、湖、海等，进行捕捞所获得的可食用的动植物产品。通常情况下，由于淡水产品多是通过人工养殖的方式生产的，所以分布较为分散。而海产品则需要进行初级的加工才能投放市场，有一定的技术要求。

5.林产品物流

林产品指的是以森林为主要产地而产出的动植物产品。林产品物流则指的是为林产品提供加工、装卸、运输等物流服务。

6.其他农产品物流

除上述类别之外的其他农产品物流。

2.1.6 交易成本理论

交易成本理论的提出是为了解决企业组织因何而存在的问题，Coase以交易成本为研究对象展开了实地调研。在传统的经济理论框架下，经济体系中的各主体会在市场机制的作用下，通过价格调节维持在平衡的状态。但是Coase通过研究指出，当交易成本归零时，交易的主体会采用合同、协议等契约取代市场机制的作用，资源的配置主体也由市场转为持有资源的企业组织。而交易成本则是指交易的主体在协商、实施交易以及后续监管过程中所消耗的成本。Williamson经过系统的研究指出，交易的本质是双方出于获得更大利益的目的而进行的技术或产品的交换，并将交易的标的或内容以合同、协议等契约进行确定的活动。交易成本则指的是为缔结契约而消耗的成本。Williamson在Coase研究成果的基础上进行了更加深入的探究，指出交易成本与信息的获取具有较为直接的关联，而在交易实践中，由于双方均以各自利益最大化为经营目的，所以普遍存在信息不对称的情况。根据信息不对称发生的阶段，可将其分为事前和事后两个类别。事前阶段的信息不对称指的是在交易未达成之前其中一方持有的信息是对方所没有获悉的，但是在交易完成之后，对方可以完全获悉此信息；事后阶段的信息不对称则是指交易未达成之前双方所掌握信息的不一致性不会因交易的完成而消失。同样，按照产生的阶段，交易成本也可划分为事前成本及事后成本两项。事前成本主要有：①获取信息所消耗的成本；②进行交易协商所花费的成本；③制定协议所花费的成本。事后成本则主要是指：①实施协议内容所消耗的成本；②信息交互所消耗的成本；③后续监管所消耗的成本；④不可抗因素所造成的成本支出。由是观之，交易成本通常指的是除生产环节所产生的损耗之外，交易双方在其他环节所花费的成本。

Williamson认为对交易实施构成决定性影响的要素主要有以下7种，而这些要素直接导致了交易成本的产生：

（1）有限理性：人类以获取更大利益为目的进行活动属于理性的范畴，但是由于个体所能接受、理解的信息是存在一定上限的，加之在主观认识的影响下，不同个体对外部情境的反应及认知也会存在较大的差异，从而造成非理性行为的存在，所以交易行为也同样并非完全理性。

（2）机会主义：逐利的本质属性导致人类在进行活动时更愿意以更小的成本获取更大的利益，所以导致欺诈、投机等涉嫌违法违规的交易行为屡禁不止。这类现象的长期存在使得市场秩序受到了较大的破坏，导致市场信任缺失。机会主义在本质上是利己主义的一种具体体现。在交易成本理论中，机会主义是交易成本得以产生的必要前提。

（3）复杂性及不可预知性：不可预知性指的是人类无法对未来的情况进行准确的预测，加之信息不对称的作用使得交易双方有可能存在欺瞒、诈骗的情况。若交易所涉及的内容越复杂，则其不可预知性也相对越高，极易因不可预知的因素而产生额外的成本支出。

（4）少数交易：个体在认知上的差异以及信息不对成等原因使得市场交易处于少数组织或个体的掌控之中，市场交易的寡头效应普遍存在，这也是造成交易协商难以达成一致，从而使成本不断提升的重要原因之一。

（5）信息不对称：交易双方掌握的信息质量或数量存在较大的差异，这也是导致少数交易产生的重要原因。

（6）气氛：如果交易双方的利益是互斥的，则无疑会加大交易协商谈判的难度，为达成交易势必会消耗大量的时间及人工成本。

（7）资产专用性：资产专用性指的是具有特定用途的资产在用作他途时所消耗的成本。通常资产专用性主要体现在以下四方面：

1）地区专用性：处于产业链相邻环节的两个企业为了降低物流成本，提升生产效率而选择就近生产，如果其中一方违约或经营不善导致破产，则会使对方遭受巨大的损失。

2）实物资产专用性：原材料的购买需要大量的成本投入，且原材料只能适用于专属用途，如果因突发情况导致生产难以为继，则会浪费大量的成本。

3）人力资源资产专用性：如果投入成本对企业现有的人才资源进行专业性培训，当人员发生岗位调整或另谋他就时会使企业面临成本损失。

4）专注资产专用性：为特定客户提供的专属性投资即为专注资产，若客户发生改变，则该投资则无法实现预期收益。

上述7种因素是具有密切联系的，且相互作用相对较为复杂。交易过程中诸多因素均会导致交易成本的产生，比如交易主体的个人倾向以及外部市场环境。在这7种因素中，市场的不可预知性及有限理性使得交易成本显著提升，而机会主义的影响也使得协议成本增加，再加上其他各类也均需要较大的成本投入，所以通过有效的整合可大幅降低总交易成本。但是，这并不是唯一的成本控制方式，各种纵向整合都可以起到降低成本的作用，而本书所涉及的纵向整合指的是上述7种因素之间两个或多个进行的整合，并不是单纯地指产品所有权的转移。

Lajili指出，农产品的营销不仅可以依托于农贸市场、批发市场等营销主体，还可以通过寻找多层次的销售主体，通过预期建立深层次的战略合作关系拓宽销售渠道。Robert认为，农业生产各相关部门之间的纵向整合一般是以契约作为约束的，通过农村合作社等方式将零散的生产主体进行整合，并在合作社的作用下对各生产环节进行整合，有效地提升农产品的质量，通过将生产、加工以及包装等主体的纵向整合，完善生产的组织体系，推动产业的整体发展。

2.2 农产品供应链理论

2.2.1 供应链管理理论

1. 供应链

根据著名学者马仕华所下的定义，供应链是围绕着核心企业，通过对信息流、物流、资金流的掌控，从原材料采购开始，产成中间产品以及最终产品，最后经由销售渠道网络把产品送到消费者手中的将供应商、制造商、分销商、零售商直至最终用户连接成一个整体的功能网链结构模式。

由定义可知，供应链中包含产业体系中的所有企业，企业各司其职，以信息为导向进行产业分工，以资金、物流等为手段提高供应链创造价值的能力。

本书认为，供应链是围绕核心企业，对生产经营过程中各个环节所涉及的物流、资金流、信息流进行整合，将供应商、生产商、批发商、零售商以及最终消费者连接成一个具有整体功能的供需网络的结构系统。

2.供应链管理

供应链管理就是围绕核心企业，重新打造业务流程，把企业自身以及节点企业的各种业务看作是一个整体功能流程，把供应商、制造商、经销者和消费者结合成一体来进行产品生产，对供应链中的物流、商流、资金流和信息流进行有效管理，把准确数量的产品在准确的时间配送到准确的地点，以最小的运行成本为顾客提供最大的价值满足，从而不断提高整个供应链的运行效率，增加经济效益及附加值，使供应链上所有合作伙伴的经营利润得到大幅度提高的一套方法。

供应链的理论是以价值链、产业链、经济链等理论为基础，并在此基础上以产品供给为导向进行了延伸，其最显著的特征是在理论体系中加入了协同竞争、发展战略、核心竞争力等现代企业管理的相关概念。随着我国市场经济体制的不断完善，新的经济业态不断出现，供应链的内涵以及管理理论均出现了不同程度的优化调整。比如，在生态文明的战略指引下，经济的发展要注重与环境因素的协调性，以绿色供应链为发展方向，以发展的可持续性为最终目标在全球范围内实现信息化、需求化的统一。就目前现有的研究成果而言，主要从三个角度对供应链管理进行了研究：一是从经济学角度对供应链中的交易成本进行研究；二是从管理学角度对供应链中各主体对资源的占用情况进行研究；三是从社会学角度对供应链的组织体系进行研究。虽然这三个角度的相关理论发展已较为完善，并取得了丰富的研究成果，但是通过对供应链管理理论基础的整理可以对深入研究供应链的运营机理具有很好的支撑。

（1）交易成本理论。在以市场为主导的经济体制之下，市场环境会对交易成本具有极为重要的影响。Coase在其著述中对企业的性质进行了深入的讨论，并首次提及了交易成本的概念。他指出，交易成本的产生主要来自于信息获取、商务协商等环节所产生的资金支出。在Coase理论等基础上，Wiliammson将交易成本进行了划分，按照成本产生的阶段划分为事前成本及事后成本两个类别。事前成本主要指的是协商、签约等环节所消耗的成本；事后成本指的是议价活动，营运活动所花费的成本。通过研究，他还指出目前对交易成本影响最为显著的是有限理性以及机会主义。在交易成本体系下，有限理性以及机会主义会给交易的实现造成极大的阻碍，使交易面临着极大的失败的可能。而机会主义有资产专用性、不可预知性以及交易的频次三个主要的因素。

（2）资源基础理论。在管理学理论体系下，企业经营的本质是充分利用自身现有的资源创造更高经济价值的过程，通过资源的合理配置提升企业的核心竞争力。按照对企业战略规划影响力的大小，将企业基础资源划分为实物资本、人力资本以及组织资本三个类别。实物资本资源指的是与企业生产密切相关的核心技术、生产设备，以及生产材料等。人力资本则指的是企业的管理者的管理水平和思想意识，以及员工的专业技术能力、学习能力、综合素养等。而组织资本则指的是企业的管理架构、发展策略、企业各部门之间以及企业与其他企业之间的协作关系。

在基础资源理论体系下，企业的核心竞争力来自于其所掌握的稀有资源以及其在资源组合或资源使用过程中所体现出的独特及不可复制的特性。如果当地政府或行业组织对这种独特性进行有效的保护，则企业的竞争力就可以在较长的时期内保持一定的持续性。但是，由于市场环境或宏观政策的变化，竞争力的优势地位可能会随之改变，同样劣势也可以向优势进行转变。

供应链管理是在统一的发展战略之下，将供应链中所有企业组织所持有的优质资源进行重构以及组合，在供应链范围之内实现资源共享，并将优质资源进行重新整合以形成有效的合力。

（3）网络组织理论。现代组织理论诞生于20世纪60年代，经过半个多世纪的发展，目前已逐步成熟。对该理论具有突出贡献的学者主要有巴纳德、西蒙等。巴纳德率先提出了组织理论，并首创性地将该理论付诸实践，而后诸多专家学者（如德鲁克、西蒙等）均在其研究成果的基础上进行了进一步的研究，使现代组织理论体系得到发展和完善。组织理论发展到目前阶段已经形成了以层级结构为框架，充分借鉴社会学理论的相关论点，对组织中所含的诸多社会因素进行研究的完整体系。此外，现代组织理论在发展过程中也借鉴了行为科学的相关内容，认为人是构成组织的基本单位，同时也是驱动组织发展的动力之源，所以对组织理论的研究应从与人类行为密切相关的社会学及心理学角度入手，寻求它们之间存在的规律。而除上述观点之外，现代组织理论同时还否定了普适性组织模式的存在，认为组织模式会随着内外部环境的变化而发生改变。

网络组织理论作为现代组织的一个重要内容，是将组织理论与电子信息学及生物学理论进行了深度的融合，将组织的概念由现实社会向虚拟世界进行扩展，是基于信息技术的现代企业组织形式。以企业为基本单位的网络组织体系是多个企业之间通过合同、协议等契约的约束而形成的具有较高稳定性的合作关系，普遍存在于企业的生产经营实践之中。在稳定的网络组织之中，不同的企业通过长期的合作可以形成较高的信任度，从而在一定程度上实现了一体化。

供应链管理的根本任务是统筹居于其中的企业，以实现资源的最大化利用。按照管理对象的不同，可将供应链管理划分为产品管理和关系管理两个类别。产品管理包含生产资料管理、资金管理以及信息管理等内容，关系管理则侧重于对合作企业或消费者的关系维护等。这两个类别并不是完全独立的，而是具有较为紧密的相互联系。产品管理的最终目标是提升产品质量，提高客户满意度，而这均是通过关系管理实现的，而关系管理则需要高质量的产品、服务作为支撑，这又是产品管理的范畴。在关系管理中，不论是合作企业还是客户的信任度均对供应链的发展具有决定性的影响，而信任度的培养需要经历相对较长的过程，完成足够的量变积累。具体而言，信任度的培养可分为信任关系的产生、加固以及后续维护三个阶段。在加固信任关系的过程中，需要设立必要的奖惩机制，而这也是组织行为的一种具体体现。

2.2.2 农产品供应链理论

农产品供应链指的是，以农产品为产销对象的供应链体系，是由生产者、加工企业、供销商以及消费者四类主体组成的链状垂直产业体系。农产品供应链管理指的是，对链内农产品生产、加工以及营销等环节进行优化整合，在保障产品质量的同时降低各环节所产生的成本消耗，提高供应链中各企业的经营利润。作为供应链的初始环节，消费者不仅是供应链管理的服务对象，也是对管理效率感知最为直接的链内主体。由于农产品具有易腐、不易保存等特性，所以对农产品供应链进行管理，可以最大限度地保证农产品的质量，避免发生食品安全问题，树立良好的品牌形象，在提升农产品附加值的同时提高链内的生产效率。

农产品供应链是现代农业生产经营所普遍采用的组织形式，由于其内涵极为丰富，所以可以按照多种方式进行分类。

按照农产品的类别划分，可以分为粮食作物、油料作物、生鲜产品等不同类别。如果考虑到农产品生产前的原材料采购环节，又可以将农产品供应链分为生产供应链以及销售供应链两个类别。生产供应链指的是从原材料采购到产品生产两个环节，而销售供应链指的是在初级农产品产出后所经历的加工、仓储、运输、销售等环节。

我国农业具有分散化特点，而农产品的产出又受到自然气候的影响，生产周期相对较长，不能适应普遍的、具有连续性的市场需求。加之农产品具有自身不易保存，对仓储条件要求较高等特征，使得农产品供应链与工业制品供应链存在着极大的差异性，农产品供应链具有以下特点：

（1）物流的独立性。农产品自身的特点要求在农产品流通过程中必须采用适宜的设备及技术以保障农产品质量不会在流通途中发生损耗，且保障食品安全。因此对物流环节进行专业化管理，提升其技术水平，不仅可以提升物流效率，同时也可以大幅降低物流环节所消耗的成本。

（2）供应链各节点资源分布不均。1982年，在国家正式出台相关文件明确推行家庭联产承包责任制之后，在数十年的时间里，我国农业生产得到了极大的发展，农产品产量逐年攀升。但是，在农业生产技术高速发展的当下，这种农业经营模式生产过于分散的缺点被放大，难以实现规模化、产业化生产，使以家庭为生产单位的农户在供应链体系中处于弱势，难以实现供应链的长期发展。

（3）供应链信息的失真。由于我国农业供应链存在产销两端分散、中间环节集中的特点，所以市场的供需信息相对较为零散，不仅难以进行采集，同时也不能进行标准化分析，导致在农业生产的各环节中信息不对称的问题普遍存在。生产者无法掌握准确的市场需求信息，导致供需失衡，不仅严重影响了农产品生产者的经济效益，也使消费者的需求不能得到有效的满足。加之目前我国农业生产者以农户为主体，缺乏必要的信息获取渠道，使得我国农业生产多是凭借农户个体的主观判断，更加剧了市场供需异位的程度，给供应链的发展造成了较为严重的阻碍。

2.2.3 供应链协同理论

德国著名学者哈肯在其1971年发表的著述中首次提及了协同理论的概念，经过数年的研究，在1976年对协同理论进行了较为详尽的阐述。协同理论建立在控制论、系统论等理论基础之上，旨在通过理论的引导使无序状态向稳定有序转变。

1.供应链协同理论的主要思想和内容

协同理论做出了客观世界充斥着大量的互异系统的假设。各个系统之间虽然相互独立，且不存在必然的联系，但是从宏观角度来看，这些系统均是以客观存在为基础而构成的，而客观存在又必然存在着一定的关联，所以各系统之间不论其类别或从属，均应在某些方面存在一定的关联，且各系统之间存在不同程度的相互作用。协同理论认为，系统可以按照特定的标准进一步细化为多个子系统，而在外部力量作用下，子系统会产生较为显著的相互影响，使系统整体由无序状态向有序状态进行转变。在协同理论体系下，可以根据无序状态向稳定结构转变的程度明确对系统构成影响的要素，从而对子系统之间的协同作用进行优化调整。

2.基于协同理论的供应链协同管理

在协同理论框架下的供应链管理其主要目的在于提升供应链中各节点企业的协作程度。通过对供应链中各主体的动态整合加强供应链体系内的资源整合，整体而言，供应链的协同管理具有以下4个较为显著的作用。

（1）快速响应客户需求，提升企业竞争力。我国市场经济体制逐渐完善，国民的消费能力也不断提高，对供给侧产品或服务的质量提出了较高的要求，市场竞争也由故有的以企业为主体转变为具有关联性的供应链之间的竞争，而核心竞争力所在也由成本及价格优势转变为管理与资源的竞争。第一时间掌握市场需求的变化甚至对市场需求的发展进行预测，从而及时地进行供给侧调整已经成为当前形势下市场竞争的重点。

（2）提高预测精度，降低不确定性。由于供应链中所包含的因素过于繁杂，任意环节或因素若发生不可预知的变化，均会给供应链的整体运转构成影响，严重影响了供应链发展运营的稳定性。为了对不确定性进行有效的抑制，供应链应加强对子系统的管理，通过对子系统运营所涉及的资源、资金以及信息等关键要素的协同管理，提升供应链的效率，提供链中企业对市场需求发展进行预测的准确性，加快链中存货周转速度，为供应链的快速高效运转提供必要的助力。

（3）提升管理水平，提升应急处置的效率。供应链管理的对象是链中的所有子系统，而子系统的具体表现形式基本以企业以及个体消费者为主。其中，在供应链各关键环节承担重要作用的企业是供应链管理的主要对象，因为这些企业会对链中相邻的主体起到连带的影响。对这类企业进行管理，应以全局的眼光对其与其他节点的关联进行分析，并对其所涉及的资源进行整合，改变原有的无序状态，使其向稳定有序进行转移。

（4）整合资源，降低产品研发难度。在科技成为第一生产力的当下，以创新为驱动已经成为各行业谋求新利润增长点的主要途径。推动产品或服务的创新必须以市场需求为依据，以提供更贴近消费者需求、质量更高的产品或服务为目标。在产品创新研发实务中，市场竞争的加剧以及市场需求逐渐呈现出差异化、个性化发展趋势，对产品研发的要求也不断提升，如何使产品创新、研发实现推动企业发展战略的实现以及满足市场需求的双重目标已经成为每个企业在生产经营中面临的重要问题，借助于协同理论的作用，可以提高供应链中各节点资源的整合度，使子系统可以充分发挥自身的优势，加强与其他子系统之间的协同效应，从整体上提升供应链的竞争力。

2.3 农产品物流与供应链的联系

当前，社会大众对物流的定义主要指的是配送环节，这主要是因为配送环节直接与终端消费者接触。而就理论层面而言，物流指的是产品的所有权由生产者转移到消费者所经历的所有过程。作为供应链中的重要环节，物流管理的含义是供应链管理概念的具体化。从某一角度上，可以认为供应链管理是具有较高整合度的一体化物流管理。

2.3.1 物流管理到供应链管理的发展沿革

通常情况下,物流管理沿供应链向上下游进行延展就能推演出供应链管理的内容。Ross指出在之前的数十年间,物流业务从原本较为单一的产品运输逐渐发展丰富,已不再仅局限于产品的运输,还包含仓储、加工以及回收等多维度的业务内容。通过研究,他将物流管理逐渐演变为供应链管理的过程划分为以下四阶段:

第一阶段:仓储与运输阶段。该阶段物流业务的重要内容是沿供应链向下进行配送,实现产品在上、下游之间的转移,并依据配送时效的要求提供相应的仓储服务。此时的物流管理侧重于对服务的绩效进行规范。

第二阶段:成本管理阶段。在该阶段物流企业致力于进行内部资源的整合,所以物流管理也服务于更高效率、更低成本的产业发展目标。该阶段的管理还包含关系管理的内容,加强与下游环节各企业以及消费者的连接。

第三阶段:整合物流管理阶段。随着物流业务的扩展,该阶段对物流环节所包含的业务内容进行了全面整合。该阶段的管理更注重于与企业发展战略的契合。

第四阶段:供应链管理阶段。该阶段物流与供应链中上、下游环节连接更为密切,并形成了战略同盟。此时的物流管理已经作为供应链管理的一部分,以供应链的高效发展为最终目标。

Prida指出,供应链管理的发展过程就是由最初的配送服务管理逐步进行延伸,通过对资源的整合以及相邻节点之间协作程度的加深实现对供应链全流程的覆盖。学术界较为主流的观点认为,供应链管理在本质上应与物流一体化管理基本保持一致,这种观点的依据是物流管理与供应链管理之间的密切联系。

如前文所述,在理论层面上,供应链管理的理论体系是以物流管理为基础逐步发展演变而来的,所以供应链理论不仅涵盖了物流管理理论,还具有非物流管理范畴的理论内容,成为一个跨行业跨企业的综合性管理体系。在综合性管理体系的作用下,链内的物流服务进行了高度的整合,不仅显著地提升了物流活动的效率,也通过降低物流服务成本提升了经济效益。

就研究方向而言,当下供应链管理已经成为推动区域经济产业化、规模化发展的重要动力。鉴于其在经济发展中的重要作用,政府、社会以及学术界均对供应链管理的发展完善报以高度的关注。目前,就各高校物流专业的教学内容而言,供应链管理在课程安排中往往占据了极大的比例,且很多高校的物流教材都是以供应链管理为轴心,逐渐向其他内容进行延伸的。目前,我国学术界在物流领域的研究成果中有相当大的比例均集中在供应链管理之上。这表明二者之间存在密切的关联已经成为学术界的共识。但是，仍有相当一部分的学者认为二者之间存在着根本性的差异，这主要体现在概念的指向性上。在理论研究实践中，物流管理多侧重于对宏观以及微观角度进行研究。而供应链管理的概念在宏观或微观层面并没有显著的差异，物流管理的目的是通过对内部资源的有效整合加快物流一体化进程，而供应链管理则是在物流一体化的基础上构建完整的产销体系，在一定程度上缩短了产销过程的中间环节，对优质资源进行了整合。

2.3.2 物流与供应链管理的关系

（1）供应链管理是物流管理沿产业链而进行的延伸。供应链管理打破了内部管理在企业之间的界限，将管理的目标由企业自身的发展扩展到供应链整体的生产经营。供应链管理包含需求分析、营销策略、生产加工、财会核算等多维度的内容，并将这些内容进行整合，全面提升供应链的生产效率。

（2）供应链管理在本质上是将物流一体化的适用范围进行了扩展，由单一企业或行业的管理扩展到跨行业组织的一体化管理。通过多行业优质资源的集成提升职能的绩效。通过关系管理优化生产方、供销商以及消费者三者之间的关系，探寻生产效率的优化以及经营利润的提升，充分利用信息技术发展的成果将供应链中的各个环节进行紧密的连接，提升供应链整体创造价值的能力。

（3）供应链管理是物流管理发展完善的必然结果。供应链管理在施行的具体措施上仍沿用了物流管理的传统方式，如提高存货周转效率，完善内部组织架构，精简非必要的流程或环节，通过多举措并行确保供应链成本控制的效果，提升生产效率，等等。但是，供应链管理的核心价值还是对发展战略的支撑。供应链管理通过跨企业的资源整合以及构建完善的产业网络使链中的各个节点在统一的目标指引下提升资源的使用效率，形成发展合力。

综上所述，供应链管理与物流管理存在着极为密切的联系，供应链管理理论是建立在管理学、社会学、经济学等诸多学科门类之上的全新理论体系，该理论综合了物流管理、企业管理、战略策划以及市场营销等多个领域的专业知识。但是，供应链管理并不是将这些知识进行简单叠加，而是对这些理论知识进行综合并加以利用。

2.3.3 农产品物流与供应链的关系

相应地，农产品物流与供应链管理就是在农产品领域，结合农产品的固有特性所进行的物流与供应链管理。农产品物流管理偏重于企业内部的农产品的物流运作，实现农产品的位置移动而开展的仓储、包装、运输、流通加工、配送和信息处理等活动；农产品供应链管理更多的是通过对链内各节点企业以及资源的整合，获得外部的竞争优势。通过关系管理，加深链内各环节之间的关联，在农产品生产、加工、物流和营销等多个环节进行整合从而形成合力，用以提升供应链运转效率，扩大利润规模。

第3章 山东省农产品物流与供应链管理发展现状

3.1 山东省农产品物流与供应链发展的背景与环境条件

农产品物流产业的发展是国家乡村振兴战略的必然要求,也是涉农企业个体发展的实际需要。改革开放以后,我国农业发展的目标由满足世界近1/5人口的温饱需求转移到提升经济产值,创造更大利润的市场化需求之上,这也为农产品物流产业的发展提供了良好的外部环境。经过多年的发展,农产品物流已经完全独立于商流之外。随着我国市场经济体制的日趋完善,各类涉农企业(如加工、批发、零售等)均取得了显著的发展成效,进一步扩大了农产品物流的市场需求,同时也对农产品物流的质量及专业程度提出了较高的标准及要求。

3.1.1 农产品流通企业迅速发展

随着改革开放的逐步深入,我国农产品物流产业得到了长足的发展,尤其是以中小企业为主的专业性物流企业不断出现,打破了计划经济体系下以大型国企占据垄断地位的产业壁垒,极大地丰富了农产品物流服务的供给主体。2000年以来,政府逐渐简政放权,将经济发展的主导权由国家转移至市场,导致数量较为庞大的企业组织、个体农户等成为农产品物流的主要参与者。尤其是专业物流企业的加入,提升了供应链流转的速度以及专业性,其对供应链发展的作用集中体现在农产品产出、加工以及销售三个环节。

第一,大型批发市场或零售企业均需要大规模的农产品物流服务。作为农产品物流中的重要环节,我国农贸批发市场近年来呈现出明显的增长势头,进一步激发了农产品物流需求。

第二,农产品终端销售市场的发展打破了原有的农产品销售的模式,也对农产品物流的格局产生了较为深远的影响。随着城市化的进程，连锁超市、生鲜超市等农产品零售终端形式逐渐形成，为农产品加工、包装、仓储、运输以及装卸等物流环节提供了广阔的市场。

第三，生产技术的提升使得农产品加工环节愈发重要，企业规模不断发展壮大，大型农业产业化龙头企业不断出现，这些企业加强了与农户之间的合作，通过向个体农户发放订单或其他契约形式对分散的农户进行集聚，提升了供应链上下游环节之间的衔接效率。这种方式在一定程度上实现农业的规模化生产，通过服务供给的方式使企业与农户的利益趋于一致。

在这一发展形势下，农产品加工在供应链中的作用愈发显著，逐渐成为供应链中的核心环节，对其他生产营销环节起到了明显的连带效应，成为农产品物流产业发展的重要动力来源。

综上所述，农产品物流企业以及加工企业近年来的高速发展，极大地提升了农业的产业化水平，不仅为农产品物流的发展提供了必要的支撑，同时也对农产品物流所提供的服务质量提出了更为严格的要求。

3.1.2 交通基础设施、运输线路进一步完善

近年来，山东省政府对区域内交通道路等基础设施建设报以高度的关注，并加大了财政投入力度，使得山东省交通基础建设取得了极大的发展。目前，山东省已构建了海、陆、空立体交通网络，不论是铁路、公路，还是航空、航海线路均具有极强的通达性。2019年末，国家交通运输部将山东省列为国内首批交通建设试点省份。这是对山东省政府近年来大力推动交通基础建设工作的肯定，也在一定程度上对农产品物流产生了较为显著的促进作用。

首先，山东省境内公路网络较为发达。不论是高速公路还是省级公路，总里程数在全国各省份中均名列前茅。由于山东省具有青岛、威海等诸多港口城市，所以海上贸易较为发达，这些港口与经济腹地之间由畅通的公路网络进行连接。据2018年底发布的统计数据显示，目前山东省境内通达度较高的公路历程总数为27.7万km，与前一年同期相比增量超过了5000km。山东省充分结合自身海岸线较长的特点，构建了三横三纵加沿海大环线的公路网络形态，加强了山东省与内陆省区以及沿海诸省的公路连接。

其次，山东省境内铁路网络纵横贯通。山东铁路交通干线众多，铁路交通网络密集，我国较为重要的南北交通大动脉京九铁路、京沪铁路均从山东省境内纵穿而过，而在东西横向上，也有蓝烟铁路等干线将山东省与西部省份直接相连。

再次，凭借拥有黄河入海口以及海岸线较长等得天独厚的地理优势，山东省大力发展水路运输。目前，山东省现已建成具有较高吞吐量的河运、海运港口共26个，是全国港口数量最多的省份。其中，青岛已经成为我国北方港口重镇，成为我国首艘航空母舰的母港，这不仅说明青岛港口基础建设的完善性，也表明了青岛极为重要的战略位置。青岛与日本、韩国隔海相望，地处渤海海峡的要冲，是东北亚海上运输线路的重要枢纽。

最后，山东省空运航线较为发达。山东省目前现有境内外航线超过700条，已拥有3个大型国际机场，与日本、韩国、俄罗斯、新加坡等国均有直接往返的航线。

良好的交通运输基础设施为山东省农产品物流产业的发展提供了有力的硬件保障。山东省为了更好地发挥交通运输的效率，还加大力度对立体化交通资源进行了有效整合，经过多年的完善及拓展，目前不仅形成了完善的立体交通网，同时各交通方式也形成了较为完善的独立体系，具有了相对较为发达的内部连接。

3.1.3　生鲜农产品生产消费改革

近年来，山东省经济发展始终保持着极高的增速，居民可支配收入逐年提升，恩格尔系数多年来始终处于下降通道之中，生鲜农产品的消费总量持续增长，蔬菜、水果等生鲜农产品的消费需求亦由数量的增长转变为对质量、口味、营养、安全的追求，人们开始更加追求吃的健康、美味，讲究饮食营养均衡，讲究吃健康的绿色食品。伴随着城镇居民生鲜农产品消费观的改变，生鲜农产品的生产和物流供给也会及时调整，向着高效、高质的目标迈进。

3.2　山东省农产品供应链调研综述

3.2.1　调研背景

我国是农业大国，近些年来，随着经济市场的蓬勃发展，我国农产品市场也日渐繁荣，竞争日益激烈。由于农产品的特殊性，对农产品物流运输、仓储各环节以及农产品供应链管理的要求也相应地有所提高。比如，目前市场上的大部分果蔬等生鲜农产品还是需要通过冷链运输来保证产品的质量及新鲜度。但是，从目前国内冷链运输发展的现状来看，市场上对冷链运输的应用还是相对较少，应加大对农产品物流基础设施和建设及引进力度，拓宽农产品供应链的发展前景。

3.2.2　调研目的

1.明确顾客需求，提升农产品供应链管理水平

在提升农产品供应链管理水平的过程中，先要解决的问题是明确市场的需求。由于农产品的终端消费者多是以个体的身份出现的，所以具有分散化特点，这对市场需求信息的采集和分析提出了较高的要求。山东省农产品物流应以科学的方法将农产品市场进行细分，并对细分市场的特点以及需求发展情况进行了解并加以预测，以市场需求为导向积极地对供给侧进行调整，提升农产品物流服务的质量。

2.摸查山东省农产品物流基础设施现状，提出改进方案

通过调研，了解现状，提出改进方案。例如，加大集中型农产品批发市场的建设力度，有效解决生产端农户较为分散的问题，通过对产品的集聚扩大产销的规模，降低物流成本。在具体的实施过程中，可通过引进先进的物流设备以及科学的路线规划，避免农产品质量在物流过程中发生损耗。建立健全市场准入机制，从源头上对食品安全问题进行保障。

3.引导企业建立供应链合作伙伴关系

良好的合作关系是企业进行关系管理的直接目的，合作关系包括企业之间的信任度、配合程度以及信息共享机制等内容，可以使企业在统一的目标下主动进行资源整合，形成建设发展的合力，提升产业的规模效应。

3.2.3　调研过程

1.准备工作

调研团队全体成员拟订调查计划，根据调查研究的目标要求，确定调研内容，建立有效能的组织体制并合理分工，设计调研实施方法及步骤。

调研主要分为两部分：一是现场调研，在分析农产品供应链发展现状基础上拟订调查提纲；二是文献调研，查阅有关理论书籍和资料，结合实际对所确定调研农产品供应链进行较深入的理论探讨，以便分析问题，解决问题。

2.实施形式

本次调研多采取直接走访式的调查模式，深入济南、青岛、临沂、聊城等城市农产品物流园、农产品龙头企业、农业合作社、农产品市场、连锁超市、生鲜超市、冷链物流公司等农产品节点,与各地农产品经销商及部分个体农户积极探讨农产品供应链及农产品物流发展存在的相关问题,剖析影响农业、农村发展的因素,并根据具体实际提出相关指导建议。

3.调研方法

(1)问卷法。根据农产品供应链调研方案拟订调查问卷,请相关部门的相关人员填写问卷。通过问卷调查法,了解农产品供应链模式在企业中存在的问题、冷链在农产品物流中的应用以及农产品供用链实现信息化等相关内容。

(2)访谈法。为了增强调研的实效性,我们一方面在搜集调查问卷时进行访谈,另一方面对问卷调查中的调查对象进行二次回访。采用这一方式主要是为了避免以往调查中出现的"调查止则无事"的现象,即假设我们的调查终结在问卷这一步,那么很有可能出现调查对象没有任何思考、改进的问题,就失去了其实效性作用。通过这一方式,对先前被调查的对象进行二次调查,引入激励机制的效果,使获取的资料更翔实、有效。

(3)体验法。为了对农产品供应链了解,团队成员在个别农产品供应链公司进行了亲身体验。

(4)观察法。调研团队成员根据研究目的、研究提纲,依靠所获得的理论知识、实践经验,直接观察农产品市场运作,来获取真实的信息。

3.2.4 通过调研所发现的问题

1.供应链合作理念淡薄,缺乏规范

在供应链内建立长效的战略合作关系不仅可以有效降低在各环节衔接过程中所产生的成本消耗,同时还可以显著提升供应链内部的整体性以及稳定性,提高供应链运营效率。但是,在实际经营中,农产品的生产者以个体农户为主,很多农户为获得更高的利益,不经过供销商直接将产品置于市场进行销售,但是由于其产量小,缺乏固定的销售渠道,只能以零售为主要形式,难以取得预期的效益,同时还使其游离于供应链体系之外,不利于规模化的生产经营。由于缺乏必要的认知,所以农户在进行合作对象的选择时缺乏判断标准,通常均是以价格为唯一考量,从而使得合作关系多是临时性的,并不稳定。山东省农贸市场场景图如图3-2-1所示。

图3-2-1 山东省农贸市场场景图

2.供应链合作观念淡薄，经营批发商与合作企业多数是短期的利益关系，未建立长期的合作伙伴关系

在供应链内建立长效的战略合作关系，不仅可以有效地降低在各环节衔接过程中所产生的成本消耗，同时还可以显著提升供应链内部的整体性以及稳定性，提高整体利益。

在调研过程中，大多人对建立长期合作伙伴关系持肯定态度，但是在实际的应用上面这种肯定态度却没有持续落实。根据回收的调查问卷显示，有70%以上的农产品经销商没有与合作伙伴签订契约伙伴关系，仅有20%左右的经销商建立了合作契约关系，而且实地采访中许多中小私营商贩也表示自己做的是小本生意，不会考虑太多，本着物美价廉的质量和价格原则，来挑选适合自己的合作伙伴。这种合作伙伴的持续时间比较短，一般都是视具体情况而定。比如，今天老王家水果便宜，就去老王家；明天老孙家便宜，就转去老孙家。除去价格，当然在产品质量上也会有考虑，但这多靠的是经营者的自主判断，而且在供应商的选择也相对限制，信息传递模糊，多靠经验判断，合作伙伴不固定。让人欣慰的是一些中大型超市、水果专卖店在供应链合作伙伴关系的建立上落实得还是比较到位的，多数都有自设的科学管理体系。

3.农产品物流专业化程度较低，损耗严重，缺乏合理机制保障

目前，市场上普遍存在农产品生产流通环节不科学、不规范、专业化程度低的问题。比如，在生产环节对农产品的初加工程度低、包装粗略，因而导致农产品附加值低，商品易被模仿替代，自有品牌形象难以建立，产品低走贱卖，农贸利润低，消费服务体验差等问题接连暴露出来，影响整体利润收入。

另外，在产品流通方面，由于经销商在农产品运输配送中忽视应用专业化的设施设备进行冷链物流运输以及没有建设专业的农产品恒温储藏仓库，部分农产品在流通环节

出现不同程度的损耗，从而增加了经营成本的投入，且他们对农贸管理经营的整体利益把握也是有失分寸的。山东省农贸市场、超市场景图（一）如图3-2-2所示。

图3-2-2　山东省农贸市场、超市场景图（一）

除此之外，农产品较低的产品服务附加值也使产品价格得不到提升，相比之下，日本在这方面做的就比较成功。据报道，日本有一间名为Sembikiya的高端水果店，从外面看，它的店面装修得像珠宝店一样精致，而且里面所售卖的水果卖相也都个顶个的赞。相对地，顾客也需要支付超出常识的价格。例如，2016年，两个北海道产的哈密瓜被拍出了2.7万美元（约合人民币18万元）的高价。而一个棒球大小的碧金姬草莓的售价大约为50万日元（约合人民币3万元）。因而，我们能够看出，应用科学的供应链管理模式，打造区域农产品特色品牌，提升消费服务体验，增加产品附加值对个体农产品的管理经营来说显得尤为必要。

4.未建立产品需求预测体系，多靠经验进存货物

调研过程中，多数中小农产品经销商表示自己多靠经验进货，没有科学完备的商品预测监督体系，一般本着日进日出的原则，果蔬等生鲜农产品尽量保证今日进，今日销。

而一些个体农户经销商、供应商也表示自己是现摘现卖，凭着以往经验能卖多少采

摘多少，供不应求也只能望而兴叹，只能下次再多准备一些；供过于求就将剩余的低价销售或者自己解决甚至扔掉，导致很多果蔬等农产品的浪费消耗。

5.信息平台体系有待完善，风险防范不够科学

由于市场的复杂性及不稳定性，经营主体在参与市场活动时要面临着诸多潜在的风险，这些风险一般都会给企业的经营造成较为严重的损失，所以建立完善的风险管理机制对供应链的平稳发展具有积极的意义。目前，对市场运营主体进行调研发现，在终端销售环节，一些大型的连锁市场或专业化程度较高的零售店均已完成了自身信息管理系统的建设，并以之为核心构建了较为科学的管理体系。但仍然存在着相当一部分主体未充分利用信息技术发展的成果，只凭个人的主观臆断进行交易，极易造成供需失衡，对供应链的平稳运营构成不利的影响。

6.储存条件不足，缺乏合理的存储机制

仓储是现代物流不可缺少的重要环节之一，仓储能够实现商品的储存，保证商品的供应流通，仓储甚至还能为商品实现增值。建立合理的库存，有利于降低运营的整体成本，增加收益。但是，纵使仓储有这么多功能作用，在农产品市场对仓储的实地实施上还是不容乐观有待改善的。上文也提及大多超市、专卖对仓储这块还是比较重视的，落实的也相对可以，起码最不济的也建设有自己的小型冷藏保鲜库。但纵观山东省乃至我国的农产品市场，占大头的农产品私营经销商对于仓储的建设多数还是不能具体落实的。比如，在调查中有的果蔬乳肉等生鲜零售商就表示不需要建设仓库：一方面是建设仓库成本太高，砸钱太多；另一方面自己凭借长期经营销售经验可以大体预测进货，一般不会有太多剩货，就算有的话常温放一两天应该也没事或者顶多把一些冷冻肉食类拿回家放到冰箱中，再低价售出或者留着自己吃。

由上文我们可以看出，在目前农产品市场上仓储的专业性优势并没有发挥出来，一些基础设施设备有待完善，而且确实商贩们考虑的诸如成本高、利润薄以及观念跟不上的问题也有待解决。

7.农产品市场种类多但规模较小

在调研的过程中，我们随机采访过一些农产品小商贩关于其如何储存农产品、如何进行运输等方面的问题。大多数表示，其生产经营都是凭借以往销售所积攒的经验，日进日出，按经验进货或者按经验采摘，不会有太多的库存积压，就算有部分产品剩余也会当日低价销售完毕。而在运输方面，有部分对冷链运输感到比较陌生，认为没有必要；部分比较赞成冷链运输，但却限于成本、利益等因素望而却步，没能实际实施。

而与小商贩不同的是，一些中大型超市或水果专卖机构（比如青岛利群集团、佳乐

家超市)的销售人员则表示其企业都自主建设有专业的冷链运输团队及仓储保管部门,并且公司还建设有比较完备的商品预测管理体系,时刻监测商品的销售及存货状况,及时做出预测和补充。

对比这二者的实际状况我们可以发现,目前农产品市场上存在着很多低成本的个体经销商,这些由农户或者小生产组织者组成的经销商相对于大的农产品销售企业来说,由于销售力量分散以及投资成本较低,其专业化程度及规模性都难以实现专业化标准,而这种占农产品市场大半部分的小商户的经销模式,其总成本算下来并不比大企业所投入的成本低,而且还导致了许多产品的浪费。因此如何实现农产品供应链的规模化"整体"效益最大,还需要专业化成规模型的凝聚力引领,而这股力的合成,还需要国家、企业、个体农户及消费者多方合力来促成。

8.部分农贸市场经营环境较脏乱,果蔬生鲜垃圾处理不当

我们都知道,果蔬乳肉等生鲜等农产品比较突出的问题就是产品的时效性问题。调研过程中,我们发现,无论乡村集市、还是城区农贸菜市场,尤其是一些海鲜、果蔬聚集的销售市场,其环境整体比较整齐,有的农产品批发市场还会定期有人清理垃圾卫生,但是局部还是依旧比较脏乱的(部分状况见图3-2-3),这或许是农产品销售市场上无法实现实时解决的难题,但是根据实际情况来看,在市场卫生这方面还是有较大的提升空间的。

图3-2-3 山东省农贸市场场景图(二)

3.2.5 山东省农产品供应链SWOT分析

SWOT分析法是对企业内外部环境所具有的正负面影响进行综合分析,从而为企业发展决策的制定提供必要的参考和依据,是目前国内外企业发展态势研究使用最为广泛的方法。对山东省农产品供应链的发展进行SWOT分析,可以清楚地反映出供应链发展所拥有的优劣势以及外部环境对其构成的威胁以及带来的良好发展机遇,并充分结合山东省农产品供应链当下的发展状况,给出具有针对性及可行性的发展建议。具体见表3-2-1。

表3-2-1 山东省农产品供应链现状SWOT分析表

山东省供应链现状SWOT分析表	优势（Strengths） 1.农产品市场受众群体多,比较繁荣,有较大发展潜力。 2.农产品需求比较稳定。 3.部分类似供应链管理的相关理念在市场上较为广泛的流传。 4.农户经营者素质随着文明社会的建设在不断提升。 5.中小商户经营者多数对合作伙伴关系建立以及专业化设备的应用所发挥的优势表示肯定的态度,除去成本因素外,认同接受度较高	劣势（Weakness） 1.信息化建设不完善。 2.市场较分散、多数不具规模。 3.仓储建设有待完善。 4.缺乏应用冷链运输。 5.市场准入原则较低,多数经营者素质有待提升。 6.缺乏供应链合作理念,多数商家未建立契约合作关系。 7.专业化素质有待提升,基础设施不完善。 8.产品包装简陋,附加值较低
机遇（Opportunities） 1.国家政策支持。 2.大众创业、万众创新,信息化社会发展潜力较大。 3.区域小市场具有一定规模,都差不多能实现有一定的市场秩序管理人员。 4.市场准入门槛相对较低	S-O战略 1.国家支持,能够为个体农户经营者带来一定补贴。 2.可以借助电子信息技术,推进农产品市场的转型升级。 3.可以借助目前小规模的农产品市场管理机制,逐渐合并成专业的农贸营运市场,形成规模,促进农业现代化发展	W-O战略 1.建设完备的信息监测体系,拥有信息决策的意识。 2.引进先进的生产技术,增加产品附加值。 3.经营者应导入学习供应链相关理念,放眼长期利益,促进整体效益最高的实现
威胁（Threats） 1.市场竞争较激烈。 2.商品性质特殊,受天气、灾害等因素以及供求关系波动影响较大。 3.缺乏专业化人才以及合理的经营指导	S-T战略 1.加强气象预测,减少农产品灾害、病虫损失。 2.不断提高自己的竞争优势,发展特色农业,促进农业现代化。 3.引入相关专业化高素质人才进行工作指导	W-T战略 1.国家及政府相关部门加强引导和监督。 2.寻找志愿者及社会人士或市场管理者自发组织一些能提升中小商户经营者的专业化素质及职业道德素质的活动,或发布一定的学习指导手册

3.3 山东省现行农产品供应链体系问题分析

3.3.1 山东省农产品供应链体系发展现状

国内外诸多学者针对山东省农产品流通做了大量调查与分析,在发展现状及趋势、现存问题等方面获得了深刻的理论价值和实际意义。以前人研究为基础,本书将主要从流通组织信息化建设与完善入手,针对目前山东省农产品供应链的情况加以分析。

山东省农产品供应链体系发展现状如下:

(1)关注农产品的基础设施建设,并逐步完善。传统的农产品市场流通方式与用途单一,不能较好地促进城乡经济发展。因此,山东省各地政府针对这一现象,积极改善经营环境,极大促进了农产品基础设施的建设。

(2)物流产业的稳步发展,为农产品流通与零售提供了终端保障。在过去的一段时间里,山东省农产品的经营得到了较好的发展,逐步形成了专业批发市场与城市集贸市场主辅相济的模式。

(3)加强产业竞争,促进农产品流通多模式发展。山东省农产品市场近几年来发展迅猛,基本形成了以下几种流通模式并存的现状:龙头企业带动型、专业批发市场带动型、生产基地带动型、专业合作社带动型、专业协会带动型及网络带动型等。上述模式有效降低了流通环节所需要的交易成本,使农产品市场自身能力能到加强,对"小市场"与"大市场"这一核心问题的解决具有深远影响。

(4)农产品物流体系中的农业合作更加专业化。虽然"小市场"与"大市场"这一问题在多种流通模式的作用之下得到了一定的改善,但是距离真正意义上的相对公平还有一定的距离。因此,农户自发组织各级专业合作为这一现象的缓解提供了有效的保障。在此基础上,各级政府、市场以及农业大户多据此建立区域性的专业化农业经济合作组织,使零散的农户有机会聚集在一起形成联合,促进农产品更好地发展。

(5)随着农产品不断流通,营销方式成了新的关注点,多种营销方式应运而生,例如"品牌营销""关系营销""网络营销"等。这些营销方式在一定程度上扩展了农产品流通的广度和深度。经过近几年的发展,物流建设有了一定程度的改善,相信物流基础设施的建设与完善,能够为中国农产品的流通提供有效的支持。

(6)电子产业的发展也为物流供应链提供了一定的保障。新型农产品电子交易市场打破了传统交易上的局限,使供应链进一步缩短,减少了流通环节的成本消耗。

3.3.2 山东省农产品供应链体系建设中的问题

山东省面积广大、资源丰富，不同的自然环境和社会文化环境使得山东省在农作物的种植与生产上存在较大差异。因此，山东省的农产品在种植上，种类较多、分布较广，但相同种类农产品种植又相对集中，从而导致山东省的农产品流通领域呈现下述特点：

第一，山东省农产品种类较多、分布较广，同类农产品又相对集中，因此容易引起供求失衡，从而导致农产品价格变化过大，不利于市场发展。

第二，山东省在农业上的经营模式，主要是自给自足的家庭经营模式。这种模式无法扩大山东省农业生产规模，缺少组织性和计划性，从而阻碍农业生产的发展。

第三，农业问题是民生问题，对国民发展有着重要的意义，政府必须采取宏观调控手段，利用"有形的手"对农业问题加以管控，从资源资金、信息技术等方面对农业产业化的建设与发展提供有力支持。

第四，农产品在流通上，会经历聚集到分散的过程。在这个过程当中应当注意农产品的供应平衡问题，这一问题的解决主要依靠电子商务技术。在这种情况之下，信息科技的重要性也就凸显出来了。

农产品生产技术体现在方方面面，农产品不仅在生产量上有了极大的提高，在质量上也有了飞跃式的发展。信息技术的运用，有效实现了鲜销农产品在销售过程中的保鲜问题，使物流链条顺利运转。国家不断加强基础设施建设，有效保障了山东省农产品的物流运输。因此，就目前情况而言，山东省农产品供应链体系的现状，主要表现为市场和物流信息不对称，生产和销售环节不能得到有效连接，各区域表现良莠不齐。

结合上文可知，山东省农产品目前的流通现状与早期调研情况相符，促进市场协调发展，保障流通渠道高效畅通是目前山东"三农"（农村、农业、农民）工作亟须解决的问题。解决这一问题的关键在于使山东省的农产品流通组织在全省的流通体系中得以建设和完善。基于目前我国农产品流通的情况调查分析得出，山东省农产品供应链体系在建设上还有以下不足：

（1）信息技术没有得到合理运用，使得产业信息滞后、电子商务平台不完善，与此同时，农产品物流基础设施建设相对落后，不能较好地保障生鲜产品的储存，因此只能进行相对局限的现货交易，无法使用其他更加公平公开的交易方式。不仅如此，企业之间实力悬殊、差异较大，各个企业的规模和发展程度不同，导致山东省农产品供应链无法达到协调共享的格局，企业之间在市场和物流方面的信息不对称，无法实现农业产业化的平稳发展。

（2）政府的宏观调控需要进一步加强。目前，山东省的各级政府在农产品供应链体系中起到了一定的监督作用，但是相关的法律规定还是较少，无法起到标准化的管理作用，因此需要进一步完善。我国农产品供应链体系尚不完备，在零售终端，由于企业实力良莠不齐，因此在食品安全问题上需要进一步关注与监管，保障我国农产品的安全。

（3）山东省地大物博，农产品种类繁多，呈现分散种植、区域集中的特点。因此各地对于农产品的相关政策在制定上存在较大差异，没有统一的规范标准，不能为我国农业生产提供规范的安全标准。就目前而言，我国政府部门较多，在职能上存在重叠的现象，导致我国农产品在交易上会产生过多成本消耗，同时，安全问题也不能得到有效监测。

（4）山东省的农业生产模式主要以家庭为单位自给自足，因此在资金和技术方面没有强力的支持，很多生产者无法及时、有效了解到市场的需求和价格信息，自身利益在农业产业链体系中往往难以得到确切的保护，使得农业生产者在农产品供应链体系中不仅需要承担较大的风险，而且无法得到合理的利益分配。

（5）加强农业基础设施和物流一体化建设与完善，利用科学技术手段提高农产品的经济效应，特别是在农产品储存保鲜方面，打破以往农产品在区域和季节上自身的劣势与不足，有利于提高农产品的市场竞争力，促进农产品市场健康稳定发展。因此，加强农业基础设施和物流一体化建设与完善也是目前最重要的事情。

3.4　供应链环境下的山东省农产品冷链物流

3.4.1　供应链环境下的农产品冷链物流的基本理论

1.农产品冷链物流的现状

我国冷链物流的历史可以追溯到20世纪中叶的肉产品外贸出口时期，突破了以往保温车辆的构造，对保温车辆进行了升级。1982年，《食品卫生法》的出台，标志着我国农产品冷链的起步和发展。经过了近几十年的完善，我国的农产品冷链物流已经形成了以部分龙头企业为主导，呈现出区域性、差异性的特点。在国家发展和改革委员会颁布的《农产品冷链物流规划》中，我国农产品冷链物流呈现下述特征：

（1）农产品冷链物流系统雏形渐成。我国是农产品生产与消费大国，就我国在全世界的农产品产量而言，果蔬占60%、肉禽占30%、水产品占40%。目前，我国生鲜农产品规模不断扩大，每年大概有4亿t流入市场，相应的冷链物流规模每年也在不断扩大。据统计，我国目前冷链流通率中果蔬占5%、肉禽占15%、水产品占23%；冷藏运输率中果蔬占15%、肉禽占30%、水产品占40%。

（2）基础设施逐步建设与完善。我国现有冷藏库近两万座，总容量达880万t。冷藏分为冷却物冷藏和冻结物冷藏两种，其中冻结物冷藏量达740万t，其余则是冷却物冷藏量；机械冷藏列车达1910辆、机械冷藏汽车达两万辆，冷藏船达10万t。不仅如此，年集装箱生产能力也高达100万标准箱。

（3）生鲜冷链技术正逐步推广。生鲜农产品出口企业逐渐注重科学技术的运用，多数企业引进了食品安全管理体系（HACCP）认证、药品生产质量管理规范（GMP）等技术手段实现低温控制，促进我国生鲜农产品朝着更加区域化、专业化的方向发展。

冷链物流技术同样体现在肉类屠宰产业上。屠宰产业的各个环节都需要低温的保障，不仅如此，对于后续的销售环节，同样需要全程低温处理，后续销售环节的低温甚至更为重要。因此，目前肉类屠宰产业将冷链物流技术逐步运用到了销售环节。根据我国国情和市场情况，现代化冷链技术的低能耗、低成本特点，也在一定程度上促使了农产品冷链的稳步发展。

（4）冷链物流企业陆续出现。中国外运有限公司等物流企业不断加强企业之间的联系与合作，引进国际上先进的冷链技术和产业管理机制，极大促进了冷链产业的发展；部分食品生产企业加强冷链物流方面的建设，形成了企业之间的冷链物流系统；各连锁商业集团在销售环节加强冷链建设，使配送环节的时间得到极大的缩减，减少了运输过程中由于时间消耗所造成的损失。我国的农产品冷链物流企业如雨后春笋般不断出现，并逐步朝着更加专业化的方向发展。

（5）发展环境整体向好。近年来，国家高度重视和强调农产品冷链物流系统建设，促进了农产品的生产和交易。相对应的法律法规（如《食品安全法》等）也在逐步颁布和完善。这些法律法规的施行，使得我国的冷链物流系统逐渐标准化。伴随着冷链物流系统在生活中的适用范围逐渐扩大，消费者也意识到了冷链物流的重要意义，人们愈发追求高质量的生活，对物流方面的投资也进一步扩大，极大促进了我国农产品冷链物流的发展。

综上所述，山东省农产品物流虽然已经初步建立，并且已经初具规模，但是在基础设施建设和科学技术方面的建设还尚未完善，冷链物流网络也尚未建成，运输过程中还存在一定的成本消耗，资源结构优化不合理。完善的冷链物流系统对农产品经济的发展有着至关重要的作用，应该引起高度的重视。

2.冷链物流的定义及内涵

冷链物流主要指的是，冷藏冷冻类食品在生产、储藏运输、销售，到消费前的各个环节中始终处于规定的低温环境下，以保证食品质量，减少食品损耗的一项系统工程。它的产生是科技发展的结果，凭借着多方技术手段确保食品处在规定的低温环境中，从而实现食品的冷冻和储藏。因此，和传统的常温物流相比，冷链物流提出了更高的要求，使其在资金方面需要扩大投入，技术方面也需要加强。

冷链物流的对象主要有以下三种：第一种为初级农产品，即日常所见的无须加工类产品；第二种为加工食品，即各类在原材料基础上进行加工后的食品，如乳制品及各类熟食；第三种为特殊商品，如药品等。由于冷链物流所涉及的对象，对于外界环境的要求极为严苛，需要更多的资金和技术投入，在运输和储藏条件的要求上也更为细致，因此需要每一个环节都严格按照要求，环环紧扣，确保运输环节的完整性。

冷链物流系统中"3T原则"中的3T指的是时间（Time）、温度（Temperature）以及产品耐藏性（Tolerance）。该原则明确指出了时间和温度在冷链物流系统中的重要性，其中对产品质量起着关键性作用的是时间。

3.冷链物流的特点

（1）全程控制温度。为确保商品质量在冷链物流的储藏及运输过程中不受影响，因此，对于不同商品的各个环节都有着不同的标准把控。

例如，蔬菜、水果在采摘后，直至消费者手中的每一个环节，不管是运输，还是销售环节都需要遵循严格的温度设定。凭借着这一系列完善的保护措施，才能最大限度减少商品在运输过程中的成本消耗，保障蔬菜、水果在到达消费者手中时，其质量处于最佳状态。

（2）独特的生产加工环节。冷链物流系统不仅包括传统物流系统的全过程，还涉及特有的生产加工环节。冷链物流系统既包括生产环节，如传统的蔬果生产基地，也包括加工环节，如生鲜食品加工厂。除此以外，冷链物流系统还包括商品的各类售卖点。

（3）高成本投资经营。冷链物流系统在冷藏设备方面的资金花费较多，主要用于库房和车辆的置办。由于冷藏环节需要大量的电力和油费消耗，这两方面的资金损耗也相对较大。

（4）技术要求较高。冷链物流系统所需要的学科知识相对较广，学科上不仅关系到生物学，还涉及制冷科学；产业上不仅涉及农林牧渔业，还横跨到信息产业。冷链物流的过程，是多个环节共同努力的结果，每一个环节都至关重要，因此从生产到销售，每一个环节都需要严格的把控，不管是在储藏方式上，还是对待工作人员的要求上，都需要严格规范，不能掉以轻心。

4.冷链物流链式结构

（1）原材料采购环节。原材料采购环节是冷链物流系统中最重要的环节，如果原材料的品质未能达到规定标准，无论后续环节如何严格按照要求储藏，都无法使商品达到最高的质量。虽然储藏环节对商品的品质有较大影响，但是确保原材料的质量才是重中之重。

（2）冷冻加工环节。冷冻加工环节主要是针对初级农产品和加工食品。这一环节既是对原材料质量的保障，也是后续环节得以顺利进行的基础，因此对于温度的要求极其严格。如果温度不能达到标准，则会影响食品的品质，接下来的一系列环节的运行也就失去了意义，因此对于冷藏设备的温度设定应该严格把控。

（3）冷冻储藏环节。冷冻储藏通常有两种形式，一种是冷却储藏，一种是冻结储藏。它的作用是使经过了加工后的食品长期处在低温环境中，以等待后续运输环节的进行。这一环节主要在各类冷冻储藏设备中进行。

（4）冷藏运输环节。这一环节是将储藏的食品从生产加工方转移到零售商的过程。这一环节与之前的环节相比，环境波动幅度较大，容易受到外界气温、空气、湿度等因素影响，从而使食品质量下降。因此，这一环节最重要的是具有完善的运输设备，主要包括汽车、火车、船、飞机等各类运输工具。

（5）冷藏销售环节。销售环节是冷链物流链式结构的最终环节，经过一系列的生产、加工、储藏、运输，最终到消费者手中的全过程。这一环节的完成是各方力量共同作用的结果，也需要严格的冷藏标准。如果在这一环节中，忽视了温度等因素，则会使之前每一个环节的努力都前功尽弃。

5.冷链物流特殊链式结构

冷链物流是物流产业中的一个特殊形式，与传统的物流产业相比较，涉及的因素相对宽泛，对于温度、时间等也有特定的要求。冷藏、冷冻物品的质量受外界环境影响较大，往往会因为外界气温、气候等问题而发生改变，改变一旦发生，通常很难进行补救。因此，不同种类的物品也应该有不同的运输条件和操作要求。下面将针对几种常见的农产品冷链结构进行论述。

（1）乳制品冷链。乳制品冷链指的是牛奶从产生到消费者手中需要经过的全过程。该过程具体包括存储、运输、加工以及零售各个环节。在这个过程中，乳制品冷链主要是一种通过制冷的技术使乳制品达到低温条件的物流形式。牛奶属于容易变质的商品，未经加工的新鲜牛奶以及加工后的酸牛奶，如果不符合储存条件，就很容易腐坏。

乳制品冷链物流依据不同产品所需要的温度条件，主要有三种表现形式，分别是常温液态奶，巴氏奶、酸奶等乳制品，冰淇淋等冷饮乳品。在运输的全过程中，不同的产品种类，在不同的环节上，其所需要的温度条件和冷藏要求也各不相同。

（2）果蔬冷链。果蔬和乳制品一样，也是一种容易变质的产品，因此在冷链物流的要求上也与乳制品相似。果蔬冷链物流主要指的是果蔬从采摘到消费者手中的全过程。该过程涉及加工、运输以及销售等各个环节。每一个环节都需要确保果蔬所处的温度、湿度以及空气等外界条件符合储存标准，因此，果蔬冷链对于温度、湿度和空气有着极高的要求和标准。

（3）冷鲜肉冷链。冷鲜肉和低温肉制品在市场上的需求逐年增加，为了确保肉类产品的需求量，冷鲜肉冷链物流近年来也在不断完善和发展。双汇、金锣、雨润等大型肉类加工企业逐步建立和完善冷链物流系统，使得冷鲜肉产业迅速发展。冷鲜肉冷链系统涉及加工、储藏、运输和销售4个环节。其中，冷冻加工环节主要确保肉类产品在加工环节处于低温条件之下，防止细菌滋生；冷冻储藏环节主要涉及的是加工后产品的储存问题；冷藏运输环节是冷鲜肉冷链系统的中心环节，对冷藏运输工具提出了较高的要求和标准；冷藏销售环节不仅仅是售卖，还包括冷冻储藏和二次加工环节，因此，对于销售环节的温度和储藏条件也需要遵循相应的要求。每一个环节环环紧扣，只有保证好每一个环节的温度控制，冷鲜肉冷链系统才算真正完成。

3.4.2 供应链环境下山东省农产品冷链物流发展现状

1.山东省农产品冷链物流发展背景

国家"十三五"规划纲要中明确指出了要重视现代物流产业发展，并提出了全局要求，从基础设施建设到科学技术手段，方方面面都做出了明确的指示。这一举措，对我国物流产业的发展有着深远的影响，不仅为现存物流产业提出了新的要求和标准，也为物流产业在未来的发展上提供了有力的保障。农业问题是民生问题，农产品物流不仅仅是现代物流的一部分，也与百姓大众的健康安全息息相关。人们对于高质量生活的需求日趋明显，对于保障食品新鲜、安全的冷链物流系统也更加关注。最近几年，山东省农产品冷链物流系统自建立以来不断发展，产业规模在逐年扩大，运输工具大量投入使用，新的消费模式也已经产生，前面章节已有阐述，在此不再赘述。

2.供应链环境下山东省农产品冷链的发展现状

在过去的几年时间里，山东省在经济方面取得了较好的成绩，物流产业较前几年相比，也取得了不错的成绩。但是目前的物流产业关于农产品的运输涉及的项目较少。农产品运输不同于普通的常温物品运输，对外界环境甚至是运输条件、方式都有严格的规定和要求。山东省农产品冷链物流系统主要表现为以下特点：

（1）制度逐步建成。消费者对于农产品质量的追求不断提升，对农产品冷链物流也提出了更高的要求。近年来，相应的法律法规和标准也在陆续出台，为冷链物流产业的发展提供了理论上的支持。我国冷链物流系统自建立以来正在逐年完善，相信农产品冷链物流会在不久的将来取得新的成绩。

（2）基础设施逐渐完善。据统计，2016年底，山东省已有超过140家大型冷链物流企业，与2015年相比增长20%，拥有超过600座的冷库，容量共达350万t。其中，水果、蔬菜是冷库中存量最多的商品，占总市场份额的近1/3。

冷库共有三种用途，分别是超低温冷库、冷却物冷库和冻结物冷库。超低温冷库存量最少，不足1/100，占存量最多的是冷却物冷库，已经超过了全部冷库量的1/2。近年来，在国家政策的支持之下，山东省低温运输工具的需求量也在不断增加。山东省各地积极响应国家号召，重视冷链物流系统的建设与完善，如临沂、日照已经成为现代冷链物流系统建设的模范城市，更多的冷链物流园区也在不断建设和完善之中。

（3）市场环境不断加强。近年来，冷链物流在日常生活中广泛使用，很多企业发现了这一新兴的产业链，大力投资并开始发展，冷链物流的队伍不断强大。传统的物流产业，如山东荣庆物流，将成为中国冷链物流龙头产业作为自身的发展目标。一些并非专业从事物流的企业，也抓住了冷链物流的商机，开始着手投资并建设冷链物流系统。物流产业蓬勃发展，并逐渐专业化，这些成绩的取得也有利于促进我国冷链物流的发展。目前，不仅仅是国内产业大力发展冷链物流系统，许多国外的企业也被冷链物流系统所吸引。面对国外企业的交融与碰撞，国内企业也将迎来新的机遇和挑战。

3.供应链环境下山东省农产品冷链面临的主要问题

（1）物流体系不完备。农产品冷链物流系统纷繁复杂，每一个环节都需要经过按照标准进行严格操作，这个过程涉及生产方、加工方、运输方、销售方，才能最终到消费者手中，整个运输的环节需要进行大量的包装和搬运，每一个环节都在无形之中增加了运输成本，使农产品也产生了或多或少的损耗。就山东省而言，生鲜农产品的物流运输多是由企业自营，因此呈现出区域性聚集、规模较小的特点，发展前景不乐观。由企业自行负责冷链运输环节，虽然在一定程度上促进了企业第三产业的发展，但是从长远来看，目前大部分企业自身能力不足，尚未建成完善的冷链物流信息系统，无法承担专业化的冷链物流运输工作，在运输过程中，容易造成产品损耗，阻碍市场交易的顺利进行，因此山东省建立健全的农产品冷链物流系统是十分必要的。

（2）基础设施建设滞后。冷链物流基础设施不完备也是阻碍山东省农产品交易市场发展的原因之一。冷链物流设施主要指的是运输和储藏。山东省在运输方面主要依靠公路和铁路，很少涉及水路和航空运输，且目前冷链物流系统在公路和铁路的建设上尚未完善，基础设施较为落后，无法保障农产品在最短的时间内送达，严重影响了我国农产品市场交易的进行。山东省虽然拥有全国最大规模的冷藏库群，但从市场需求量来看，其储备容量还不能满足需求，内部设施安排不合理，也造成了资源浪费。对于运输工具而言，前期投入资本较多，收益回报较慢，因此很多企业停止了运输工具的购入，近年来，农产品冷链物流系统发展的脚步有所减缓。

（3）技术与管理水平落后。冷链物流与传统的常温物流不同，主要依靠科技进行运作。因此，对于冷链物流而言，科技水平会影响冷链物流产业的整体发展。目前，国内外先进的冷链技术尚未普遍推广，对于先进的管理体系和管理机制的了解也较少，使山东省的冷链技术发展较为迟缓。冷链物流系统具有投资大、回报慢的特点，因此很多中小型企业无力发展冷链物流系统，一些大型企业虽然有较为足够的资金进行投资和建立，但是还是不够专业，无法使冷链物流产业真正发展起来，严重阻碍了山东省农产品的市场交易。

冷链物流依靠完备的信息技术手段得以运行，因此在信息技术方面，对冷链物流系统提出了更高的标准和要求。虽然在实际运行的过程中，会出现供需双方信息不对称的情况，尤其是对农产品生产者而言，信息的滞后会导致农产品生产者处于一个被动和不公平的交易环境之中，致使农产品生产者在交易的过程中需要承担较大的风险，同时也阻碍了农产品的正常流通。

（4）专业化、标准化企业较少。目前，山东省农产品市场多以中小产业为主，自负盈亏，缺乏统一的标准化规定，专业的生产、加工企业还未投入使用，绿色农产品还并没有成为市场上普遍销售的产品，大部分生产者还是依照传统的生产模式，缺少对于新品种的开发和尝试，缺乏市场竞争力。对于山东省各大农业大市而言，应该更加注重农产品品质上的追求。目前，山东省农产品冷链物流企业还存在较为明显的不足，山东省农产物种类繁多，不同类别的农产品需要不同的储藏条件，但是目前的冷链物流系统还未达到满足所有农产品储藏条件的标准，因此很难从根本上保障农产品在储藏过程中产品品质不受影响。除此以外，物流产业之间没有建立完整的信息资源共享网络，因此每一个物流企业都会有自己的运输和储藏标准，降低了企业间的运输效率。

山东省冷链物流运输企业规模较小，在技术方面缺少相应的支持，在企业运行方面也缺少专业化的管理机制，在运输过程中容易造成成本损耗。和传统的常温物流不同，冷链物流运输需要在一个低温环境中进行，如果只是单纯地按照传统的物流运输方式运输需要特殊运输环境的农产品的话，会造成不可估量的损失。企业对冷链物流系统特殊性的认识不够，导致大量运输、储藏工具利用率低，但是农产品物流需求却供不应求。

在运输的过程中，一些物流企业常常将需要进行冷链运输的物品与普通物品一起运输，在一定程度上造成了损失。

（5）专业型人才匮乏。冷链物流产业是一个新兴产业，在我国的发展时间尚短，对于山东省而言，虽然初具规模，但是还是缺乏专业性建树。冷链物流业不同于普通物流产业，需要大量的科学技术辅助，目前对于冷链物流人才的培养还需要加强，应致力于打造一批高质量、高素质的专业型人才。如今从事冷链物流系统的工作人员，多是从传统的物流产业转移过来的，对于冷链产业的了解也只是局限于对传统的物流产业的了解上。

冷链产业是传统物流产业中的一种特殊形式，它对每一个环节都提出了更加严苛和细致的规定及操作方式。大量科技的投入与使用，也增加了冷链物流产业运行过程中的难度，这一复杂的操作对于没有经过冷链物流系统背景专业培训的人而言并非易事。工作人员的操作失误，也会影响农产品的品质。因此，培养和发展冷链物流专业复合型人才是亟须解决的问题之一。

（6）缺乏外部系统监控。农产品不同于普通的物品，从农产品采摘生产到运送到消费者手中的全过程，对于每一个环节都有严格的规定和要求，如果在运输过程中稍有不适，便会使其他环节的努力付之东流。随着生活水平的不断提高，消费者也在追求着更高的生活质量，对于农产品的保鲜提出了新的要求。

冷链物流系统是一个冗长且复杂的过程，不仅需要大量的资金、科技投入，同时也需要企业的严格监督和管理。在过去的时间里，有的农商户过分追求利益，使用大量农药缩短农产品的生长周期。因此，健全的供应链不仅需要企业和生产商的努力，还需要政府加以宏观调控，以保障我国农产品的安全，促进市场经济的有序运行。

3.4.3　供应链环境下山东省农产品冷链物流模式

1.山东省农产品冷链物流模式概述

伴随着山东省经济在近年来不断取得的进步，农产品冷链物流产业也受到了越来越多的关注。目前，市场主体朝着多元方向发展，物流模式也朝着专业化方向迈进。目前，山东省农产业生产以传统的农产品物流模式为主，生产规模集中于区域之间，物流产业也较为薄弱，部分农产品商户依然依靠传统的现货模式进行交易，农贸市场成了农产品交易的主要渠道，所以无法保障农产品的质量和新鲜度，导致农产品容易腐烂、变质，不仅造成资源浪费，同时也不利于农产品市场的发展。

凭借着信息科技技术而产生的现代交易方式，虽然建成已有一段时间，但是发展还是不够完善，且目前主要集中于大城市，无法辐射到全国范围之内，而农产品的生产主要在中小城市进行，所以农产品自生产到销售，需要经过多个环节，大大增加了运输成本，同时也无法保障农产品的质量。

供应链指的是由个别处于核心地位的企业把握供应链的顺利运行。该供应链由不同主体共同协作完成，每一个主体有着不同的作用和定义。农产品供应链涉及包括从生产到销售全过程所遇到的物流主体，除此之外，农产品冷链物流系统与传统物流系统不同的是，还包括四个独有的环节，具体为低温状态下的加工、存储、运输以及配送和销售。

山东省农产品供应链主要有两种物流形式：图3-4-1所示为传统的农产品供应链；图3-4-2所示为现代农产品供应链中冷链物流。根据上述两个物流模式，本书将冷链物流模式划分为四种：第一种为企业自营冷链模式；第二种为第三方冷链模式；第三种为批发市场冷链模式；第四种为供应链伙伴联盟冷链模式。

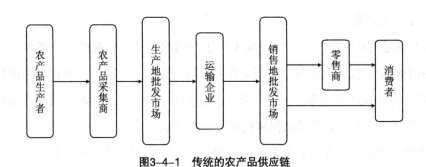

图3-4-1 传统的农产品供应链

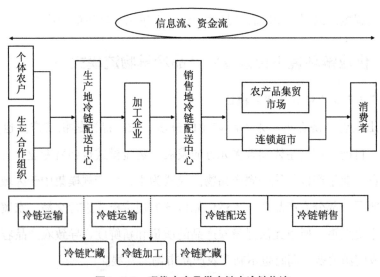

图3-4-2 现代农产品供应链中冷链物流

与传统农产品供应链不同的是，现代农产品供应链中冷链物流模式有其自身的优势和劣势，其优势在于能够最大限度地保留农产品的新鲜度，但是由于需要投入大量的技术和资金成本，价格方面也相对较高。现代化农产品供应链环环紧扣，每一个环节都需要各司其职：生产环节主要由生产商负责，在加工和流通阶段需要和运输公司积极配合，销售阶段主要由各销售点进行把控。

2.农产品冷链物流模式分析

（1）企业自营冷链模式。如图3-4-3所示，该模式为企业自营冷链模式。和一般的冷链运输模式不同，企业自营冷链模式，顾名思义，由农产品生产企业自行运营，这一环节主要包括农产品前期的加工环节，以及后期的销售环节。企业在商品加工的全程都需要处于低温状态，对企业提出了较高的要求。

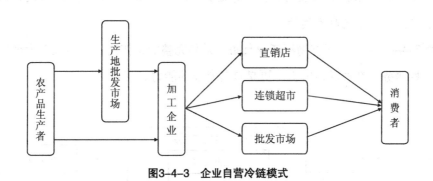

图3-4-3　企业自营冷链模式

企业自营冷链模式也有自身的优势，优势主要表现在企业对于自身生产的农产品较为了解，能够将商品有效控制在最佳状态之中，同时对于冷链全程能够进行有效的管理和监督，也能够及时处理过程中所出现的问题，确保冷链系统完整进行。一般大型加工企业都具有较为完整的运营体系，市场前景较为广阔，企业之间的合作也较为稳定。加工企业可以凭借自身的优势，加强对冷链产业的发展。通过基础设施的建设和完善，确保农产品的品质，并有效控制市场交易运输成本。对于有充足资金和实力的企业而言，可以建立更加专业化的冷链物流系统，或者与第三方冷链物流公司进行合作，有效保障农产品的质量，同时也可以减少农产品在运输过程中所造成的成本损耗。不仅如此，部分企业中没有投入使用的冷藏运输设备，也可以暂时承包给其他有需求的企业使用，促进冷链物流产业朝着更加全面的方向发展。

（2）第三方冷链模式。社会经济不断发展，人们对生活质量水平提出了更高的追求，对冷链产业的发展也提出了更高的标准。保持农产品的新鲜和品质是冷链物流的最终目的，因此有效降低农产品在运输过程中的时间损耗，将农产品在最短时间里送达到消费者手中是十分必要的，每一个环节都需要经过严格的把控，按照规定的标准进行运输、储藏。在这一过程中，对冷链物流产业也提出了严格的标准，一些产业并不具备冷链物流运输的标准，因此该环节会由专业的冷链物流企业承担。

第三方冷链物流企业具备专业的物流产业结构，行业之间的信息资源共享，保障了每一个环节的有效实施。不具备冷链物流能力的企业通过承包第三方物流产业，既能发挥第三方物流产业自身的专业性优势，又能避免农产品生产企业因运输环节失误，而造成的商品质量损耗，也能促进第三方物流产业朝更加专业的冷链物流方向发展。

第三方物流企业保障了商品在运输过程中的质量，同时保证了时效性，使商品效益得到了最大化。冷链物流企业拥有专业的冷链物流系统，能够确保商品在运输过程中的品质不受外界因素影响，最大限度地保证农产品的新鲜度，为企业带来最大的经济效益，促进农产品市场的高效运转。

如图3-4-4所示，第三方物流产业具备一系列完整的运作流程，不仅能为客户提供完善的综合性服务，在产品运输上，更是具备专业的能力。

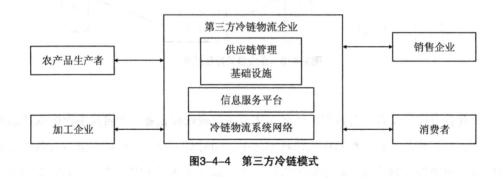

图3-4-4　第三方冷链模式

（3）批发市场冷链模式。批发市场的冷链模式是以农产品产端或销售端为中心，通过对供应链中生产者、加工商以及供销商等多环节进行整合，充分发挥链内的资源优势；通过科学高效的整合，最大化地提升资源的利用效率，创造更高的价值，如图3-4-5所示。在这个供应链体系中，不论是产端市场，抑或是销端市场、批发市场均在冷链物流中起到主导性的作用，这主要是因为我国农产品物流存在两头散、中间集中的特点，所以批发市场作为中间环节，具有对生产者的产品进行集聚，再向市场进行分散化营销的功能。

除此之外，批发市场因为其集散性在供应链中处于信息优势的地位也是其主导作用的主要来源之一。就批发市场在供应链中所处的位置而言，其连接了农产品加工商以及零售终端，所涉及的产品规模以及数量上均较为庞大，所以批发市场应立足于自身所拥有的信息优势，充分发挥自身的服务职能，通过向上、下游环节提供仓储、运输、包装、低温技术等服务增进与链中其他节点的联系，提升供应链的整体性及稳定性。

由于与链中上、下游环节均有直接的业务往来，所以批发市场获取信息的渠道也呈多元化的特点，并且大部分信息均是实地采集的第一手数据，保障了信息的准确性及时效性，这也是批发市场信息优势的主要成因。这种冷链模式可以通过减免中间环节的方式有效地降低农产品的产销成本，保障了农产品在物流环节的质量，提升了供应链的经济效益。

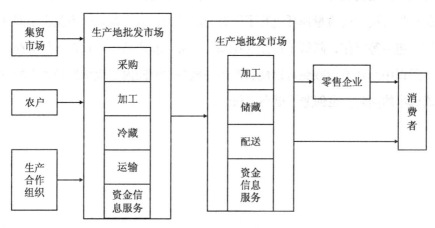

图3-4-5　批发市场冷链模式

（4）供应链伙伴联盟冷链模式。在完整的供应链体系中，位于供应链末端的生产者与顶端的消费者之间通常存在着5～6个中间环节，由于每一个环节均需消耗一定的成本，从而使总成本得以提升，如图3-4-6所示。由于市场的不稳定性，中间环节越多，则相应的经营风险也就越高。

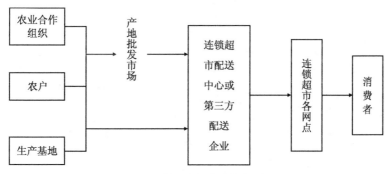

图3-4-6　供应链伙伴联盟冷链模式

在国家和政府大力推动农业发展的当下,国内诸多大型连锁商超均直接与农户等农产品生产者进行连接,通过订单要约或建立长期合作机制等方式,打通了生产者与终端市场之间的连接,在现有市场形势下最大限度地削减了中间环节的成本,在保障产品质量的同时,降低了消费者的支出,也使得生产者与商超的经济效益得到显著提升。

这些大型连锁商超通常均自建有相对完善的冷链物流体系,并设立了专职的部门对冷链物流的业务进行管理。这种较为明确的供应链联盟模式被欧美等发达国家所广泛应用于农产品的产销领域,因市场环境的差异性,该模式也具有诸多相异的形式,比如农村合作社+商超、农户+商超以及商超直采等。

这种模式比之前较为主流的经一级或多级批发市场集散的供应链模式效率更高,也对农产品在供应链中的质量损耗进行了更有力的控制,这主要是因为免去中间环节所必需的装卸、包装等操作,降低了产品的损耗,且由于农产品普遍存在不易保存、易腐坏等特点,所以中间环节的减免可以使农产品在最短的时间内完成田地到餐桌的过程,在降低物流成本的同时,也创造了更高的利润。

第4章 国内外农产品物流与供应链发展经验

4.1 美国农产品物流发展现状

4.1.1 美国现代物流业的产生与发展

1. 美国现代物流的产生

由于社会经济发展的水平相对较高,所以美国现代物流产业的发展历程以及理论研究均早于世界其他国家。现代物流的概念就是由美国学者首先提出的,且也率先将理论研究成果付诸实践。早在20世纪之初,格伦维尔就在其著述中对农产品物流成本进行了较为详细的阐述,这也开创了现代物流理论研究的先河,也是农产品物流第一次以理论形式出现在世人面前。就现代物流理论发展的驱动力而言,获取更高额的利润是其根本目的所在。

20世纪中期,世界经济整体处于战后重建的状态,市场不确定性加剧,经济发展出现了较大幅度的波动,优质资源均在宏观政策的引导下集中在事关民生与国防的关键领域,市场竞争过于集中,加上产品的同质性始终居高不下,不仅压缩了企业的利润,也造成了极大的成本消耗。

尤其是在20世纪60年代末,欧美等资本主义国家由于制度的先天缺陷,相继进入发展停滞期,对世界经济的发展构成了严重的不利影响。在外部环境无法有效改善的情况下,企业为了经营的存续,只能从自身的生产环节入手,力求通过生产成本的控制提升产品的市场竞争力,但是生产环节受到原材料购买、人工成本等必要支出的影响,具有刚性空间无法进行压缩等缺点,所以在其他生产环节成本最大限度地被压缩之后,企业将目标转向物流环节的成本压缩。1962年,德鲁克在其著述中指出物流是生产经营活动中的重要环节,可以通过对其施以科学的管理提升产业链的整体效率。该著述的发表对物流理论的发展完善具有里程碑意义。

2.现代物流业在美国经济发展中的作用愈发显著

凭借着世界领先的经济实力以及完善的市场经济体系，美国物流产业的发展程度已远超世界其他国家，现代物流不仅为美国经济的发展提供了必要的助力，同时也借助于美国庞大的市场需求得到了良好的发展基础。

据美国权威部门的统计数据显示，目前美国共有物流企业近200万家，不仅是在数量上冠绝全球，其业务总量在世界上也难有国家可望其项背。凭借着庞大的产业规模，美国物流产业所创造的经济效收入在美国全体国民总收入中的占比超过三成，据估算，目前美国物流产业的总市场价值接近于万亿美元大关，为美国年均总产值的10%左右。

现代物流产业的完善程度对其他相关产业具有较为显著的影响，不仅可以有效地实现跨行业、跨企业的资源传输，也可以在不同职能的个体、企业及其他社会组织之间建立联系，农产品物流也随之快速发展，目前已初具规模。

4.1.2 美国农产品物流的发展现状

美国物流产业的完善使农产品物流也得到了极快的发展，目前美国农产品物流已成为世界先进物流产业发展的标杆。

1.农产品物流市场规模庞大

凭借着辽阔的国土面积以及机械化农业生产技术的普及，美国的农业也同样居于世界领先水平。不仅粮食作物的产出足以支撑国民的基本生活需求，同时经济作物也成为世界各国竞相引进的优良产品，为美国经济创造了极大的贸易顺差。其年均农产品产量及交易总量均处于世界领先水平，这也给农产品物流产业的发展提供了良好的市场基础。就以粮食作物中的谷类产品为例，据统计数据表明，20世纪80年代末期，美国人均年产谷物总量已达到1.24t，远高于世界平均水平，水稻、小麦等谷类产品的年出口额基本都维持在8500万t以上。

2.农产品物流基础设施和设备完善发达

（1）交通运输业非常发达。美国域内以公路为主要交通基础设施，除居于飞地的两个州之外，其他州之间均建立了较为完善的交通运输体系，实现了以公路为主体，辅以铁路、航空、水运以及管道等交通方式的立体交通网络。其中，公路可通达至境内所有村级行政单位，且各公路之间的间距均不会大于1.6km。公路的覆盖面积及通达性极高。根据2001年美国权威部门发布的数据显示，在21世纪初美国全境高速公路总长度超过了7.5万km，而其时世界总高速公路里程数尚不足15万km，而境内公路总里程超过了

640万km。铁路的基础建设也相对较为完善，甚至还存在为农产品物流而专设的铁路线路，各交通方式之间的衔接也较为顺畅。

（2）农产品仓储设施非常完善。随着大量实践经验的积累，美国的仓储基础设施也相对较为完善。结合仓储产品的特点，构建了形状及功能各异的粮仓类型，如钢制仓、圆锥仓以及立筒仓等。粮仓的适宜性不仅加大了单位面积的存储能力，同时也降低了在仓储过程中出现的产品质量损耗。就美国现有的粮仓形制而言，存储量最大的粮仓可储存10万t以上的产品，而普通粮仓的存储能力也在5万t左右。加之美国粮仓的数量相对较多，所以美国的农产品存储能力也处于世界领先水平，据不完全统计，在2000年美国的农产品存储能力就已经超过了5亿t。而粮仓则集中分布于各大型农场之中，所有权归属于各大农场主，据统计数据表明，此类不对外提供服务的粮仓在仓储总量中占比接近六成，总存储量超过了3亿t。庞大而农产品产量必然导致生产者的交易需求，所以美国的农贸市场数量也较为可观。

（3）农产品物流各环节机械化水平较高。借助于先进的工业发展水平，美国农产品物流几乎所有环节均实现了机械化生产，替代了人工劳动。这样不仅极大地提升了生产力及生产效率，也降低了因人为失误造成的成本损失。比如，在装卸及库内运输环节，通常会使用履带式传送机、输送机、提升机、叉车、铲车等机械化设备。甚至一些较难的操作也实现了机械生产，如番茄采摘、马铃薯收取等。

3.农产品物流技术体系先进

美国对农业基础性产业的作用具有正确的认识，也因此出台了一系列扶持农业发展的政策并加大了国家财政的投入力度，完善农业生产的基础设施建设，尤其是在农产品物流方面，已构建了较为完善的现代物流体系。该体系已基本实现信息化生产，涵盖仓储、运输、包装、加工等多方面的内容。

（1）农产品包装向标准化方向发展。美国农产品的包装从最初的保障产品质量并加以产品信息标识为目的，演变为标准化包装。通过标准化包装的农产品不仅在外观样式上实现了统一，同时也有效地保障了产品的质量，甚至使农产品表现出礼品化的发展趋势。

（2）农产品加工程度高、加工技术先进。美国的农产品鲜有以初始状态未经加工就进行出售的商品，农产品加工率超过八成。据统计数据表明，1996年美国国民用于满足餐饮需求所花费的资金总额已突破5000亿美元大关，其中用于农产品消费的支出仅为1250亿美元，在总支出中占比不足1/4，而在农产品在加工等后续环节中累计增值竟超过了3/4，总金额超过了3750亿美元。据近40年来的数据显示，美国用于境内销售的农产品加工增值幅度维持在50%左右，而用于对外贸易的农产品增值幅度则在30%左右。

此外，美国的农产品加工技术相对较为发达，就马铃薯而言，目前已经生产出近2000种马铃薯类制品，而我国超过九成以上的马铃薯均被用于菜肴烹制。在大豆的加工方式上，我国与美国的差距更加明显，目前美国对大豆产品进行初加工的方式已超过两万种，但是我国目前仅有200余种。

（3）农产品冷藏冷冻技术先进。借助于先进的科技发展水平，美国在制冷技术上也同样居于世界领先水平，尤其是在冷链物流方面，技术实力高居世界第一。现有的数据显示，美国目前具备冷链物流能力的运输车辆超过22万辆，其中冷藏车辆16万辆，其余为恒温功能车辆，农产品冷链覆盖率接近90%，由此可知，美国目前已经建立起较为完善的农产品冷链物流体系，且技术力量较为强大。

凭借着强大的制冷技术及冷链物流能力，美国的农产品物流基本都可以实现冷链流通，冷链流通对农产品的覆盖率已经接近90%。目前美国农产品中冷冻、冷藏制品种类超过了3000种，年均产量超过2000万t，创造经济收入500余亿美元。尤其是对易腐程度较高的生鲜产品及水果、蔬菜等产品基本实现了冷链物流的全面覆盖，对物流运输过程中产品质量的损耗进行了有效的控制。

4.农产品物流主体的组织化程度非常高

美国虽然以大农场为主要农业生产单位，产量相对较大，但是在生产经营实务中，鲜有以单一农场主为主体而进行了物流活动，多是由数个地理距离相近的大型农场进行联合购买物业服务，具有一定的组织性。除大农场主之外，一些生产规模相对较小的农户也自发地组织物流活动，提升自己的产品规模以降低单位产品的物流成本。在特别情况下，也有政府牵头进行组织的以农业生产者及一级分销商为主体的经营联合体。按照主体性质的不同，可将这些组织划分为产销一体化组织及行业协会两大类别。

这类组织在美国的农业生产中扮演着极为重要的角色，就产销一体化组织而言，将供应链中相邻的两个环节组合成为利益共同体，不仅可以降低在环节衔接过程中所消耗的成本，同时也极大地提升了供应链的生产效率。据相关部门发布的统计数据显示，目前美国这样的合作组织已有6000多家，参与人数超过了500万人，但是这些组织在规模上存在较大的差异，规模最大的组织人数已超过了50万人，而小规模组织通常人数均控制在百人以下，但是在管理制度上存在较高的一致性。

5.农产品供应链的管理水平高

美国农产品物流诸环节均保持着高效运转，这主要是得益于美国农产品供应链管理的科学性及有效性，较为明显的案例是可口可乐公司的供应链管理实务。20世纪末，可口可乐公司建立了以市场评估、原材料采购、物流运输、产品生产以及售后跟踪等部门为主体的完整供应链体系。由于该体系几乎涵盖了产品生产营销的全部过程，所以它不仅可以对供应链中的各个节点进行准确高效的管理，同时也可以根据过往案例对市场发展趋势进行较高精度的预测。在供应链管理的作用下，供应链在物流环节所花费的成本显著降低，整体性的经营效率得到了显著的提升，优化了客户体验，全面提升了链中企业的经营效益。

6.农产品流通渠道广且效率高

当前，世界各国所推行的农产品物流模式主要可划分为两类：一是以美国为代表的欧美模式；二是以日本为典型范例的东亚模式，主要存在于日、韩等亚洲国家。

在欧美模式体系下，处于供应链中间环节的批发商资本实力雄厚，经营规模相对较为庞大，可以满足终端销售市场（如大型商超、零售店面等）主体对货源的需求，可以为这些主体提供及时足量的农产品配送服务。

在东亚模式下，销售环节的主体是处于终端销售环节的连锁商业超市以及零售店面等经销商，其因与消费者直接进行接触，所以对市场需求的变化具有较为直观的认知，能够以需求为依据，对商品的构成及时进行调整，以自建物流的方式实现对农产品的采买以及运输，跳过了中间环节所产生的成本，在降低消费者够买支出的同时也提升了销售商的经济效益。

除此之外，美国还存在将两种方式综合使用的新形式，由于美国农业发展的特殊性，农场主凭借庞大的经营规模以及数量可观的农产品，可以直接对区域性市场的供求关系产生一定的影响，在实际操作中，通常会由多个大农场主进行联合，通过自建的物流体系将产品直接输送到终端市场进行销售，这种营销方式在业内通常会被称为产销直挂，农产品的生产者直接与消费者进行对接，不仅可以让消费者直接享受到优惠的价格，同时也通过中间环节的减免提升了农产品销售的利润。

上述三种方式虽然在实现方式上存在着一定的差异，但是其根本原则均是在成本效益原则的框架下，尽可能地降低农产品产销的中间环节所造成的成本及产品质量的损耗，在提升产品价值的同时使农产品供应链中的各主体经济效益得到显著提高。

4.2 促进美国农产品物流发展的主要因素及措施

就具体的操作环节而言，农产品物流涵盖了生产材料采购、农产品生产、加工、包装、仓储、运输以及营销等多个环节的内容，每个环节均有一定的次序性，是由前一环节的实施而必然导致的。为了提升农产品物流的效率，不仅要使各环节自身的效率得到提升，同时也要降低在各环节衔接上所消耗的成本及时间。

如前文所述，农产品物流的所有实践操作均会受到外部环境、物流基础设施、科学技术以及农产品自身特性这四方面因素的共同作用。美国农业生产规模极为庞大，所以其生产经营体系也相对较为繁杂，在诸多因素协同作用的影响下，才得以始终保持较高的发展速度。任一环节的失误或低效都势必会对供应链整体的效率产生不利的影响。

4.2.1 促进美国农产品物流发展的主要因素

1. 良好的宏观环境为农产品物流奠定了社会基础

对农产品物流构成影响的宏观环境主要包含当地经济发达程度、物流行业的发展前景、地区政策导向以及市场需求的规模等。美国作为世界经济最为发达的国家，其物流行业的发展程度也代表着世界最高水平，这些均对农产物流的发展创造了良好的外部环境。

此外，农产品物流的发展必须有足够多的物流服务需求作为支撑，美国政府对此具有较为深入的认识，不仅通过政策导向扶持物流产业的发展，还通过业态创新等方式激发市场对物流服务的需求，使得几乎全社会的经济活动均需要不同程度的物流服务，极大地促进了物流产业的发展。除指导性政策文件之外，美国政府还制定了一系列的法律法规，不仅对物流产业的发展进行规范，同时也在一定程度上为物流产业的创新发展提供必要的法律制度保障。

2. 完善的基础设施为农产品物流奠定了物质基础

物流产业的基础设施包括道路的可达性，路线的可达性以及仓储、装卸、加工等环节所需使用的工具、设备等，农产品物流业同样如此。农产品从田间到餐桌的过程必然需要道路、运输车辆、仓储环境、销售店面等硬件设施的支撑，交通道路的可达性以及路面状况会对产品运输的效率产生直接的影响，进而影响到在运输环节所耗费的成本，产品运输的效率农产品物流的绩效具有决定性影响。

由于农产品普遍具有易腐等特性，所以尽可能地缩短在运输仓储等环节所消耗的时间，不仅可以有效地提升产品质量，也可以延长销售环节的时间，为销量的增加提供保障。通常情况下，农产品产地多地处偏远，而农产品的主要消费市场却集中在城市等经济相对发达的地区，二者之间的地理距离是产生农产品物流的根本原因之一。仓储设施的完备程度会对农产品质量产生较为直接的影响，而运输车辆以及配套技术的选取则不仅会对农产品质量造成影响，还会作用于农产品物流的效率。

3. 先进的物流技术为农产品物流奠定了技术基础

物流技术根据性质的不同可划分为硬技术及软技术两个类别。软技术指的是物流决策、预测以及标准化建设所需使用的技术；硬技术则指的是在加工、仓储、运输、包装和装卸等实际操作所应用到的技术。

综上所述，本书所研究的农产品物流技术则主要指的是农产品在加工、包装、冷链、信息化管理以及配送等环节所需使用的技术。美国农产品物流的高效也主要是源于上述物流技术的先进性。

4. 高素质的物流主体为农产品物流奠定了人力基础

农产品物流的主体主要指的是参与农产品流通的企业组织以及农户个体。

（1）美国农产品物流从业人员自身素质高。农产品物流工作人员的综合素质不仅代表着物流环节的专业技术水平，也决定了工作人员的学习能力和接受新事物的能力，这两项能力对物流产业持续性发展具有极为重要的作用。而物流从业者的专业技术不仅包含管理物流的能力，还包括对专业物流设备的操作能力，这会对物流环节的效率产生较为直接的影响。

统计数据显示，当前美国物流行业的从业者普遍受教育程度较高，未达到本科学历水平的从业者在总人数中的占比仅为8%，且硕士以上学力的从业者在总数中占比超过了40%。其中拥有仓储、加工、配送、包装等环节专业技术水平认证的工作人员超过了20%。从以上数据可知，目前美国物流行业从业者综合素质极高，在人才资源为各行各业所竞相争夺的当下，高质量的人才队伍会为美国物流产业的发展提供不绝的动力。

（2）美国农产品物流主体组织化程度高。如前文所述，美国虽以大型农场为农业主要生产单位，但是却鲜有以农场主个人为主体参与农产品供应链的案例。

美国农产品物流的主体具有明显的组织化特点，而美国农产品物流组织形式主要有行业协会以及自发组成的产销一体化组织，农业行业协会是民间自发成立的组织，行业协会的活动经费主要由会员筹集，其职能是为农业生产者，如大农场主及农户等，提供必要的政策咨询服务以及与农产品产销有关的支持。

行业协会作为服务于农业生产者利益的主体，在政府与生产者之间架起了沟通的桥梁，通过对分散化生产者诉求的整合集中，与政府直接进行沟通，不仅提升了主张诉求的力度，也大幅优化了农户表达诉求的权利。

产销一体化组织是供应链中的生产者与供销商进行联合而形成的统一性组织，这种组织形式将本来处于对立关系的两个或多个链内节点组成利益共同体，不仅显著地提升了链内各环节之间衔接的效率，也有效地降低了生产成本。

4.2.2　促进美国农产品物流发展的具体措施

整体而言，美国农产品物流具有成本控制有效、产品质量稳定、运营效率较高等显著特点，而我国农产品物流在这些方面恰好与美国形成了鲜明的对比，存在极大的差距。我国与美国在国土面积以及农业资源方面存在极高的相似性，在农业年产量上也极为近似，两国同为世界主要的农产品进出口国，且两国之间在农产品贸易方面也有着极为广泛的贸易往来。对美国农产品物流的发展经验进行借鉴，可以对我国物流产业的发展提供积极的参考，所以本书对中美两国农产品物流发展情况进行对比分析，以期为我国的农产品物流优化实践提供必要的理论依据。

根据研究结果显示，美国主要有以下几项农产品物流的成功经验。

1.政府充分发挥宏观调控作用

（1）把发展现代物流确定为战略目标。在美国制定并颁布的2020—2025战略规划中，明确提出了美国在接下来的5年中要将交通运输产业建设为覆盖全球的高效、可靠、安全的交通体系，充分利用大数据分析、人工智能等先进信息技术发展的成果，以生态保护为原则，构建综合性的产业形式。从中可以看出，美国政府已将物流产业的发展上升到国家战略的层级。在生产实践之中，美国政府通过政策导向以及财政拨款等方式对农产品物流的发展进行积极的引导，如加大农产品物流基础设施建设的投入力度，引导社会资本向农产品物流产业注入，为农产品供应链的经营提供必要的法律制度保障等。

（2）实行农业支持政策且提供有效的法律制度保障。美国政府对农业基础性产业的地位始终具有正确的认识，政府积极为农业的发展拓宽渠道，提供多方面的支持。比如，通过适度的关税调控以及政府退税等方式提升本国农业产品在国际市场上的竞争力，通过政府采购再转销与发展中国家的方式，在保障农业生产者经济效益的同时，也有效为农业过剩产能寻得了销售途径。根据美国官方发布的数据显示，每年美国政府用于农产品出口贴息及退税等优惠政策的费用超过了600亿美元。农业支出每年在美国财政预算中均处于三甲之列。

而我国以世界7%的耕地面积供养全球20%左右的人口，农业所面临的压力可想而知。政府对农业的发展也始终予以高度的关注，从早期的"三农"问题，到后来的免征农业税，再到当下乡村振兴战略的逐步推进，无一不体现了国家通过宏观调控手段对农业生产予以扶持政策导向，但是由于传统产业发展意识的影响，我国对农业的扶持主要集中在生产环节，鲜有关注到农产品流通领域的发展，这说明不论是政府还是行业协会均没有意识到农产品流动对农业发展的重要作用。农产品流通不畅必然会导致产品的大量积压，难以兑现其经济价值。随着生产环节效率的提升，流通不畅的问题将愈发显著，也使得国家对生产环节的投入不能取得应有的效果。

重视程度的不足，国家各级财政对本地区农产品物流产业的投入也相对不足，使得我国农产品在加工环节存在极大的缺失，上市销售的产品多为初级农产品，附加值极低，难以有效地提升农业生产者的经济效益。

此外，我国农产品供应链中环节过多，不仅增加了产品在各环节之间进行流通而发生损耗的概率，也通过环环加价将过度的物流成本均转嫁到消费者身上，严重影响了人民的生活品质，而农产品生产者的利润空间也被大幅地压缩。

（3）对食品安全、环保等有着严格的规范措施。美国推崇民权至上，而食品安全问题不仅会造成恶劣的社会影响，也会危及人民的生命安全，这对美国而言是零容忍的社会性问题。美国为了规范食品行业的卫生标准，不断地加强该领域的法律法规建设，并对新型科技在农产品生产方面的应用进行了严格的限制。而我国近年来食品安全问题频发，引发了政府以及社会各界的普遍关注，国家为了对食品加工产业进行规范，相继出台了一系列的法律法规，但是由于监管力度不足，并没有获得预期的效果。截至目前，我国并未建立完善的食品物流准则，使得食品的质量在物流过程中积以产生损耗，从而提升了食品安全问题发生的概率。

2.政府高度重视完善农产品物流基础设施

（1）注重对农产品物流公共基础设施的投入。根据美国官方发布的数据显示，美国政府每年用于完善交通运输基础设施建设的费用高达300亿美元。此外，为了拓宽农产品的销路，平衡市场供求关系，美国政府也通过大量的财政投入支持农贸市场、批发市场等销售主体的建设。

而随着我国农业产能的不断提升，流通不畅所导致的农产品积压也使得政府对农产品物流的重视程度日益提升，相应地加大了财政投入力度，但是由于积重难返，所以在短期内并不能取得较为显著的成效。与美国持续多年大力投入所夯实的农产品物流基础相较，我国的物流基础建设极为薄弱。就境内公路里程总数而言，美国在2000年就已经完成了640万km公路的架设，而我国2007年该项指标的数值才刚超过350万km，且公路的覆盖面积相对较不完善，未能实现乡镇级的全面覆盖。

（2）注重建设高度发达的农业信息网络。随着人类社会逐渐步入信息时代，信息技术的应用从根本上改变了人们传统的生产生活方式，很多陷入发展瓶颈的传统行业主动与互联网等信息技术发展的成果进行深度融合，从而打开了创新发展的新局面。

自20世纪末开始，信息技术的发展成果的民用化程度不断加深，美国政府为了将信息技术进行广泛的推广，年均拨款15亿美元用于扩大网络的覆盖面积，加强网络基础设施建设。经过数十年大力度的持续投资，美国才成为世界上信息化程度最高，网络覆盖面积最广的国家。而美国的农用信息系统也因此得到极大的发展，不仅完成了对本土46个州的全面覆盖，还将加拿大下辖的六个州级区划纳入在内，几乎涵盖了所有参与或从事农业生产的个体或企业组织。通过农产品信息系统可以实现对农产品供应链中所有环节的追溯，并实现了产业信息的全面共享，极大地提升了信息的时效性及准确性，为供应链中各节点企业的管理者制定经营决策提供必要的依据。

信息系统的用户通过多媒体终端（如智能手机、平板电脑以及个人电脑等）方式接入系统就可以随时随地进行信息共享。随着信息技术商用的不断扩展，诸多新兴的业态层出不穷，农业生产信息发布为主题的专业性网站，信息技术服务供给公司等业态的发展拓宽了农业生产者获取相关信息的渠道。在美国的农业人口中，可以熟练使用计算机及互联网进行信息获取的占比超过了85%，曾有过通过电商渠道进行消费的占比也接近20%。在美国电商产业的营销总额中，农业人口消费占比约为8%，早在1999年，涉农电商消费额度就已经接近380亿美元。而我国虽然网民数量众多，但是网民人口中农村网民数量较少，且在我国农村人口中占比仅为1/40，远低于世界平均水平。

3.高度重视发展先进的农产品物流技术

先进的物流技术不仅可以有效地保障农产品的质量，而且延长了农产品的生命周期，最大限度地降低了农产品在物流过程中出现的质量损耗，极大地降低了物流成本。

（1）注重发展农产品包装技术。美国政府为农产品物流的发展提供了充分的法律制度保障，建立了较为完善的法律体系，甚至对包装、加工、装卸等具体的操作也有明确的规定。经过多年的实践检验以及经验积累，目前美国农产品包装已经实现了高度的标准化，不仅在包装样式上进行了统一，在包装材质、说明内容等方面也均有统一的要求。统一的包装标准不仅便于产品的集中运输和装卸，还便于实施一体化的管理。

而就我国目前农产品的包装而言，由于未制定统一的标准，所以多是农产品生产者凭主观意愿随意进行包装，甚至有些表皮不易磨损的农产品不经包装就推向市场，这给农产品的运输和装卸造成了极大的困难，也不能有效地降低农产品在物流过程中的质量损耗。

（2）大力发展冷藏冷冻技术。农产品普遍具有易腐的特性，对于生鲜产品以及含糖量较高的水果等尤其如此。因此利用冷藏冷冻技术使农产品保持在新鲜的状态可以明显提升农产品的生命周期。根据相关资料显示，生鲜产品中肉、蛋、奶等制品全部均需要冷藏保存，而也有近半数瓜果蔬菜同样需要在低温环境下进行存储。目前，冷藏冷冻技术是世界各国通用的延长农产品生命周期，使其新鲜状态得以持久的主要方法，可以大幅度降低农产品在物流过程中所产生的质量损耗，所以美国在冷藏冷冻技术的研发上始终保持较高额度的投入。美国对农业的投入如果按投入对象来分，仅有三成左右的投入是用来发展生产技术，优化生产条件，其余七成的投入是用以研发冷藏冷冻技术以及相关技术设备的投产和使用。在国家的大力发展下，美国在世界范围内首先建立并发展了冷链物流体系。

（3）重视农产品加工技术的开发及应用。当前，美国农产品有八成以上均是经过不同程度的加工才正式进入市场进行销售的，且这一比例正处于不断地提升之中，加工环节会使产品的附加值得以显著提升，从而在生产能力基本稳定的情况下，大幅提升农产品供应链所创造的经济价值。

美国经过多年的发展完善，其农产品加工行业已趋近于完善，且通过不断地加大研发投入，其加工行业的线进行得以长期持续。美国的农产品加工企业目前主要以企业及农户合作组织为主体，其以市场需求为依据，以创新为驱动，立足于自身优势，致力于拓展业务范围，不断推陈出新，使企业始终保持着较为旺盛的生命力。如前文所举的例子，美国农产品加工产业以马铃薯为原料，可以生产出2000余种不同类型的产品，而我国超过九成以上的马铃薯均被用于烹制菜肴。对农产品加工行业的重视程度不足已经成为制约我国农业发展的重要因素之一，严重影响了农产品供应链的经营效益。

（4）大力发展农产品物流信息技术。美国农业部指出，其具有搜集农业生产及市场信息并予以整理分析的职能。也只有以政府部门为主体进行信息处理，才能有效地保证市场竞争的公平和公正，所以每年美国政府均会划拨给农业部相当数额的活动经费，该经费不仅用于对本国农业的发展予以支撑，还被大量用于提升农业生产的信息化程度，通过对大规模农业生产及市场数据的搜集和分析，对本国的农业生产予以积极的引导。

4.高度重视对农业科研的投入

美国作为引领世界科技发展的超级大国，在农业科研方面也始终保持较高的投入力度，其所采取的措施主要有以下几种：

（1）保证农业科研资金的投入。科研资金的投入是推动农业科技水平提升的先决条件，鉴于农业在国家社会经济发展过程中的重要作用，国家应对该部分资金的支出予以优先保障，以推动农业始终保持高速的发展。

（2）积极购置现代化科研设施设备。为了提升科研活动的效率，美国政府在保障农业科研资金投入的同时，还斥巨资引进了先进的现代化生产设备，为科研活动的开展提供必要的硬件条件，提升科研活动的效率，并加快科研成果在实践中的应用和推广，使科技充分应用到农产品物流体系的发展完善之中，提升农产品物流的效率。而我国在这方面仍然存在较大的差距，农业科研设备没有及时进行更新、优化，难以为科研活动的开展提供必要的支持。

5.注重提高农民的素质

美国从事农业生产的人员有超过七成均接受过专业技术的培训，而我国这一指标的数值仅在两成左右，甚至有超过3/4的农业从业者从未接受过专业化的培训。农业从业者的综合素质对农业的发展具有直接的影响，对产业发展的可持续性有着至关重要的意义。我国农业从业者综合素养普遍较低，不仅在学习先进技术，接受先进生产理念时会存在较大的困难，也使得农业生产者在供应链中处于信息不对称的绝对劣势，使其面临着极高的经营风险。与美国相比，我国农产品物流人才的培养还是任重道远的。

6.注重发展农产品第三方物流

通过观察欧美国家和地区其物流业建设经验不难发现，只要物流业建设得足够优秀，便必然离不开第三方物流的推动，其总体规模必然占据物流市场的大部分，只有这样才能保障国家物流市场的发展。

通过第三方物流可以确保与之相关的所有服务实现专业化发展，这又进一步确保了物流的专业程度，进而增强了物流效率，有助于全面控制物流成本。此外，将来凡是涉及农产品的物流很大程度会依托于第三方物流，能够有效提升供应链的整体效率。

从交易成本理论的层面分析，同交易成本关联性比较强的要素中，除了有限理性以外，还有交易频率与资产专用性。在实践中，要是把企业没有做好的物流业务直接转交第三方物流负责，那么一方面可以有效控制经营成本的同时，另一方面还能够充分发挥第三方物流的优势。因为第三方物流本身就具备明显的专业性特征，以此可以在理性的状态下将限制控制到位的同时做到尽可能提高交易效率。其中，最具代表性的就是直接借用第三方物流的冷链以及物流支持。以冷链为例，如果不依靠第三方物流平台，选择自建冷链的话，必然需要极大的投资，而且企业还需要将一部分精力放在冷链的搭建上，长此以往，不仅会扰乱企业正常经营的节奏，还会影响企业创新目标的实现，使其无法掌握足够的竞争主动权，影响企业的后续发展，还不利于资源优化配置，限制了供应链效率。

从实际情况看，想要推动第三方物流取得阶段性成果，市场支持是一方面，政策支持是另一方面。以美国为例，作为发达国家，美国在农产品物流方面有许多可取之处，其中优秀的基础设施为第三方物流发展奠定了坚实的基础，能够让不同的物流方式在短时间内完成转换，有效控制了运输开支。

此外，农产品物流充分地发挥出了规模效应，能够有效提升整体交易规模，进一步推动了第三方物流的建设。还有，美国政府充分地发挥了主观能动性，对整个物流市场进行了宏观调控，制定了高效的政策助力本土物流企业在世界范围内扩张业务。在政府与第三方物流公司的不断努力下，相关产业已经取得了卓越的发展成果。

通过统计数据来看，第三方物流占物流领域的规模，日本超过了80%，美国超过了57%，我国远低于这两个国家。由此不难看出，中国第三方物流亟待建设。

7. 注重提高农产品供应链整体效率

随着第三方物流产业取得一个又一个成果，有效推动了农产品供应链的发展，充分保障了整体效率。

美国不仅经济发达，在农产品供应链方面同样领先全球。这一切与美国早已实现了农业规模化生产息息相关。实际上，早在20世纪70年代，该国在农业生产领域已经奠定了现代化发展的基础。从农资供应到生产再到最终的投入市场，每一个步骤都能够做到有序展开，而且能够获得供应链的保障。在物流方面，只要有所需求，高度发达的物流产业能够将农产品运输到对口市场。在交易的时候，选择的是"订单交易"。这种方式存在着先天的优越性，能够借助完备的物流链条，实现有效增强农产品的附加值。此外，随着利益分配体系的不断完善，供应链各层面的核心组成部分实现了高度统一，有效保障了供应链的稳定，能够助力供应链走向可持续发展道路。

选择以Cargill公司展开分析。Cargill经过多年发展，已经取得了阶段性的发展成果。当前，其主营业务基本围绕农产品展开，业务范围除了美国以外，还涉及全球多个国家。该公司主要提供农业服务、农资贸易以及相关产品的深加工等。关于深加工，最具代表性的就是榨油这项业务。众所周知，榨油离不开原材料的支持，这方面该公司同11个原材料供应商达成了战略合作关系，在这些供应商的支持下，公司的成品食用油业务才能够在世界范围内布局，就这一条产业链条，便能够提供接近10 000个岗位，同50多个国家和地区达成了业务方面的合作关系，管理了255家企业的仓库，54个榨油厂，37个进出口谷仓，18个合资企业。以印度尼西亚为例，仅在这一个国家便拥有25 000公顷的棕榈油炼油厂。在整个供应链中，还涉及五谷杂粮。分析Cargill在这方面的发展成果后，可以汲取到下述经验：

（1）主动加强国际合作。Cargill公司长期致力于打造专用物流网络，为此，在2002年选择与Nistevo公司签署了合作协议，由该公司负责搭建整体物流网络。之所以选择与Nistevo达成合作，最主要的原因在于该公司在互联网方面已经深耕多年，尤其是物流领域，取得了不错的发展成果。在随后的数据中也可以发现，本次合作是非常成功的，进一步优化了物流绩效,可以说双方主体在本次合作中都取得了自身想要的结果。

从企业的层面看,想要真正发展壮大,必然要结合多方有利因素,而且要学会借力。特别是在企业自身没有布局的产业链条上面,更是需要同其他企业达成合作共识。Cargill公司的主营业务之一便是帮助企业搭建完善的供应链。仅修建厂房一项业务,便能够帮助合作企业有效控制管理成本,基本上能够保持在10%左右。

当前,Cargill已经进入我国市场,而且还专门建立了培训机构,机构中有很多农产品领域的专家,可以为农业发展提供技术方面的服务与支持。只要能够与其达成合作,就能够充分确保收入的稳步提升。Cargill公司之所以能够在主营业务上游刃有余,主要的原因在于其已经明确了:企业的发展离不开客户的支持,必须要急客户之所急,帮助客户实现利润最大化经营目标,确保供应链体系稳步发展的同时为自身盈利奠定好坚实的客户基础以及市场基础,充分调动市场的活力。

(2)同客户达成资源共享。Cargill基于供应链的效率,帮助客户解决风险管理方面的难题,提供了各种与农业生产领域以及农产品领域相关的风险管理预案。只要发生风险,就能够第一时间做出反应,有效防止天灾或人祸给企业带来重大损失,有效推动了企业的可持续发展。

美国的农产品物流之所以高度发达,不仅在于其长期致力于提高供应链管理效率,还与其充分发挥了追踪(tracking)与回溯(tracing)的功能,进一步确保供应链产业的稳步发展有关。基本上所有的产品均设置了专门的条形码。对于企业来说,只要扫一扫条形码便可以了解到供应链的相关信息,利用这些信息逐步对供应链进行优化,将流入与流出环节控制的井井有条。部分企业专门打造出了高新技术回溯(tracing)系统,通过这个系统能够有效控制农产品的质量,确保不存在安全方面的问题,可以设置电子耳标志与核心信息搜集卡,生产者能够实时掌控产品的健康记录。如此,可以有效防止出现质量方面的问题,让产品更容易获得市场的认可。

4.3 美国农产品物流的发展对我国的启示

4.3.1 美国农产品流通体系的发展经验

1.加强农业基础设施建设

实际上,想要全面提高农产品流通的效率,先需要发展与之相关的基础设施,这方面离不开政府的支持。还是以美国为例,美国的农产品物流已经高度发达,在很多细分领域领先全球所有国家。之所以能够取得如此成就，一方面与该国交通运输网络息息相关，因为交通网络为物流环节提供了有效支撑；另一方面，美国政府会积极地做出引导，不断强调运输设备与信息化产业的发展，充分调动软件和硬件的优势，确保农产品的运输环节不出现问题，提高了运输的质量，让农产品能够销往更远的市场，进一步提高了市场竞争水平。还有就是，美国依托了现代化的互联网技术，充分发挥信息化优势，实现了市场数据的共享，为供应链的发展指引了方向。

2.农业社会化服务体系健全

不断优化的农业服务结构进一步支撑了农产品物流的发展。实际上，参与农产品物流的主体主要来自于社会，美国充分整合了社会资源，尤其是社会上的物流资源，用以推动农产品物流领域的发展。这些来自社会上的物流服务组织很好地践行了服务使命，可以为农业流通的发展做出自身贡献。其中，最具代表性的有生产资料企业、商业银行、互联网公司等，有了专业化、多元化的支撑，将农产品生产与农产品流通联系在一起，系统化的农业，社会化的服务组织，全面推动当地农业经济的建设。

3.重视农业劳动者素质提升，加大农业技术科研与推广

美国为了推动本国农业产业的发展，在技术领域可谓不惜余力，每一年在这方面的投入都是一笔不小的开支。不过正是因为有了这方面的投入，才能够催生出一项又一项的科研成果，还能够确保优秀成果可以在实践中应用。当前的美国，已经打造出了集中研发、统一培训、全面推广的农业产业建设体系，有效推动了农业产业以及各参与主体的发展。

为了稳步推进相关工作，在实践中推出了不少有效的方案，其中最具代表性的有：充分调动基层政府的主观能动性，主动加强引导增加在科研上的支出；积极研究与开发高精尖农业设备；基于农产品的具体品种，对生产主体以及参与主体提供免费培训，建立健全培训方案。经过多年发展，美国的生产主体其专业素质明显增强，在维护生产效率的同时，保证品质越来越高，从而使其产品更具市场竞争力。

4.积极发挥政府的宏观调控作用

政府为了推动农业生产领域的发展，会不断完善与之相关的法律法规以及规章制度。政府会通过宏观调控的方式，确保农产品流通能够稳步推进，全面提高流通效率。此外，政府还会积极引导各方力量参与与农业相关的科研工作，并且不断完善农业物流基础设施。实际上，正是因为做到了多措并举，才能够确保美国农产品在全球范围内都收获了不错的口碑，而且能够充分掌握市场主动权。美国政府对农业领域的支持是肉眼可见的，为了推动农产品出口产业的发展，还专门提供各项补贴，而且在税收方面的政

策也予以了倾斜。长此以往，能够让本国的农业经济走上可持续发展道路。

4.3.2　中美发展农产品物流之间的差距

美国的物流业之所以高度发达，与其发展的年限息息相关，这方面是我国所不能比拟的。此外，美国作为超级大国，在经济以及技术方面也是我国需要大力追赶的。由此可见，无论是内部环境，还是外部环境，我国与美国都存在明显的差距。除此以外，美国政府在相关领域的政策上，设定得也更加科学。各项法律法规的出台，能够为农产品物流的发展提供法律方面的支持。

此外，因为美国物流已经走过了一个世纪，所以在物流网络上也更加完善，尤其是基础设施修建的越来越好，为物流效率的提升提供了保障，确保能够获得足够的增值收益；物流主体在政府的引导下也在不断发生转变，可以更好地为农产品物流提供服务。不断加强的创新，使技术在物流的各个环节都有所突破。以上种种都需要我国不断地追赶。在追赶上之前，存在差距也实属正常。

4.3.3　美国发展农产品物流对我国的启示

上小节指出了中国与美国在农产品物流方面的差距，最终提出下述方案，期望可以推动中国相关产业的发展。

1. 构建发展农产品物流的良好环境

我国的物流产业发展的时间并不长，尤其在农产品领域方面可谓是一张白纸，尚未取得阶段性的发展成果。这方面，离不开政府的支持和引导，除了要提供资金方面的支持以外，还需要不断完善法律法规，做到有法可依，营造出适宜的发展环境。

（1）建立专门的农产品管理机构。充分汲取美国在这方面获得的经验，可以专门打造统筹农业的行政机关，由其全权负责同农产品相关的各个环节，其中就包括生产、加工以及运输等。将各个环节充分整合起来，能够有效提升管理效率。应当革新管理方式，必须要做到统筹全局，将责任划分到位，一旦发生问题应当第一时间确认责任人，如此可以进一步维护市场的稳定。目前，我国政府已经成立农业农村部，在很大程度上解决了这个问题。

（2）尽快制定农产品物流相关法律法规。现阶段，中国农产品流通产业之所以无法实现跨越式发展，最主要的原因在于缺乏法律法规监管的环境下，市场是无序地在发展。因此必须要着力打造出科学的法律法规，让市场能够在法律的监督下运行。

此外，农产品物流标准没有统一，这种情况下会直接影响农产品物流的效率。好在政府对这方面已经有所了解，现阶段推出了试行标准，它们分别是《冷藏食品物流包装、标志、运输和储存》与《冷冻食品物流包装、标志、运输和储存》。这两项标准的针对性比较强，一项针对的是冷链物流的冷藏，一项针对的是冷链物流的冷冻。不难预见，随着时间的推移，与农产品相关的物流标准必然会越来越完善，在标准的引导下，能够有效推动相关产业的发展。

另外，在农产品的生产、运输与销售等层面同样离不开法律的支持。在当前的市场环境下，应用的最多的有《鲜活农产品运输法》《农产品包装法》《农副产品批发市场法》《农副产品批发市场标准》等法律，正是因为存在的这些法律，才维护了农产品物流市场的发展，在出现问题的时候也能够做到有法可依。随着法律的逐步完善，市场的整体氛围会更加的严谨，也就不容易出现违法行为。长此以往，市场将逐步走向规范化发展，整体发展趋势将逐步向好。

2.加大对农产品物流基础设施的投入力度

想要确保农产品物流效率稳步提升，第一步就是要加强与之相关的基础设施建设。结合上文所述，提出了以下建议：

（1）加大对交通运输设施投入。从中央到地方，政府必须要重视交通产业的发展，在财政上予以一定程度的倾斜。不断优化乡村道路，对重点道路进行修缮和拓宽，必须要方便运输车辆的通行。还需要加大水路、陆路以及航空方面的投入，针对各地区农产品的特点，选择最高效的运输渠道，确保流通效率稳步提升。还有，必须要尽可能做到运输途径可以快速切换，实现多式联运的目标。此外，必须要重视仓储环节的发展，积极引进现代化的设备，保障仓储环节不出现问题，为农产品物流的发展奠定坚实的基础。

（2）加大冷藏、冷冻设备及设施的投入力度。为了让更多的农产品可以实现冷链运输，本书认为必须要提供专项资金，这部分资金主要用于冷链的搭建，从仓储环节到运输环节实现全冷链物流，如此一来，可以确保一些易腐败的农产品能够销售到更远的市场。而且因为全程都是冷链运输，温度能够控制在合适的范围内，农产品的品质就不会因为物流环境受到影响，不仅能够提高保质期，还能够让其他地区的消费者能够享用到特色农产品，这对农产品品牌的打造有极大的好处。在一些冷链物流发达的地方，完全可以组建起专门的冷链联盟，以组织的形式共同推动冷链物流的发展。

（3）加大农产品批发市场的建设。随着社会主义现代化建设取得了阶段性的成果，国民的物质生活得到了极大的满足，消费结构正在逐步发生改变。不难预见，未来消费者会越来越注重农产品的品质。他们在购买农产品时主要会选择批发市场以及农贸市场。批发市场的存在不仅能够节省消费者的生活开支，还能够让消费者购买到更加丰富的农产品。如果能够确保批发市场的运营效率，除了能够搜集了更丰富的市场信息以外，还能够确保整体效率稳步提升。

因此，必须要重视批发市场的发展，这也是农产品物流的核心问题。现阶段，中国不少批发市场已经成为历史，因为这些批发市场的环境以及布局无法满足消费者的需求，当代消费者更加愿意到产品丰富且环境良好的批发市场购物。从这个层面看，各地政府应当着力建设功能更加齐全的现代化批发市场，对于老旧的批发市场应当积极改造。

建设功能齐全的现代化批发市场时，必须要按照规章制度的要求做好配套设施的建设工作，其中主要包括加工以及配送中心。如此一来，不仅能够确保农产品实时对接，还能够确保市场消费群体具有足够的针对性。此外，还能够拓展农产品销售范围，提高产品附加值。

改造老旧的批发市场需要坚持实事求是思想的指导，根据市场的实际情况，补足所欠缺的市场模块以及市场功能，不断优化市场环境，让农产品能够在市场上更方便地进行销售。要善于发现批发市场的功能，让批发市场变成农产品物流的中转站，更好地服务于各个市场主体。

这里需要强调的是，不管是重新修建还是进行改造，一定要确保农产品质量不存在问题。在条件允许的情况下，应当打造现代化的追踪与回溯系统，如此一来，可以有效监管农产品物流的各个环节，不至于发生安全情况。

3.积极发展并引进先进的农产品物流技术

现阶段，中国必须要着力完善农产品深加工技术与保鲜、冷藏技术。

（1）大力发展农产品深加工技术。现阶段，中国的农产品基本上都没有经过深加工这个环节，因此基本上不具备足够高的附加值，对于生产者来说也无法获得增值部分的收益，极大影响了农民增收。在这种情况下，物流效率也无法提升。基于此种情况，应当坚持实事求是思想的指导，结合各个地区的具体资源，积极引进深加工生产线，如此一来可以得到额外的增值收益。

以河北省为例，在辖区范围内可以种植出以玉米、小麦为代表的优质农产品。现阶段，河北省大力发展现代化农业，为此还专门引进了高油大豆、无腥大豆等符合深加工标准的农产品，在这些农产品收获之后，完全可以通过深加工的方式，提高其附加值。以蔬菜来说，由于河北紧邻北京与天津这两个大城市，在冷链运输足够发达的情况下，完全可以将河北省出产的蔬菜销售到北京或者天津。而且，河北省的气候优势比较明显，完全可以种植错季蔬菜，这样的话自然可以获得更高的农业效益以及更多的农业产值。如果蔬菜产量过剩，还可以通过深加工的方式让蔬菜变成更利于存放的方便蔬菜。此外，还可以把蔬菜加工成馒头以及蔬菜粉之类的产品。当前，消费者越来越注重健康，此类产品在市场上比较受欢迎，而且由于方便保存，还可以出口到其他国家进行销售，如此能够进一步推动河北省农业产业的发展。

必须要重视与之相关的科研投入，应当坚信"科技是第一生产力"。

（2）积极提高各种保鲜、冷藏技术。现阶段应当积极引进和研发更加现代化的农产品深加工技术。其中，主要包括低温、高湿保鲜，高压、纳米和生物等保鲜技术与预冷等分级技术，随着这些技术的应用，可以让农产品销售到更远的地区，而且营养价值不会受到影响。除此以外，还需要大力发展互联网技术，如此可更好地监管农产品在物流期间的各项信息以及数据，确保整体效率稳步提升。

4.加快农产品物流信息化建设

信息化产业的发展，进一步推动了现代物流的发展。由此可见，二者存在密切的联系。从现阶段就中国在信息化的发展水平上分析，较之发达国家依然存在着一定距离，所以必须要根据实际国情，着力优化信息化水平。

（1）建立农产品物流信息管理系统。整个农产品物流信息管理系统的运行逻辑为集合数据交换（EDI）与时点销售信息（POS）这两个系统，从而实现农产品系列数据的主动搜集与传导，能够实现高度共享。这个系统的核心元素必须是农产品物流的一系列子系统，其中就包括农产品产地信息系统、农产品价格信息系统及与农产品物流相关的交通运输状况等系统。必须要着力打造相关系统，如此一来可以有效提高农产品相关数据的搜集与整理效率，助力农产品线上支付功能的实现，推动订单农业的发展，保障相关供应链效率稳步提升。

（2）加强我国现有农业网站功能的整合。在笔者看来，需要打造出一个联通全国的农业网站。这方面需要对现阶段所有的网站运营模块加以整合，提高网站交流频率。此外，还要进一步增强农产品信息搜集与分析的力度，确保各项信息能够及时地更新，让所有参与主体可以根据专门的农业网站实时了解市场信息以及物流信息，如此可以在帮助参与主体控制交易成本的同时确保物流效率。

5.着力提高农产品物流主体的综合素质

就当前的数据统计来看，2010年我国物流高级岗位的空缺超过了20万个。要是加上普通岗位的空缺，这个规模必然更大。物流产业的发展，离不开人才的支持。现阶段国内的农民几乎都没有接受过高等教育，很多农民甚至还是文盲。在这种情况下，想要发展农产品物流，先要从参与主体的素质着手。

（1）下大力气抓基础教育，举办各类农民培训班。一方面，必须要大力推行义务教育；另一方面必须坚持实事求是思想的指导，根据当地的具体情况，由政府或者企业出面对农民加以培训，让他们对农产品物流有深层次的理解。至于具体的培训模式，主要以面对面的讲座或者农民课堂为主。在条件允许的情况下，还可以通过线上授课的方式对相关知识进行讲解，让农民更加深刻地认识到农产品物流的价值。

（2）培养农产品物流专业人才，应当与高校达成合作。实际上，由于我国的物流行业发展的时间并不长，很多大学院校还没有设置物流专业，所以完全可以同高校达成合作，由高校培养物流人才，学生在毕业之后可以进入物流企业实习。

此外，还应当重视物流行业从业资格的规范，必须要持证上岗，如此一来，可以确保物流人才的专业素质。还有，政府可以充分发挥主导作用，开办物流领域相关的培训班，只要有兴趣便可以免费学习。对于已经在物流岗位上就职的工作者，也可以提供专门的在岗培训。这一系列操作可以起到立竿见影的作用。

6.大力发展农产品第三方物流

随着时代的发展和社会的进步，我国出现了不少优秀的第三方物流企业。这类企业在发展的过程中不断地提高物流技术，其服务水平远远超出常规的物流模式，可以在第一时间让消费者拿到购买的农产品。如此一来，能够有效控制流通期间的各个环节，以此更好地控制成本，进一步推动流通效率的提升。就当前的实际情况看，中国本土针对农产品的第三方物流才刚刚开始发展，很多功能无法实现。因此，应当坚持多措并举，持续推动第三方物流建设：

（1）积极培育并扶持新建第三方物流企业。必须要认识到，中国本土的第三方物流才刚刚开始，尚未取得阶段性成果。在这种情况下，政府必须要发挥主观能动性，在政策方面予以倾斜。此外，虽然农产品的附加值较低，但其直接影响人民的物质生活。因此，政府必须要做好充分的引导以及支持工作，基于多个层面农产品物流开放绿灯。其中，就包括市场准入、信贷以及税收等。

着力推动第三方物流企业在市场竞争中不断成长，进而实现规模效应；如果部分地区还达不到组建第三方物流企业的标准，那么完全可以结合具体的情况，充分调动各方积极因素，把仓储以及运输的环节整合起来，然后组建出可以服务本地的第三方物流企业，由这些企业领头，带动本地的农业发展，将本地生产的农产品销售出去，打造农产品品牌；在经济比较发达的地区，应当大力创新第三方物流模式的同时发展各种类型的第三方物流企业，应当积极引进外资参与相关产业的发展，如此必然能够取得更好的成绩；还应当整合社会资源，着手打造农业合作社以及农产品企业联盟，如此一来可以实现信息共享，更好地指导从农业生产到物流的各个环节，有效提高物流效率。

（2）改造现有的农产品第三方物流企业。基于现阶段已经在第三方物流有所发展的企业来说，必须要明确长期发展战略，主动结合互联网来拓展相关的业务领域，更加精准地把握市场，对市场信息以及物流资源展开深入了解，确保流通效率稳步提升。此外，还可以充分控制因为信息不对称引发的系列风险；必须要重视服务的质量，以市场为基础，以客户为导向，如此才能够提供更加满意的服务，确保企业掌握足够的竞争优势，延伸业务链条；在条件允许的情况下，有实力的企业应当着力引进采用物流关键技术，如条形码技术、电子商务技术、全球定位系统、地理信息系统等先进的信息技术手段及动态监督、仓储优化配置、配送优化调度、智能交通等物流管理技术；综合实力强大的第三方物流企业，完全可以融入农产品产业链，调动自身的各方优势，为农业发展做出应有的贡献。

4.4 荷兰、日本、法国农产品流通体系的建设经验

4.4.1 荷兰农产品流通体系的建设经验

1. 夯实农业发展基础，突破农业发展技术瓶颈

荷兰是个老牌的资本主义国家，在欧洲地区的战略地位比较特殊。在和平的年代，其主要负责欧洲商品的流转，占据着流转总规模的三成。流转的产品主要是深加工的农产品。

为了确保流转效率以及流转质量，当地政府充分地发挥了主观能动性，积极引导社会力量参与基础设施建设。而且在政府的大力支持下，物流的难题被逐步攻破，尤其在冷链运输方面已经取得了阶段性成果，可以毫不夸张地说，荷兰的冷链运输代表了当前全球范围内的最高水平。

2. 构建农产品电子商务交易平台

在荷兰政府的大力引导下，荷兰的花卉与园艺技术可谓独领风骚，让该国一跃成了全球名气最大的联运物流集散地以及花卉出口集散地。由此不难看出，随着现代化农业的要求越来越高，必须要充分整合农业产业链，这有要求各相关主体要携手打造出高效的信息交互机制，在市场需求的指导下，催生出了专门的电商信息平台。荷兰在这方面取得的成果完全可以用来指导我国电商信息平台的建设。尤其是实时性方面，荷兰做得非常好，因此才确保了物流供应链的稳定发展，在物流环节基本不会出现信息失真的问

题。在有效信息的保障下，让农产品交易变得更加高效。

3.建立专业化农产品物流基地

荷兰主要结合各个地区农产品的出产情况，专门打造出具有针对性的物流服务网点。如果生产的是食品，那么在运输时主要会通过鹿特丹港来转运；如果生产的是花卉，在运输时主要会通过阿姆斯特丹港来转运。正是因为这种针对性的网点布置方案，才能够充分发挥各方优势资源，稳步推动本国农业产业建设，确保当地农业经济始终处于高度发达的层次，进而推动本国经济建设。

4.4.2 日本农产品流通体系的建设经验

1.农产品流通主体的扶持和培养

日本的农民协会（简称"农协"）属于社会组织，不过其背后也有政府的影子。在政府的引导下，将各个地区的农民进行整合。整合之后不同的地区发展不同的特色农业，在产量以及品种方面进行严格的控制，如此一来可以保障市场始终处于稳定的状态。日本农协的影响力非常大，可以说只要同农产品相关，依然离不开农协的统筹规划，无论是仓储还是冷链运输都是如此。正是在农协的支持下，日本的农业才体现出了独有的特色。

2.良性规范的政府服务管理体制

在日本国内，农产品生产和流通诸环节的管理任务被授权于统一的行政管理部门，而当流通环节处于全国层面抑或是省市级层面时，都有明确单一的行政管理部门行使农产品流转的管理职责，这种行政管理方式有效避免了重复监察、多重行政的混沌管理现象，极大提高了农产品流通和管理效率。

4.2.3 法国农产品流通体系的建设经验

1.重视农业一体化建设，在农村形成产前、产后企业集聚

法国作为老牌的资本主义国家，其农业生产领域同样高度发达。经过多年发展，已经形成了全产业链的产业集聚。正是因为产业的高度集聚，才充分解放了农村的生产力，让劳动力的效率也可以稳步提升。在产前产后的布局，可以激活农产品市场，带动市场的发展。以产前企业为例，相关企业不断刺激农民消费，从而推动农业生产领域的发展。产后企业主要基于整体市场，积极引导生产主体根据界定标准来生产农产品，如此一来完全可以做到标准化生产。在纵向一体化经营的模式下，充分控制了各市场主体的成本，有效推动了流通领域的建设。

2.建立完善的国际化农产品流通中心

在首都巴黎，有一个在欧洲地区都有着极大影响力的批发市场，它的全称叫作汉吉斯国际批发市场。正是该市场进一步扩大了法国农产品在欧洲地区的出口规模。

3.建立农业标准化生产体系

随着消费结构不断改变，市场对农产品的要求逐步严苛。为了满足市场的需求，就必须要推行标准化生产。法国在这方面就做得比较好，在市场的引导下，生产出各种标准的产品。为了满足各个标准，法国还专门设置了三大农产品标准，其中就有本国标准、欧盟标准以及国际标准。正是这三大标准的规范，让法国出产的产品几乎能够满足各个市场的需求，提高了法国农产品的市场竞争力，有效推动农业的发展。其中，最具代表性的标准就有烈性酒应当控制在43度以下。

4.高度重视专业化农业合作组织的建设

现代化的农业合作社，能够集成多方面的服务，不仅可以让农民接收到专业培训，还能够让农民享受到信贷支持以及市场资讯的支持，让农业生产实现高度组织化，为农民的增收做出了积极贡献，有效推动了农产品流通市场的发展。

4.5 我国农产品物流与供应链模式及优化

4.5.1 农业龙头企业（生产加工企业）主导的农产品物流供应链模式

农业产业化这个概念出现的时间并不长，到今天也才不到40年，是由诸城市在1987年第一次对外介绍了这个概念。随后寿光市首次衍生由市场作为指导再让农户据此生产的产销一体化农业发展模式。

想要实现农业产业化这个目标，必须要培养当地的龙头企业。因为只有在企业的支持下，才能将各个环节融合起来。而且企业的经营目标是利润最大化，在盈利目标的趋势下，其必然会发挥自身的主观能动性，积极拓展销售市场，大力发展运输物流。如此，当地的农户只需要提供企业加工的原材料即可，对于农户来说，只要企业能够正常运营，那么就不用担心生产的产品会滞销。当然，农产品供应链的稳固与经营成果息息相关。这方面，需要根据龙头企业在市场上取得的经营成果来进行分析。

以农产品加工企业为核心的农产品供应链管理模式（见图4-5-1），运行逻辑为，直接让企业全权负责供应链管理。管理的对象主要涉及供应商、经销商以及互联网平台的打造，明确经营方案并打造库存管理体系。供应链最终取得的成果主要与企业自身息息相关。只要运用这个模式，信息交流可以非常畅通，而且在运输环节不容易出现问题，可以在第一时间将产品配送到位，能够确保农产品附加值稳步提升，加快科技创新速度。

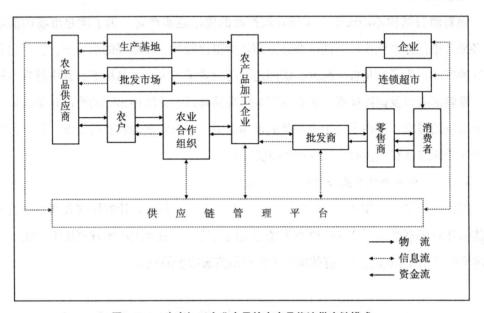

图4-5-1　生产加工企业主导的农产品物流供应链模式

1.生产加工企业主导的农产品物流供应链模式形成的条件

（1）生产加工企业具有比较大的规模和声誉。从当前的实际情况看，生产加工企业想承揽整个物流供应链必须要具备足够的实力。这种实力一方面是经济实力，另一方面是品牌实力。生产加工企业必须要掌握足够的竞争优势，在市场上影响力较大，完全通过企业的影响力来连接整体产业链，将供应商与经销商同企业捆绑在一起，而且能够实现协同发展。

（2）生产加工企业对物流具有控制能力。对于生鲜类农产品来说，其物流环节属于核心环节。一旦这个环节出现问题，前面所有环节付出的努力都会白费。这就对物流环节提出了更严格的要求。实际上，当前我国不少农产品加工企业都会负责物流环节，这方面让企业承担了更大的风险。从企业的层面分析，想掌握供应链的核心，应当先具备完善的销售网络，并且搭建高效的售后服务体系。企业的冷链运输必须要做到标准化以及规范化。此外，还应当积极发挥信息技术优势，捆绑产业链条里的各个主体，从而更好地控制成本，确保运输效率。

2.生产加工企业主导的农产品物流供应链模式的特性

（1）从本质上来看，生产加工企业属于整个供应链的核心部分，主要负责对供应链进行管理，提供有效信息，协调各方要素。在实际操作中，以生产加工企业为主导的这种模式，供应商会收到具体的需求信息，将资源高效地进行分配，有效控制库存，全面控制供应链成本。

生产加工企业一方面可以带来特定的价值，另一方面可以充分把控农产业相关的核心业务，还有企业本身就具备信息搜集以及控制的能力。此外，还能够管理好供应链同外部环境双方的关系、把控业务模块、厘清各主体相互的权责，从而让供应链的价值实现最大化。由此不难看出，该类企业基本上已经操控了生产、供应及销售物流的所有细分领域，拥有足够精准的市场信息，能够提高整体服务水平。

（2）可以将种植环节外包，实施"公司+基地+农户"的模式。该类模式对农民存在着切实的好处，能够有效控制市场风险以及交易期间的各项开支。对于农户来说，直接对口生产加工企业，只要生产出的农产品符合既定标准，那么就可以按照约定好的价格销售给生产加工企业，整个流程会签署合同，也不用担心企业不履行职责。如此一来，可以进一步降低价格波动导致的风险，进一步促进平等市场的实现，生产加工企业也不用担心原材料的问题，可以说这是一种双赢的模式。

（3）生产加工企业主导的农产品物流供应链模式的风险性。从当前的实际情况看，生产加工企业作为农产品供应链的核心已经无法满足市场的需求，因为其本质始终没有脱离于市场预测。一旦市场环境发生变化，那么生产的产品以及库存量必然会随之出现波动。对于企业来说，在存货过多的情况下依然只能通过经销商将存货推向市场，长此以往会影响供应链对市场的敏感度以及调节能力。

生产加工企业为主导的情况下，对于市场的把控全部由企业做主。要是企业对市场的把控比较精准，产品在市场上表现良好，那么必然能够实现企业经营目标。要是企业对市场判断出错，产品在市场上表现一般，那么企业将面临极大的经营风险——有可能出现经销商退货的情况，存货量急剧上涨。由此可见，在实际操作中不能够过于强调生产加工企业的预测，因为一旦出错，供应链也将受到影响，商业风险会超出可控范围。

3.生产加工企业主导的农产品物流供应链模式的升级

从当前山东农产品物流供应链模式的发展情况来看，当地十分注重对于模式的升级，其主要目的在于进一步增强企业的协调各方要素的水平以及物流服务的水平，推动物流产业逐步朝着现代化方向发展，拓宽服务的范围。

想要推动现代化物流供应链的不断完善，必然需要大量投资，这些投资主要用于自建加工配送体系。如此有利于打造品牌，在品牌的带动下彻底激发协调力与控制力，一步步转变成能够覆盖较大面积的专业配送中心。

随着这个模式的发展，加工企业完全能够利用现有资源来搭建起线下的直营店，或者同当地的大型商场达成合作，将销售终端掌握在企业手中，全面控制物流供应链的发展节奏。在企业的领导下，不断优化配送中心，加强内部管理，给企业线下直营店提供物流服务，拉近同销售商之间的距离，确保企业特色。该模式如图4-5-2所示。

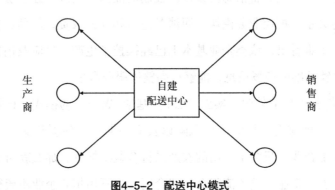

图4-5-2　配送中心模式

（1）农产品加工配送中心业务流程。对于生鲜食品来说，其本身的特性就已经决定了在物流运输期间必须要做好保鲜工作，尽可能通过冷链的方式来进行运输。但是，这样会直接拔高运输成本，为了有效控制运输成本，就必须要打造出更加高效的物流配送流程，提高物流效率的同时控制配送时长，具体如图4-5-3所示。

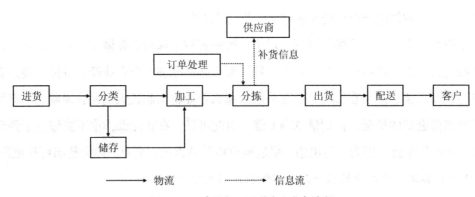

图4-5-3　食品加工配送中心业务流程

（2）农产品加工配送中心运营管理。为进一步发挥出连锁配送中心的价值，必须要提高管理效率，这方面完全可以安排一个物流机构来负责统筹协调，主要参考配送中心的工作项目来设置图4-5-4所描述的管理组织。

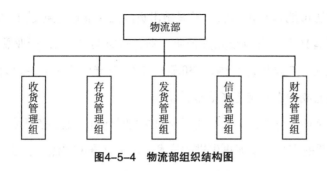

图4-5-4 物流部组织结构图

各管理组的主要职能如下：

1）收货管理组：该管理组的主要职责在于把配送中心已经对接好的原材料转移到企业自建的配送中心，根据既定的收货流程以及设定的标准，把原材料存放在对应的仓库。

2）存货管理组：该管理组必须要全权负责存货管理，尽可能控制储存方面的开支，并且有利于配送工作的开展。

3）发货管理组：该管理组的主要职责在于按照既定的路线以及时间将所有商品发放到位，应当充分结合现代信息管理系统，实现高效配送。

4）信息管理组：待管理组的主要职责在于为收货、存货、发货等环节提供信息支持，尤其要确保订货和收货的精准。此外，还应当足够了解各个网点的情况。

5）财务管理组：配送中心在进货期间必须要遵从企业的指导，财务管理组需要负责各个方面的结算工作。此外，还应当给物流工作开展的情况加以评价并及时反馈的同时做好费用备注。

4.案例分析：山东潍坊农业龙头企业发展调查

（1）笔者对潍坊市相关单位的负责人进行了访问，最终明确：现阶段，潍坊市的农业产业实现了跨越式发展，农业龙头企业也取得了不错的经营成果，有效推动了农村地区的经济建设。仅2010年一年，潍坊市的农业带头企业便已经达到了27家，位居全省首位。截至2010年，辖区范围内的农业带头企业总共有77家，同样位居全省首位。实际上，农业带头企业能够充分助力政府解决"三农"问题，为城乡一体化的发展做出卓越贡献。

潍坊市委市政府长期致力于推动龙头企业的发展，鼓励各龙头企业勇于承担更多的社会责任，将现代农业作为切入点，不断激发出现代农业的价值。根据"明确核心产业，统筹区域规划，由龙头企业推动，实现规模效应"的指导方针，进一步增强市场竞争水平的同时增强行业带动能力，着力体制改革、管理改革以及科技创新，做到质与量的双重保障。经过多年发展，培育出了不少优秀的农业类龙头企业，这些企业在市场上取得了不错的发展成果。

现阶段，潍坊市能够真正为农业发展做出贡献的企业已经超过了3400家，这里面国家级龙头企业便有16家，省市级龙头企业分别有77家与178家，行业总规模达到了1200亿元，纳税78亿元。在辖区范围内，730多万亩（1亩≈666.7m^2）耕地为龙头企业的生产提供原材料，超七成的农户走上了农业致富道路。

山东赛维绿色科技有限公司从组建至今的这段时间里，主要依托寿光蔬菜这个品牌，希望能推出更优质的产品，掌握更先进的技术，还一直秉承"优质、健康、绿色、时尚"的理念来发展，经过打造以"品维"牌果蔬制品为核心的各项产品已经出口多年，在国际市场上收获了不错的口碑。现在，该公司企业资产规模已经接近1.5亿元，创外汇1000万美元以上，建成投产的车间总共达到了12 000m^2，有核心知识产权的生产线也有两条。当前，该公司每年加工的果蔬碎片已经超过了3000t，各类饮料2000t以上，自建基地突破了50 000亩，实现了从原料到加工再到销售的全产业链经营，属于当地龙头企业的代表。为确保产品的质量，该公司践行"原料生产基地化"的发展规划，打造出独有的原料质控机制，开始立足原材料的种植环节，生产期间一直秉承"质量第一"的指导，每一个环节都引进了对应的国际标准，这些产品深受国外标准的影响，质量有保障。现阶段，潍坊市最大的问题在于人力组织结构不科学。好在"万吨即食蔬菜深加工活动"正式开启，在进一步激发寿光农产品的生产力的同时，增强产品附加值，脱离产业发展困局，激发群众的参与热情，解决农村居民的就业问题，积极响应我国政府的号召。

潍坊凯加食品有限公司属于一家现代化合资企业，由山东凯远食品有限公司共同出资组建，投资规模高达1.5亿元，投产后年产值可以达到5.8亿元，创造外汇4亿元左右。根据自身优势，寿光市现阶段不断优化农业发展体系，所属辖区范围内粮经作物布局比例为1∶1.5，专门打造了90万亩经济作物发展示范区，并积极引进30个国家和地区的企业进驻。这里面仅独资企业就已经达到了13家，可以为当地解决8万t的农产品。由于寿光市本身就是我国主要的蔬菜批发市场，在业内名气较大，政府为此专门创办的蔬菜博览会，利用这个平台来引进外资以及国内的生产加工企业，目前取得了不错的成绩，国际合作全面开花，引进了49家外资企业。

（2）以诸城为代表的农业龙头企业主导型的特点。诸城早在几千年前就已经诞生了原始的农业产业，经过几千年的发展，在这片土地上沿袭下来了很多与之相关的优秀传统，吸引了大量的农产品加工企业进驻。"千家龙头兴诸城"不仅仅只是一个说法，实际上超九成的农产品完全能够就地消化，区域范围内的农户成了原材料的提供者，有效地推动了农村地区的经济建设。截至2010年，辖区范围内的龙头企业超过了1200家，具有相当规模的企业达到了220家，其中国家级有3家，省市级分别有7家和54家，县一级有30家。在大小企业的带动下，诸城的农业已经走上了现代化发展道路，企业同农户完全能够默契配合，双方的关系越来越密切，充分发挥了产销一体化模式的优越性，让当地的产品在市场上保持着足够的热度，在粮油、蔬菜、猪肉等领域拥有较高的市场竞争力。

得利斯集团属于其中的代表性企业，年加工生猪达到500万头，为了保障出栏规模能够满足生产线的需求，还专门打造出了从育种到养殖再到精加工的生产构架，选择以"龙头企业+生猪专业合作社+合同猪养猪场（户）"的形式来开展工作，最终实现各方参与主体互惠共赢的目标。该企业的生产线十分现代化，完全能够对猪肉进行深加工，提高了产业的附加值，进一步拓宽了产业链条，持续优化了"一条龙"结构。经过多年发展，该企业取得了阶段性的发展成果。这一切与其从一开始便着力打造产业链息息相关，在产业链的支撑下，能够助力推动各方主体目标的实现。科技是第一生产力，想要参与全球竞争，就必须要确保企业拥有核心科技。2002年，得利斯集团便已经在荷兰购买了一套现代化的生猪屠宰加工设备，极大提高了加工效率，而且产品完全符合欧盟进口标准，有效拓展了市场，开启了国内猪肉出口的先河。

农业产业化龙头企业的发展离不开稳定的原材料支撑，因此相关企业直接从当地农户签署购销协议，由农户负责养殖，养殖到一定程度就可以直接销售给企业。

诸城市外贸集团最开始的注册资金仅仅只有36万元，经过多年发展，其企业总资产已经超过了30亿元，成了当地的龙头企业。仅肉鸡年出口总规模就已经突破了4万t，占据全国出口总规模的12%，生产色素20万t，达到全球贸易总规模的33%左右；年销售利润34亿元，纳税1.1亿元。为当地解决了农业发展问题，有100万家以上的农户因此走上了致富道路，不仅带动了辖区内的农民脱贫致富，连周边地区的农民都体验到了该模式的好处。只要签署购销协议，那么企业与农户就搭上了同一条船，大家都朝着同一个目标奋斗。在企业的支持下，各类先进的技术逐步在农村地区推广，而且连饲料以及各种物料都可以赊销。此外，在保护价收购的情况下，消除了农户的疑虑，并控制了农户养殖的风险。简单来说，只要农户能够如约提供成鸡，那么就不用愁销售的问题。此外，其种植基地也不断扩张，已经在我国多个地区设有专门的种植基地，签署供销合同的农户已经突破了100万家。

（3）"国际市场+企业+基地+农户"成了龙头企业发展的成功模式。这个模式主要选择将龙头企业当作重点，一方面在全球市场布局，坚决实施走出去的战略；另一方面不断拓展生产线，充分激发农户的积极性，让大家一起加入全球市场竞争中去。如此一来，可以有效提高互补的效率。在这种模式下，企业会快速成长，最终成长为跨国集团。对于企业来说，必须要充分把握市场环境的变化，根据市场变化来制定企业经营战略，与农户之间达成更加紧密的联系，共建命运共同体，做好引导工作，把农民从全球市场逐步联系起来，这样不仅能够帮助企业发展，还能够让我国的农业更好参与全球竞争，推动农业走向国际化发展路线。在企业的支持下，签署合作协议的农户能够得到原材料以及技术方面的支持，生产效率以及质量得以稳步提升。企业也能够获得标准的原材料，这样可以确保企业保持稳定发展的同时让农民的切身利益不受损害，充分激发农民的参与积极性。潍坊乐港食品有限公司的"五统一"政策，总共吸引了6000家农户参与其中，专门为企业提供成品鸭，为农户创收3000万元。

4.5.2　批发市场主导的农产品物流供应链模式

批发市场的价值主要在于推动农产品资源的分配，将农产品销售出去，拓展农产品的市场范围，不仅能够控制交易成本，还能够调节供求关系。

在批发市场主导的农产品物流供应链模式（见图4-5-5）中，批发市场就是整体环节的重点组成部分，主要负责供应链的正常运行。批发市场的上游是企业，下游是各级经销商。批发市场的参与主体需要持续完善服务项目，不仅能够提供批发的平台，还要能够提供仓储以及物流方面的保障，在需要的情况下还能提供分拣货物以及包装、物流等方面的服务。如此一来可以打造出利益共享、风险共担的运营体系。

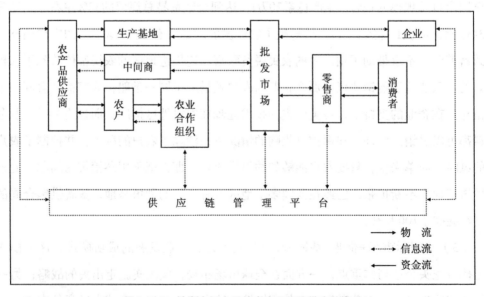

图4-5-5　批发市场主导的农产品物流供应链模式

1.批发市场主导的农产品物流供应链模式的形成条件

现阶段,批发市场逐步朝着企业化的方向发展,这进一步催生了各种各样的综合性农产品批发市场,在这些市场的共同努力下,逐步搭建出了更加科学的经营与管理结构,有效推动内部管理效率的提升。正是因为农产品批发市场逐步发力,才带动了产业链上下游以及各个环节的发展,串联了从生产到加工再到储存再到配送等经营活动。当然,在实际操作中,必须要有一定规模的批发市场运营商才能够协调好其中的各项要素,所以应当大力支持批发市场运营商的发展,由他们来统筹农产品物流。

2.具有突出的物流功能和现代化的信息管理平台

对于企业来说,想要掌握足够的竞争主动权,就必须要具备核心竞争力。大多数农产品都具有一个共性,那就是不容易保存而且容易腐败。对物流环节会提出严格的要求。基于这种情况,批发市场应当着力提升物流的效率以及服务水平,能够充分满足鲜活农产品对物流的需求。在需要的情况下,还应当提供仓储、包装、市场信息等服务。如此一来,不仅可以有效提高相互农产品的配送效率,还可以进一步控制物流配送成本。

如果想着力打造以批发市场为核心的农产品物流供应链,应当全面强化信息技术,各个环节都必须做到能够以高度信息化的方式来加以处理。尤其在订货、发货以及结算的环节,更是要引进现代化的信息管理模式。此外,还应当以信息化的方式来管理库存以及包装和配送的环节。这一切都离不开计算机技术、云储存技术和大数据。最后,应当着力打造并优化批发市场同上、下游参与主体的信息一体化机制,确保供应链的关键数据能够共享,如此可以进一步提高供应链管理的效率。

批发市场主导的农产品物流供应链模式的特性分析如下:

(1)吞吐量大,流通网络具有较高的交易效率。如果选择以批发市场来作为主导,那么必然能够推动农产品物流的发展。只不过在此期间必须得支付相当的费用,好在通过批发市场进行交易,能够充分发挥出规模效应,从而分摊均价,对参与主体来说都能够节省下一笔不小的开支,保障交易效率稳步提升。

(2)是对传统批发市场的升级。常规的农产品批发市场其参与主体主要是农户(见图4-5-6)。他们既是商品的生产者,也是商品的销售者,在物流方面通常也是由农户自己一力承担。在商品销售出去之后,再通过分销物流进行分销,最终才能够提供给消费者,这种模式叫作"双市场模式"。随着时代的发展和社会的进步,现代批发市场逐步成了批发市场的主流,在这里主要结合多种方式来完成从产品到仓储到物流再到市场这个步骤,进一步优化了批发市场的功能,此时的批发市场一方面能够满足集散需求，也能够促进价格形成，还能够调节市场平衡。不仅如此，还能够提供信息服务、结算服务以及其他多项服务，有效提高了推送效率，节省了流通步骤，保障农产品能够更快进入零售市场。

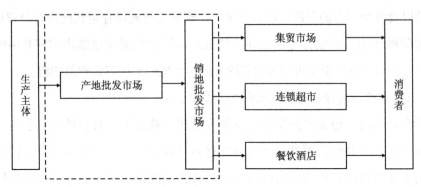

图4-5-6　传统批发市场物流模式

3.批发市场主导的农产品物流供应链模式的升级

（1）提升工程，主要涉及功能提升与服务提升。所谓的功能提升，主要是丰富常规功能，这方面批发市场主要着力打造专业化的结算中心、信息中心、农产品配送区、农产品加工区和农产品检验检疫中心。所谓的服务提升，主要是拓宽服务范围，打造出新的服务产品。在实际操作中，主要选择打造各项农产品展示区，让市场的参与主体能够更便捷地了解批发市场的主流产品，推动农产品分级目标的实现，确保优秀产品能够快速完成流动。

随着建设，批发市场最终会转变为重要的物流中心。在此期间，要多种形式来优化传统的批发市场，不仅拓展其服务范围，还会提高服务效率。为此，要专门打造出现代化的物流体系以及信息平台，就要积极引进前沿的计算机技术以及互联网技术，保障交易环节的效率稳步提升，让物流中心可以打通产业链的上下游以及从生产到市场的各个环节。

（2）纵向集成，横向整合工程。纵向集成主要应用于提供市场服务（见图4-5-7）。在实际操作中，会把生产、流通以及消费服务层三方面的信息全部融进专门打造的信息交互平台，这个平台可以提高信息的传递效率，让供应链的各个环节能够尽快了解市场信息，最终推动批发市场走上纵向一体化发展的道路。在此期间，农产品批发市场始终属于重点部分，其功能主要在于串联消费与流通服务，将提供各项服务的主体进行整合，如此可以将供需的信息全部归纳在一起，有效指导生产与消费，从而助力农产品"产、供、销"模式的实现。

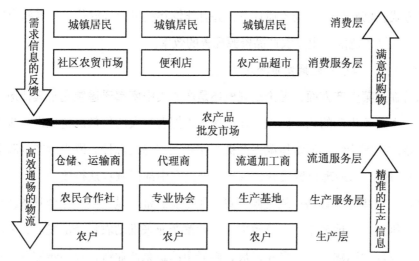

图4-5-7 批发市场主导的农产品物流供应链纵向集成示意图

想要实现横向整合，必须要确保信息与资源已经能够在市场中实现完全的共享（见图4-5-8）。在区域范围内，各方参与主体会达成高度的协同，以批发市场为主体来负责搜集并整理生产和消费的相关资讯，最终再将掌握的一手数据上传到农产品批发市场信息中心。如此一来信息中心便完全可以集成各个地区的供需信息，在需要的时候，参与主体便能够登录信息中心，去浏览各个区域的市场信息。这样才能够有效指导后续工作，不仅能够确保工作更具针对性，还能够减少资源浪费的情况出现。

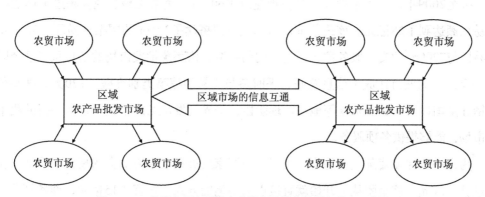

图4-5-8 批发市场主导的农产品物流供应链横向整合示意图

充分发挥纵向集成与横向整合的优势，能够全面优化农产品供应链。以电商信息平台为依托，可以进一步协调生产、加工、市场等各个层面的关系，串联起以农户、企业为核心的各方参与主体，从而达成产供销一体化的目标，确保市场效率稳步提升；以横向整合的方式,彻底打通市场流通环节,并且能够将批发市场同信息平台整合起来,全面拓展农产品销售范围,提高农产品资源配置的效率。

4.案例分析:山东寿光批发市场发展调查

山东省在蔬菜生产方面,无论是规模还是产业集中度都遥遥领先于其他地区。寿光市又是山东省蔬菜生产的核心区域,在市场上占据着很大的份额。这也进一步提高了当地蔬菜价格的实际价值,通常情况下会被当作蔬菜市场的标杆。寿光生产的蔬菜供应了北京30%的用量。从地理位置展开,寿光地处山东中部区域;从行政级别上看,寿光是一个县级市,归潍坊市管辖;从气候上看,属于亚热带季风气候,完全具备蔬菜生长的气候条件。因此,当地多年来一直致力于以蔬菜产业来推动农村经济发展,解决当地的农户增收以及就业问题。经过多年发展,寿光市的蔬菜产业链已经逐步完善,在有意打造品牌的情况下,寿光蔬菜在全国范围内的影响力也越来越大,成了著名的原产地与集散地。

(1)寿光批发市场。山东寿光蔬菜批发市场有限公司成立迄今已经超过了30年。一开始是在1984年3月宣布投入运营,2003年7月深圳市农产品股份有限公司控股对公司内部进行了改造,注册资金高达1.1亿元,而且被评选为我国151家"农业产业化国家重点龙头企业""全国农副产品综合批发市场五十强""全国蔬菜批发市场十强""农业部首批定点鲜活农副产品中心批发市场""农产品大流通双十佳市场",被银行金融机构认定为"AAA"级信用企业。

截至2009年,该蔬菜批发市场占地超过了600亩,蔬菜交易总规模超过了15亿kg,交易总额达到了28亿元。该蔬菜批发市场还专门搭建了3万m^2的网架交易厅、5000m^2的交易棚与7200m^2的交易服务楼,经过专门的打造,该蔬菜批发市场的信息系统已经同我国20个以上的城市达成了信息互联,平时参与交易的蔬菜类别突破了120类,这些蔬菜会销往全国以及东亚、东欧等地区。现阶段,寿光批发市场成了我国首屈一指的蔬菜批发市场,能够提供各项服务。

为进一步保障蔬菜交易的稳步发展,在国家发展和改革委员会的授权下香港旺益集团进驻了寿光。该集团从一开始就直接以大手笔的方式,投资了15亿元,准备打造一个3500 m^2左右的蔬菜物流园区。2009年12月,该蔬菜物流园区正式投入运营,从这时开始,正式宣告寿光农产品交易市场进入了新的阶段。

(2)寿光农产品物流园区。随着寿光蔬菜物流园区的正式投入运营,为当地蔬菜进入其他省份和地区的市场提供了基础设施以及技术方面的保障。而且在仅仅只是开始,不难预见,当物流园区引进更多先进设备以及技术的时候,寿光的蔬菜必然能够走上全世界消费者的餐桌。

1）商品集散功能增强。1984年，寿光就已经打造出我国首批大型的农产品批发市场。这个时候其功能比较有限，主要负责农产品集散，市场参与主体就是普通农民，主要功能在于控制交易成本，维护交易效率。不过那个时期市场覆盖面不大，商品集散功能也无法很好地发挥出来。随着寿光物流园区正式投入运营，其交易总规模一年就能够达到180亿元，从这里运输的蔬菜以及其他农产品畅销我国多个省份和地区，而且其出口总额也不断扩大。现在已经发展成了南菜北运的核心区域。

2）价格形成功能增强。刚刚打造出来的批发市场，吸引的是农户。由于参与主体的局限性，交易规模比较有限，交易的价格也无法充分体现广阔区域的供求关系。随着批发市场不断扩大，参与主体以及交易规模在不断发展，这对价格形成功能起到了很好的补充作用，批发价格基本上反映了市场的整体价格水平。寿光农产品物流园区这种规模的批发市场，这里的批发价格基本上能够为全国其他地区蔬菜批发价格提供参考。此外，这里面不仅能够支持现货交易，还支持期货交易；不仅支持对手交易，还支持在线拍卖交易。多种交易模式，进一步提高了发现价格以及控制风险的能力。

3）信息发布功能增强。随着信息技术的应用，寿光农产品物流园区能够掌控更大范围内的农产品信息。在园区里还专门打造了电子结算中心，为各方参与主体提供了非常便捷的电子交易系统、结账系统、交易信息及行情反馈系统，还专门建立了信息采集、电子结算、电子商务、综合管理等职能部门，所以对于参与主体来说，完全可以在这里掌握各方信息，以指导后续工作的开展。

4）交易结算功能增强。实际上，寿光蔬菜集散中心早在2004年就已经做到市场交易（如称重、交接）的电子化，这是我国第1家做到电子交易结算的农产品批发市场。

5）农产品质量检测功能增强。为了进一步保障交易农产品的品质，维护市场形象，寿光农产品物流园区还专门斥资1200万元打造出专业的农产品质量检测中心，仅建筑面积就已经超过了1500m^2。为了确保检测的精准度，还专门引进的全球领先的速测仪，通过抽检的方式来检验农产品。除此以外，还专门配备了气相色谱仪、原子吸收分光光度计、升级液相色谱仪等设备，如此一来，完全可以提供专业的检验报告。2006年，农业农村部（原农业部）5次蔬菜质量抽检时寿光蔬菜的合格率领先多个城市。

6）综合服务功能增强。寿光农产品物流园经过打造已经可以承担多项服务，这些服务可以给交易者带来更加舒适的交易体验。

4.5.3 连锁超市主导的农产品物流供应链模式

连锁经营这种模式发展至今已经比较成熟，也已经证实了其优越性。通过连锁经营可以实现规模效益，只要发挥出规模效益那么完全可以充分地控制边际成本，助力企业实现利润最大化的经营。农产品连锁经营完全吸收了连锁经营的优势，以连锁超市的形式在市场上发展，有效推动了农产品流通。

现阶段，社会的节奏越来越快，日常消费正在逐步升级，消费者对农产品的品质提出了更严格的要求，因此在采购的时候往往喜欢选择大型超市。实际上对于消费者来说他们最为注重的就是食材的新鲜度以及安全。想要确保新鲜，就必须要做到短时间内将农产品投入终端市场。因此连锁经营方式在这方面就占据了极大的优势，因为超市的需求量比较大，所以完全能够同农户达成合作，省去了中间环节，这样不仅能够确保蔬菜的新鲜，还能够有效控制运营成本，对于消费者来说也能够购买到更加实惠的农产品。因此将连锁经营超市打造成农产品物流供应链的核心企业在理论和实践上是可行的（见图4-5-9）。

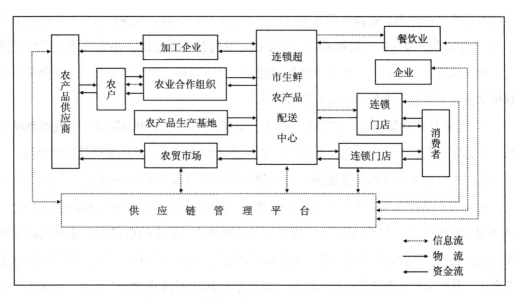

图4-5-9 连锁超市主导的农产品物流供应链模式

1.连锁超市主导的农产品物流供应链模式的形成条件

（1）连锁经营超市要有规模、渠道和信誉优势。应当先确保供应链的上、下游主体愿意参与以连锁经营超市为核心的供应链，而且应当掌握充分的管理权限，应当发展成供应链的重要部分。这方面对超市本身也提出了一定要求，即不仅要具备足够的规模，还应当拥有良好的信誉。如此一来，各级参与主体才愿意加入其中，并且发挥各自优势，同连锁经营超市达成深度合作。

（2）连锁经营超市具备完善的物流配送系统，基于互联网的信息平台。当连锁超市达到一定规模时，必须要打造出专门的配送体系，如此一来才可以尽快适应市场需求，有效保障农产品品质的同时还能保障农产品的安全。让消费者更加信赖连锁经营超市。由此可见，超市方面可以打造配送中心，只要消费者下了订单，那么就应当根据消费者提出的标准来进行加工和配送。这样不仅能够掌握市场的竞价权，还能够有效避免一系列违规操作，可以整合其自身拥有的物流条件为企业创造物流方面的收益。

连锁经营超市属于供应链的核心，完全掌控供应链的各个环节。因此，必须要重视信息与物流的集散，将各方参与主体充分的整合起来。为了实现这方面的目的，就应当已经现代化的信息技术，打造出专门的互联网平台，让交易足够透明；从全局的层面出发，对销售终端市场的信息进行处理，根据相关信息来调整实践活动。此外，还应当随时关注销售点（POS机）里面的销售数据，将部分销售数据发送给生产商以及供货商，如此可以进一步确保信息的真实性以及有效性；利用信息平台去搜集并分析公司库存以及销售情况，根据相关情况对于采购以及生产方案进行调整，尽可能控制过程，最终做到"零库存"。

2.连锁超市主导的农产品物流供应链模式的特性分析

（1）有效地把分散的农户、节点企业与规模化的零售终端对接起来。作为连锁经营超市，基本上就直接对消费者提供服务。因此，完全可以掌握一手供应链以及管理方面的信息。如果再结合上大数据，那么完全可以了解消费者的消费习惯以及偏好，如此可以更好地为消费者提供服务；采集市场信息并加以系统性分析，同供应链各方主体进行分享。这里面主要涉及市场预测、产业规划、包装速度以及库存等内容，如此可以维护供应链的稳定，让供应链各个环节可以更加默契地进行配合，实时掌握市场情况，统筹规划更加科学的生产与销售方案，全面提高供应链的应急反应能力。如此还能够同农户达成实时的联系。

由此可见，将终端连锁经营超市当作农产品物流供应链的核心具有实践价值。一方面可以有效提高农产品物流供应链的信息采集效率，加速信息传导；另一方面还能够全方位地优化农产品生产体系，控制流通环节的同时控制流通期间的开支，彻底调动流通的积极功能，让农业生产目标变得更加明确的同时直接同市场达成了联系，有利于发展以市场为导向的农业经济。

（2）以市场需求为导向。以连锁超市作为核心能够实现以市场为导向的农业经济。其本质属于"以销定产"，在实际操作中，就是由超市来获取市场订单，然后根据订单对供应链进行运作。此时的供应链会受到消费者的影响来转变职能，直接由连锁超市提供市场数据，然后将相关数据发送给供货商。如此一来，供应链的发展将由市场决定，可以更快地适应市场变化，由于做到了有的放矢，所以可以很轻松地控制库存。

3.超市主导的农产品物流供应链的升级

配送对于生鲜商品来说十分重要。从实际操作中可以发现，如果让批发市场或者其他参与主体来负责生鲜类农产品的配送，往往难以取得明显效果，甚至反而会影响各方主体之间的关系。当前的市场环境中，几乎少有专门配送生鲜农产品的物流服务提供商，因此这方面就需要超市充分发挥自身主观能动性，积极调动各方资源来打造出专属的生鲜物流。如此一来，可以充分调节供应链上、下游之间的关系，让整个物流配送环节变得更加简单和高效。从另一个层面看，由超市负责配送，完全可以稳定连锁超市作为配送中心的核心地位。

（1）增强加工配送中心的规模和功能。对于超市来说，完全可以专门打造一个现代化的生鲜加工配送中心。当然，这方面的投资必然较大，因此普通的超市往往无法承担，而且企业经营目标是利润最大化，要是销售的规模达不到既定标准，那么打造生鲜加工配送中心将会得不偿失。现阶段，我国不少的大型连锁超市都已经开始着手建设专门的配送中心。那么规模较小的超市应当怎么办呢？笔者认为，完全可以通过"抱团取暖"的方式，坚持互为互利的原则，共同打造一个可以共享的配送中心，如此不仅可以控制运营成本，还可以提供同等品质的服务，提高超市的市场竞争力。配送中心管理能力以及整体体量同供应链的价值呈现出明显的正相关关系。也就是说，管理能力越高，配送体量越大，供应链的驱动力必然会更大。由此可以有效控制供应链的发展。连锁超市配送中心作业图如图4-5-10所示。

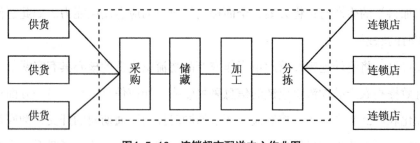

图4-5-10　连锁超市配送中心作业图

打造专门的配送中心，应当同农户直接达成合作，在需要的时候就到农户那里采购，然后将采购回来的生鲜产品进行加工，加工完成后再进行统一配送。通过加工配送的方式，进一步提高商品的附加值。当前，农产品配送中心加工增值的途径如下：

1）切割加工。主要会根据消费者的切实需求来进行切割，将各个部位拆分之后再进行包装，如此可以确保足够的利用率。以猪肉为例，完全可以通过切割加工的方式提高整猪的利润。

2）分装加工。这里主要针对的是散装农产品。根据既定标准来进行分装，分装之后有助于销售。

3）分选加工。之所以会分选，主要是因为农产品的大小规格存在差异。这方面完全可以通过手动或者自动的方式来进行分选。分选之后的产品价格会有所不同。

4）混合加工。当前市场的需求越来越多样化，通过混合加工可以控制农产品品种，对消费者来说购买的时候也更加方便，不用过于纠结购买哪种农产品。在混合包装之前也应当参考市场需求以及设定的标准。

（2）农产品加工配送中心聚集形成的物流中心。前文已经提出批发市场同物流中心之间的关系，以及连锁企业作为农产品加工配送中心之后的优势。以超市为例，完全可以整合自身优势资源，不断在产业链中拓展业务规模以及业务范围，最终搭建起现代化的配送中心。无论是哪种物流中心，其功能都是提高农产品配置的效率。只不过，一种是基于物流链的上游，一种是基于物流链的终端。因此，双方的出发点和最终目标存在一点差异，在实际操作中，操作方式也完全不同。

4.案例分析：山东家家悦集团有限公司发展调查

山东家家悦集团有限公司作为（下文简称"家家悦"）山东地区首屈一指的连锁超市企业，经过多年发展，在物流配送以及食品加工领域乃至于外贸领域都取得了阶段性成果。其线下超市已经超过了400家。在2009年，该企业销售利润超过了100亿元，销售网络遍及山东各市县，门店的面积已经突破了70万m^2，各类消费者都能够感受到优质的购物体验。

家家悦作为山东省本土超市的代表企业，在2000年左右便已经独立研究"超市+基地"的新模式，希望通过这种模式直接对接农户或者生产基地，再通过中转站将农产品运输到加工中心，加工之后再通过冷链来进行统一配送，最终直接在线下门店完成销售。由于该企业积极布局，2008年便已经被政府规划成了"全国农超对接工程首批试点企业"。根据"农副产品基地化"的指导思想，现阶段其已经在我国布局了80多个产区，下设基地超出了2000个，主要种植农产品，同期签署合作协议的农户超过了10万户，产量总规模每年能够突破50万t，面向消费者的农产品有八成都是来自生产基地，帮助各个地区的农民实现增收的同时给消费者带来了更加新鲜的农产品。

（1）家家悦农产品供应链管理模式。实际上家家悦走的就是基地连接企业的供应链模式。这种模式其本质还是将市场需求当作核心，在市场的主导下打造出专门的农产品生产基地，以订单生产的方式，同农户以及专门的生产商达成合作，然后再通过企业的物流来进行配送，所有线下门店都可以销售来自生产基地的农产品（见图4-5-11）。

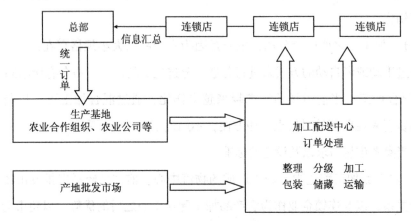

图4-5-11　家家悦的农产品物流供应链管理模式

（2）家家悦农产品配送中心调查。发展至今，家家悦已经打造出了5个专门的农产品配送中心，每一个中心能够辐射相当大的范围。它们分别设在文登（隶属于威海）、威海、烟台、高密与莱芜这个5个城市。在选址的时候，主要会参考线下门店与基地之间的距离。其中，文登市宋村镇的配送中心规模最大。

宋村镇地理位置十分优越，刚好处在威海地区的核心地带，因此2007年家家悦便选择将这里打造为企业最大的配送中心。现阶段其总共能够服务周边半径为90km的区域，极限辐射半径为900km。在辐射的区域内，总共有280家线下门店。2010年一年时间便为各个门店配送商品达到了12万t，总额超过了8亿元。而且宋村镇自古以来便是山东地区重要的蔬菜产地，种植面积达到了2万亩左右。现在同家家悦达成专业合作的便有8000亩。

（3）家家悦农副产品批发市场调查。随着家家悦市场规模逐步扩大，该企业直接耗资8500万元打造了一个120亩的现代化农副产品批发市场，这个市场是一级批发市场。从2007年开始正式上线。这个市场同宋村配送中心之间的距离很短，可以有效服务配送中心，为配送中心提供源源不绝的进货与销货服务。有需要的时候，完全可以做到在第一时间补充货源。除此以外，由于这个批发市场是开放性的市场，所以完全能够满足其他市场主体的交易需求。在农产品来源方面，其中九成左右都是自家生产基地出产，剩下的一部分是其他区域生产。在销售方面，七成以上直接对接了家家悦的连锁门店，剩下的部分都是销售给了渠道商。从辐射区域上看，主要辐射山东、新疆、海南、广东、陕西等省份，销售市场以本地为主。

到2009年，交易规模已经接近8万t，交易总额约为5.7亿元，较之2008年的数据上涨了35.7%。其中交易的大部分都是农产品，以桃、梨为主。

（4）家家悦信息平台建设调查。家家悦超市之所以能够快速发展，最主要的原因在于其认识到了信息网络的重要性，为此专门斥资3000万元来打造现在发了现代化的信息网络系统，而且还积极与当地高校以及科研单位达成合作，逐步完善信息管理系统，做到了"软""硬"结合，全面优化了配送服务。随着信息网络系统的逐步成熟，让企业的各下属单位实现了联网，在强大的网络支持下，让配送功能越发强大。发展至今，该企业物流与技术已经超过了大部分同类型企业。因此，供应链能够积极应对市场变化，保障运营效率能够稳步提升，推动企业实现可持续发展。

5."农超对接"模式

对山东农产品物流供应链模式进行分析，其价值在于摸索出在当前市场环境下更加高效且更加安全的模式，如此在可以有效控制成本的同时避免资源浪费，实现可持续发展。"农超对接"能够助力相关目标的实现。

现阶段，农超对接在我国发展的时间并不长。我国相关部门鼓励国内的超市应用"农超对接"这种模式。到2009年，还专门选择了几个城市进行试点，对试点城市的超市提供资金上的支持，总额度达到了4亿元。迄今我国24个省市的农业合作社已经参与了"农超对接"项目。

（1）商超主导的"农超对接"模式的结构。"农超对接"如图4-5-12所示，其本质属于农户和超市签署合作的合同。农户负责生产企业所需要的农产品，企业会收购农户生产的农产品。以农业合作社为单位同超市进行对接。通过这种方式，可以进一步完善农产品供应链，有利于推动农产品的流通，让各方参与主体都能够有所收获。

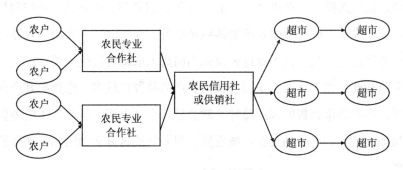

图4-5-12　农超对接模式

"农超对接"的优点：首先，能够缩减中间环节，有效控制成本而且确保开支足够透明；其次，可以缩减产销交互的时间，尽可能控制物流资源，确保市场上的产品足够新鲜；最后，可以打造出质量监管体系，确保源头不出问题。

（2）"农超对接"模式的运行方式。

1）"超市+农民专业合作社+农民"模式。"超市+农民专业合作社+农民"模式在实际操作中并不复杂。大型企业会直接组建"直采"小组，他们会直接到农业合作社进行采购。在此之前，必须要同有实力的农业合作社达成合作意向，企业全权负责技术支持，农业合作社来安排生产，并且要能够保障农产品的品质不出问题。

2）"超市+农业产业化龙头企业+农民"模式。在实际操作中，超市会组建相关行业领域的咨询公司，然后再同原产地的龙头企业签署合作协议，让龙头企业直接安排生产，对生产好的产品进行加工，然后再经过质量检测并且通过之后，超市会收购产品并解决销售问题。

3）家家悦的"超市+基地+农民社员"模式。家家悦经过多年发展已经成了山东地区首屈一指的城市连锁企业。在生鲜经营上已经总结出了很多优秀的经验。为进一步凸显城市的特色，提高时间管理效率，贯彻落实安全标准，专门打造了生鸡养殖基地。除此以外，还会同基层地区的政府以及农业合作社签署购销协议。正是在相关制度的保障下，家家悦才能够自主控制生鲜产品的各个环节，在市场上获得了很好的口碑。

4）物美超市的"超市+供销社+农民"模式。供销社本身就扎根于农村地区，对于整体市场的把握比较精准。物美超市长期立足北京市场，2009年3月1日该超市便已经组建出"直采"组，组员们会按照超市的安排到农业生产基地采购农产品，同山东供销社便达成了深度合作，在超市的安排下，带动各地的农户打造了300多个规模生产基地，基地种植的农产品极具代表性。通过这种方式，可以确保该超市北京门店所销售的农产品都是绝对新鲜且安全的。因为从采购到超市门店通常情况下都不会超过一天。

上述几种模式属于当前农超对接的主流模式。不同的超市会结合具体的市场环境以及自身环境来做出选择。"农超对接"相对来说比较科学，能够进一步控制烦琐的流通环节，控制流通成本，确保流通效率能够稳步提升，在给农户带来切实效益的同时，有效推动农村地区经济发展。只不过这种模式当前尚未取得阶段性成果，覆盖的范围也不够广。之所以如此，很大程度上是因为我国农产品品种比较多，想要配其产品就必须要到批发市场，不然超市销售的农产品种类就会显得十分单调。超市为了给消费者提供更优质的购物体验，就必须要到批发市场进货。想要解决这方面的问题，还需要后续展开专门的研究。

（3）实现"农超对接"的条件。

1）连锁超市的内部管理。想要充分发挥农超对接的功能，有效控制产销交互时间、避免物流资源浪费、确保新鲜。一方面应当着力优化采购方案，另一方面应当着力优化内部管理体系。对于连锁超市来说，高效的内部管理其价值不言而喻，如果内部管理效率低下，那么必然容易造成物流资源的浪费，农产品的新鲜程度也无法得到有效保障。对于超市来说，必须要统筹规划各个层面。从采摘就应当开始着手管理。必须要重视物流运输环节以及验收这两个环节；在装载以及卸货的时候必须要按照既定标准执行；超市收到农产品之后，也应当重视库存管理，乃至于对超市的环境以及整体布局都应当进行管理。要是忽略了这些方面，不仅会影响新鲜度，还会造成商品的浪费。

2）连锁超市需要与产地合作建立农产品质量、源头的可追溯机制。作为连锁超市，应当独立打造质量与源头追溯机制，确保所有产品能够切实可控。如此一来即便出现安全问题，也能够尽快找出问题所在。"农超对接"这种模式在实践中需要投入大量资金，而且短期往往看不到效果，所以超市必须要坚持战略发展规划，做好与之相关的工作。

3）灵活多样的采购形式和产地合作形式。连锁超市开展"农超对接"活动期间，应当提前了解各类农产品，然后根据其具体场地以及比较优势来选择合作模式，当然这一切都需要立足实践，在实践中总结与摸索。

4）需要"农超对接"的参与方向标准化、组织化和流程化发展。连锁超市为了实现经营目标，会专门打造科学的内部管理体系，对比之下，农业合作社的管理便显得十分松散。如此一来，双方之间在进行"农超对接"的时候往往会发生一系列难以预料的问题。想要尽可能避免这些问题，就必须要做好全方位的统筹规划，双方应当在互信的基础上加强沟通与交流，不断完善并提高双方的默契度，从而可以彻底发挥出"农超对接"的优势。

5）建立整套完善的对接的互信、共生的长效机制。"农超对接"在实际操作中，双方的参与主体应当建立起战略合作伙伴关系。在任何时候都要做到信息公开以及足够信赖，在对市场的认识必须要达成高度的一致。大家应当权责分明、利益共享、风险共担。在对方需要的时候，应当提供力所能及的帮助。随着合作程度的逐步加深，农产品产业链会更加完善。

第5章 山东省农产品物流服务模式与案例

5.1 山东省农产品物流园服务

在第2章我们提到农产品物流模式有批发市场模式、农业生产合作组织模式、企业化模式和农产品物流园区模式4种。其中,农产品物流园区为农产品物流一体化的集中体现,是现代农产品物流发展的一种重要方式。通过农产品物流园可以实现农产品物流的一体化、综合化管理,农产品物流园一般是由政府部门来出资规划建设以及管理的。

基于此,笔者带领调研团队对山东省农产品物流园开展了详细的调研,并查阅了国内外优秀物流园建设经验,有针对性地对山东省的物流园规划及服务模式提出发展建议。

5.1.1 山东省农产品物流园发展现状

为了能更好地发展农产品,实现山东省农产品产业良好运转,做好农产品物流以及产业集聚就变得重要起来。一方面,山东省作为我国的农业生产大省有着农产品供应链发展得天独厚的基础;另一方面,面对时代飞速的发展,山东省的农产品供应链显得有些滞后。为了能够进一步了解山东省农产品物流园发展现状,了解山东省农产品物流发展影响因素,本调研团队先后走访了济南匡山农产品市场、济南盖世农产品物流园以及山东寿光农产品物流园,并对相关调研结果以及资料进行了整理与分析。

1.传统农贸市场农产品流通模式(济南匡山农贸市场)

济南匡山农贸市场组建于2007年,位于济南市西部,地理位置优越,交通便利,是济南市"菜篮子工程"、山东省"米袋子工程"市场。近年来,随着城市人口的不断增加,市场交易量逐年提升,市场业户数逐年增加,并随着经营规模的增加计划最终扩建规模将达到大约15万 m^2。

之所以选择济南匡山农贸市场作为调研对象，是因为其作为传统的农产品交易市场的代表，在经营方式上与较为落后的农贸市场有很大的关联性，通过对济南匡山农贸市场的调研与了解，我们能够摸清整个济南市乃至山东省的传统农产品交易的传统流程。济南匡山农贸市场主要有以下特点：

（1）市场内部开放，店铺出租采用传统方式。通过调研，我们可以发现，济南匡山农贸市场内部人员嘈杂，且对外开放程度较高。一方面，商户如果想要在此销售农产品，其只需要联系市场管理方，租用相关摊位即可；另一方面，消费者出入市场且在市场内部时并没有相关管理人员的指引以及指示牌的引导，整个园区内部的经营采用传统方式，管理较为松散。

（2）市场内部商户商品进货方式传统，货源不透明。关于商户农贸产品的进货方式，我们询问了很多家商户。对于农副产品，商家进货方式如图5-1-1所示：厂家直接根据市场内商家其自身经营规模以及发展预期判定其是否可以成为该区域内的经销商身份，之后厂家通过商家定期订货的方式来满足该区域的商品需求，而对于商品货源的确定方面，市场方并不会提供相应的优质货源，只能靠商家自己来完成货源的确定。

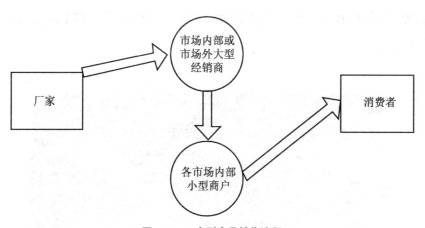

图5-1-1 农副产品销售流程

还存在市场内农产品货源中间商与来路不透明的问题。我们发现，市场内绝大多数商户的农产品都是由商户向上一级农产品收购商订货。农产品收购商则会提供相应的物流服务将货物直接拉往市场（过程见图5-1-2），消费者对于农产品的来源以及其他具体信息并不清楚，摆在他们面前的农产品有的只是能从商户口中询问的价格，他们无法直接了解类似产地、生长条件等因素。

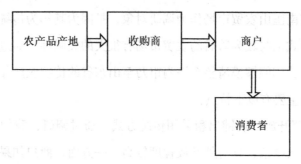

图5-1-2 农产品货源流向图

从另一个角度来看，济南匡山农产品农贸市场本身的经营规模大，店铺规格要求较高，这与传统的农贸市场存在不同之处，其管理方式、服务模式也值得其他农贸市场、农产品物流园学习借鉴。其主要有以下区别：

（1）市场内部商户店面标准化，整体环境良好，如图5-1-3和图5-1-4所示。整个匡山市场内部区域分割非常明显，且针对不同类型的农产品销售要求，市场内部提供了不同类型的店铺种类。例如水产类销售方面，市场提供了必备的标准化水池等设施，满足商户的经营要求。另外，针对农产品（例如蔬菜）商户园区内货物流通的需要，市场内还配备了统一标识的称重三轮车等运输工具（见图5-1-5），在运输菜品的同时还能给商户提供称重服务。

图5-1-3 市场整体鸟瞰图

图5-1-4　市场整体环境

图5-1-5　称重三轮车

（2）附加服务的存在让交易更方便。在调研过程中我们也发现了市场内部拥有自己的结算中心，可能是处在淡季的原因，所以当时处在关闭的状态，但可以确定的是济南匡山农贸市场内部确实存在自己的交易金融中心。除此之外，可以了解到市场内还提供冷库的服务。目前，冷库正在施工，处于被拆除状态，但根据规划，后期将会扩大冷库面积来供更多商户使用。

目前，济南匡山农贸市场在一定程度上起到了服务济南乃至全省、全国的辐射作用，更好地满足了政府"菜篮子工程"的需要，满足了居民消费的需求，也促进了农产品市场的结构调整，增加了农民收入，带动了地方经济的发展。

2.以冷链为主的农产品物流基地（济南盖世农产品物流园）

济南匡山农贸市场作为农产品的终端市场目前虽然在经营模式等方面仍处在较为传统的阶段，但在了解了传统农产品销售市场的基本情况后，为了能够更加深入地认知农产品在运输过程中冷链的具体过程，我们选择走访了济南盖世农产品物流园，从那里了解相关农产品冷链的信息。

济南市盖世农产品物流交易中心坐落于济南中心城区北部，地处济南交通枢纽济青高速零点立交桥东北侧，位置辐射山东乃至华北地区，区位交通条件优越，基础配套设施齐全，物流资源发达。

市场创新运营模式，转变传统铺位批发，培育发展总经销、总代理和总配送的现代化流通模式（见图5-1-6），提高流通效率；建设高标准的客服中心，对客户提供个性化、一站式贴心服务；以电子交易模式为核心，方便、快捷、高效地提供信息服务；是集农产品批发交易、仓储、加工、配送为一体的多功能批发市场，批发经营蔬菜、水果、粮油、酒水、副食品、干货调料、肉类和水产等交易品种。

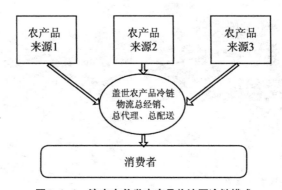

图5-1-6 济南市盖世农产品物流园冷链模式

同时，济南盖世农产品物流园改变传统农产品集散模式，运用冷链平台+配送专线——树立冷链仓配一体化标杆，通过当前的20万t冷库，大力发展"仓配一体化"，拓宽冷链配送服务；大众餐饮+配送基地——充分发挥当前企业所掌握的农产品物流资源，建设山东省最全面的核心产业园；依托良好的冷链资源，众多农产品物流公司以冷链物流为主要业务承接外界农产品物流服务需求，并通过济南盖世农贸物流园良好的金融结算以及信息处理能力来更好地为外界提供服务。

3.综合性农产品集散物流园（山东寿光农产品物流园）

山东寿光农产品物流园（见图5-1-7）已经获得了国家发展和改革委员会的授权，

规划的面积已经接近3500亩,规划投资20亿元;当前,已建成了蔬菜果品交易区、蔬菜电子商务交易区、农资交易区、农产品加工区、物流配送区及配套服务区六大功能区;正式投入运营后,完全能够支撑100亿kg农产品的交易,给全社会创造无数机会的同时能够解决上万人的就业问题。物流园项目逐步推进,能够进一步优化寿光的农业产业结构,全面增强其市场竞争水平,还能够充分刺激其他产业的建设,依托于农产品,带动整个地区的经济建设。

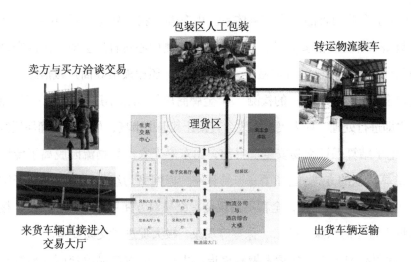

图5-1-7 山东寿光农产品物流园

山东寿光农产品物流园处在中国南菜北运、北菜南调的中心地带,地理位置十分优越,交通发达,有利于寿光至全国各地农产品的集散、运输,为物流园的发展提供了极大的便利。现阶段,参与交易的农产品品种已经超过了200种,日均交易总规模保持在2000万kg,日交易总额保持在4000万元左右,年交易总规模保持在40亿~60亿kg这个区间范围内,从这里走出去的农产品主要销往一、二线城市以及出口。经过调研以及相关资料的搜集,我们不难发现寿光农产品物流园的优势所在之处如下:

(1)市场规模大,体系完善,促进了农产品物流的稳步发展。科技及电子商务的发展为物流的运作提供了保证。寿光作为全国最大的农产品基地,市场规模较大,年均产量可达60亿kg,农产品种植面积70万亩,现有冬暖式大棚20万个,拱棚5万个。在市委市政府的牵头组织下,又先后成立了山东寿光农产品产业集团、电子收费结算中心,组建了农产品配送中心,打造了专门销售农资的市场,在批发市场专辟了"放心菜"专营区和农产品电子拍卖中心。

（2）信息化程度较高，促进了农产品物流相关信息的流通。山东寿光农产品物流园多年来的发展，造就了极其丰富的客户资源，很大程度上保证了农产品的顺利流通。山东寿光农产品物流园设立了自己专门的办公场所和网站，现已与全国20多个城市联网，每天搜集和发布大量的市场信息。自成立自己的信息网站以来，寿光农产品物流园，每天更新和公布农产品的最新市场供求信息和市场交易价格，成功发布了"中国·寿光蔬菜指数"，使农产品物流信息的流通渠道更加畅通。可以说，山东寿光农产品物流园内蔬菜的价格代表了全国范围内的蔬菜价格。

（3）科学专业的食品安全监管体系。山东寿光农产品物流园内除使用高精密的国内外检测设备来保证食品安全外，物流园检验检测中心每日还会对园区内交易的农产品进行例行检测、监督抽检和日常检查，不仅如此，还积极引导商户诚信经营。所有刚刚进驻的商户全部都要接受统一的检测，"金牌商户"可以不用检测。一旦检测时发现问题，便会立即进行处理，如果屡次不改会直接让其退出市场，如此可以确保规范运营。

（4）电子结算保证交易安全。目前，山东寿光农产品物流园脱离了传统农产品市场用现金结算货款的方式，选择了一卡结算制，以网络为纽带同自带的电子结算中心进行连接，可以做到电子结算，全程不用现金，交易双方使用IC卡一刷即可，极大地避免了传统市场上常见的赊账、赖账、抹零等现象，极大促进了交易安全。

（5）利用品牌效应，探索发展新渠道。山东寿光农产品物流园因地制宜，利用寿光农产品的品牌效应，聚集大量的客户，但是单凭这一点是不足以成为"领路人"的，更重要的是物流园大力探索促进寿光农产品业不断发展的渠道，不断补充，完善自身，为寿光农产品提供了一个更辉煌、更美好的未来，这才是使得山东寿光农产品物流园成为行业代表的原因。

与此同时，我们也发现了园区内存在着发展上的障碍与影响因素：一方面，山东寿光农产品物流园在注重农产品物流的同时忽略了物流流程上的简化，造成了农产品种植户、经销商产品的销售、包装、装卸和运输等环节上的烦冗，在此之上，就造成物流成本就一直居高不下；另一方面，虽然现代化的农产品物流园为种植户以及商家提供了良好的交易环境，但专业化人才的缺乏使得目前山东寿光农产品物流园的高层管理处理问题大多依靠自身多年的经验，而不是统筹规划的专业知识。缺乏物流管理专业型人才，使得对构建一体化的市场产生较大的阻碍。

5.1.2 国外农产品物流园服务模式典型案例

本书主要通过对专家、学者访谈、文献资料搜集等方式了解国内外先进的农产品物流园的规划建设、服务模式、运作管理，取其精华，为相关研究提供借鉴。

放眼国际，当前的农产品的流通的典型模式案例主要有以美国农产品直销为主的北美模式、以日本农产品批发市场（物流园）为主的东亚模式以及以法国为代表的产销一体化的农业合作社西欧模式等三种。

为了改变我国农产品物流的发展现状，国外这几种农产品流通模式有很多可借鉴之处。比如，要改善农产品物流基础设施建设和农产品物流的基础设施，这主要包括农产品的物流园、农产品运输网络、农产品冷链仓库的建设和完善，以此来完善农产品物流园的服务。要想改善农产品物流的基础服务设施建设，需要更多的资金投入，这里应借鉴法国和欧盟的发展规划模式，争取更多的政府资金投入，"政府+企业+物流"共同发力，在这里首先要建立完善全国—小区域—城镇的配送网络；其次要改善农村的道路条件，提高农产品流通效率，扩大农产品流通范围；再次要引进先进的运输设备和仓储技术，这样减少物流过程的损耗、保证农产品的品质。另外，还应该学习北美的运作模式，抓好主体组织建设，加快信息化建设，以此来提高农产品物流园的运作效率。

1.法国巴黎翰吉斯物流园

法国巴黎翰吉斯物流园，是世界上知名度最高、农产品交易量最多的现代化农产品物流园之一，占地面积有230多公顷，主要服务于巴黎当地和西欧其他国家将近2000万人。园区的交通条件十分优越，临近高速公路和机场，同时公路和铁路直接通过其内部。在投资方面，主要由国家、地方政府、社会资本等组成。除了一些基础服务，园区还配备了金融、检疫、卫生、车辆后市场等服务。

值得一提的是，法国翰吉斯物流园在新旧动能转换方面早就有所举措。在园区内，设有一座供热厂，供热厂的材料来源主要是每天园区内产生的废旧垃圾和包装物，这样产生的热能不仅可以供给园区使用，还可以为附近的进场提供。这一举措使得法国翰吉斯物流园在新旧动能转换、绿色物流以及可持续发展方面做出了行业表率。

2.日本筑地中心市场

在产业联动发展上，日本筑地中心市场做得比较好。日本筑地中心市场沿着东京内海而建，现在已经有数十年的发展历史，这也是其吸引游客的一个原因，这里虽然面积并不是很大（毕竟日本原本的国土面积也有限），但这里却是全球最大、最出名的海产品交易市场之一。这里有全球最大的金枪鱼"拍卖"大厅，这也是筑地中心市场的一大特色，而且在整个拍卖和交易过程中，金枪鱼等被拍卖物全程保持在-60℃的环境。日本筑地中心市场另外的一大特色是物流业和旅游产业的联动，日本筑地中心市场将游客引入市场内，成了东京旅游业的一道亮丽的风景线。

除了以上详细介绍的法国巴黎翰吉斯物流园和日本筑地中心市场之外，国外还有西班牙巴塞罗那农产品批发市场、澳大利亚悉尼市场、美国纽约"狩猎点"农产品集散中心、韩国首尔可乐洞农产品批发市场等。总之，国外的农产品物流园在规划建设、服务模式、运作管理等方面相比国内有着较大优越性和可借鉴之处。

5.1.3 山东省农产品物流园功能区规划——以济南市内陆港核心区农产品物流园为例

1.园区总体运营模式规划

近年来，济南市为了响应党中央建设美丽新乡村的号召，在省政府的带领下采取了一系列的政策措施来扶持农村的发展，促进了农产品的规模化发展，推动了农村经济的增长。

因此，基于山东省济南市唐王镇农业发展特点，我们提出了打造集蔬菜批发、加工、配送、储存、展示和电子商务等功能于一体的农产品综合物流园建设类项目，该项目首先从经营模式上就区别于传统的农产品集散中心，将采用线上线下相结合的方式（O2O）（见图5-1-8），把线上信息与线下物流园运营相结合。企业以及消费者在享受物流园区内部服务的同时，也能通过线上来实现农产品从源头到餐桌的一站式服务。

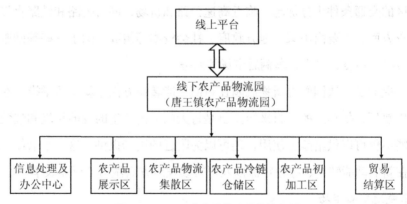

图5-1-8　O2O农产品物流园模块规划

（1）线上平台模块。农产品在传统流通过程中本身就存在诸多问题，例如，流通环节多、信息不通畅、流通成本高、流通环节不透明等问题，线上平台的建立则使相关问题迎刃而解，目前，市面上甚少基于O2O模式的农产品线上平台，大多数农产品流通的模式还是停留在"我卖你买"的传统流程，企业以及消费者的个性化需求难以得到满足，因此，建立农产品物流园的线上平台立足于农产品物流园区，并将大多数服务集中于线上，企业或者消费者可以通过线上查询到相关产品的详细信息，并通过订单下单、物流服务选择、线上结算等环节完成交易，如图5-1-9所示。通过线上平台，企业以及消费者与农产品源头之间省去了一大部分环节，在降低农产品流通成本的同时，增强了其流通背后的透明性，更极大地方便了企业以及消费者。

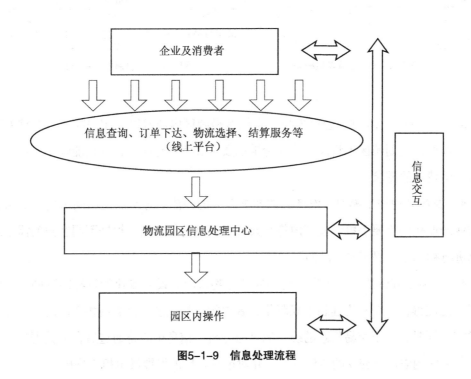

图5-1-9　信息处理流程

（2）线下平台模块。

1）农产品展示模块。在园区内部设置农产品展示区，是为了能够在第一时间向消费者展示当前的商品种类，并通过产品包装以及介绍起到农产品营销的作用。同时，在农产品展示区内还设有农产品检验检疫区域，通过线上检验结果推送和线下溯源，使消费者能够更加清楚地了解到商品的安全性和原产地。此外，展示区内还将定期举行农产品展销活动，促进特色农产品的宣传与销售。

2）农产品物流集散模块（见图5-1-10）。作为农产品物流园的核心部分，农产品物流集散区在园区内承担着所有农产品的运输与配送任务。在当前所规划的农产品物流园区内，园区集散中心车辆由数据信息中心所控制，所有车辆以及物流企业都井然有序，根据信息中心所下达任务运送农产品，并将运输数据实时反馈给信息中心，后者将数据传于平台之上供需求者查看。具体如图5-1-11所示。

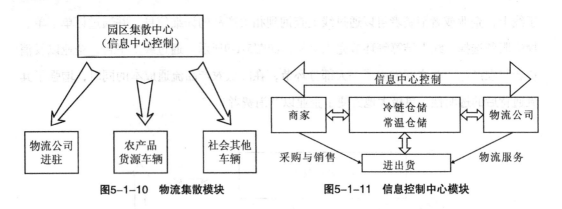

图5-1-10 物流集散模块　　　　图5-1-11 信息控制中心模块

3）农产品冷链及常温仓储模块。仓储区是园区内商家以及相关物流方存储农产品的重要场所，规划园区内将同时建立冷链以及常温两种仓库，目的是能够更好地满足商家以及消费者的需求。

4）农产品初加工模块。农产品的初加工为的是能更好地满足不同市场的需求，作为农业产业化的重要手段，园区内将会设置农产品初加工区，根据不同客户的需求对农产品进行初加工，提高农产品的附加值。

5）贸易结算模块。对于专业化的农产品物流园，设立专业的贸易结算中心能够最大限度地使得整个交易流程趋于规范化，客户的交易记录将会交由物流园统一清算，方便快捷。同时，对于交易信息的统一记录与分析，信息中心将通过后台大数据的分析得出物流园区内农产品交易的相信情况，并对市场日后的发展做出相应分析。

6）信息处理及办公模块。在园区内设立专门的信息处理及办公模块，首先，可以通过统一的信息管理与分析增强园区内各大小活动的协调一致；其次，利用信息处理所得出来的结果可以准确把握园区内各方活动详情，并对相关方下一步活动及时做出预测；最后，办公区的建立在相关管理人才的加入下，园区建设将会更加趋于合理与标准。

2. 基于SLP的农产品物流园区布局规划

（1）SLP法基本要素分析。SLP法，也就是系统布局规划法的简称，是20世纪理查德·缪瑟提出且至今被常用的布局规划研究方法，原理是将所研究功能区之间的关系通过指标量化，将数据作为布局规划的依据，通过各种要素的确定、物流和非物流关系研究、综合关系研究、确定相对位置和面积，从而选出最佳的平面布局方案。

在SLP法中，把物料种类（P）、物流量（Q）、生产路线（R）、辅助部门（S）、技术（T）5个要素作为基点。在农产品物流园布局优化里，P就是各类农产品，Q就是园区内农产品物流总量，R指的是农产品在园区内的流动路线，S是农产品物流园区内的辅助保障部门，T指园区内的物流技术设备。在SLP法中，A、E、I、O、U由高到低表示各作业区的关系密切程度，由此绘制作业单位物流相关图。

（2）SLP法在布局规划中的实施。本部分在总结国内外农产品物流园规划布局和服务模式经验的基础上，结合了济南市唐王镇乡村振兴规划。同时，基于新动能转换的背景，模拟推测出了济南市国际内陆港核心区农产品物流园的布局规划方案。

在SLP法中，功能区关系密切程度根据物流强度进行五类（A，E，I，O，U）划分，而且A，E，I，O，U表示各功能区的关系密切程度由高到低，由此绘制作业单位物流相关图，在这里由于没有相关数据，所以从至关系利用定性分析进行了模拟推测。基于国内外农产品物流园发展的状况以及新旧动能转换的需求，本书提出了济南市国际内陆港核心区农产品物流园六大功能区，分别为信息处理中心及办公区、农产品展示区、农产品初加工区、冷链仓储区、物流集散区和贸易结算区。运用SLP法对六大功能区进行关系密切程度的划分。比如，为了方便出库和入库，保证园区高效运转，农产品集散区和农产品冷链仓储区关系十分紧密，就需要它们相邻，因此这两个功能区的关系等级为A；而信息处理中心及办公区和农产品初加工区关系就比较弱，没有必要在一起布局。由此得到农产品物流园作业单位物流相关图（见图5-1-12）。

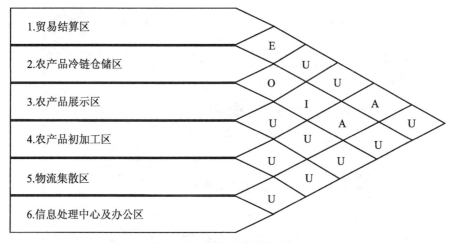

图5-1-12　农产品物流园作业单位物流相关图

依据农产品物流园作业单位物流相关图，可以看出各功能区的关系密切程度，将图5-1-12中的A，E，I，O，U分别用4条实线、3条实线、两条实线、一条实线和虚线表示，可以得到作业单位相关图（见图5-1-13）。

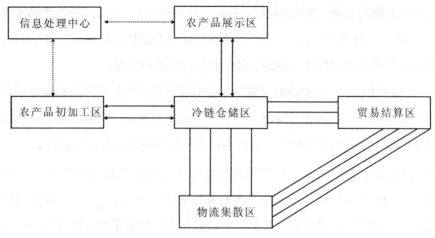

图5-1-13 作业单位相关图

根据济南国际内陆港建设专项规划,农产品物流园规划在核心区的东部而且呈南北长、东西短的长方形分布,其北、西、南三面分别临水港、公路和铁路枢纽。农产品的运输主要是依靠公路运输,因此将物流集散区的进货区设在毗邻公路枢纽的园区西侧。北部开阔且环境优美,因此在园区北侧规划农产品交易展示区。综合SLP分析和核心区规划的各种实际情况,在发挥产业联动作用和利用基础交通优势的基础上,得到济南市内陆港核心区农产品物流园平面规划方案(见图5-1-14)。

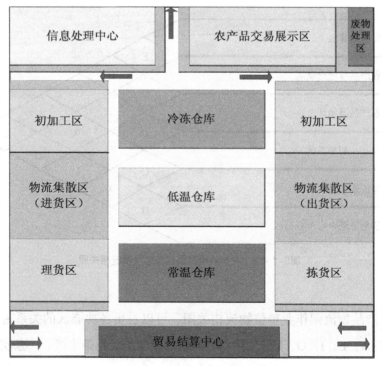

图5-1-14 济南内陆港核心区农产品物流园平面规划方案

5.1.4 山东省农产品物流园建设运行保障措施

通过研究国内外先进农产品物流园的发展、服务模式，为济南市国际内陆港核心区农产品物流园建设运行提供了经验和借鉴，而且在调研了解的基础上总结了农产品物流园发展面临的主要问题，以此提出了解决方法和创新策略。有创新策略还要保障实施好，本小节从政府部门、企业、消费者三个角度提出相应的政策建议，以保障其顺利、高效实施。

1.政府部门要完善农产品物流园相关政策和法律法规，为农产品物流园的建设运行提供良好的政策和法律环境

农产品物流园的建设运行是一个庞大系统的工程，这不同于普通的物流园区建设，需要考虑到农产品的特性等问题，所以政府部门就有必要完善农产品物流园建设的相关政策和法律法规，目的是应对有可能发生的各种问题，为山东省农产品物流园顺利、高效实施提供政策和法制保障。此外，政府还要牵头成立由政府相关人员、企业、建造方、高校教授等组成的农产品物流园指导委员会，明确责任人，制定建设进度，从而提高园区建设的质量和效率。不仅是提供法律的规范，政府还要争取更多的政策和资金来为农产品物流园的建设提供政策和资金支持，建设引进较为完备的设施设备，为其建设和后续运行注入动力。

2.企业配合创新策略建立先进的管理制度、技术体系和质量体系，为创新策略的落实和园区的发展保驾护航

想要农产品物流园高效运转，必须要有自己分工明确、层次清晰的服务管理标准体系（见图5-1-15），只有这样才可以和创新策略相匹配，学习国内外优秀农产品物流园的管理模式，结合实际情况，建立自己在企业宣传、服务规范、员工激励、人才建设以及引培机制等方面的管理制度和实施细则，加强人力资源和企业文化的建设，使得公司人才发展目标和企业战略目标一致，使得济南市国际内陆港核心区农产品物流园建成之后有章可循、高效运转。

一个高标准农产品物流园区的高效运转，还离不开现代科技的支持和保障，所以企业应该配合创新策略建立一个技术体系，把资金用在"刀刃"上，提高农产品物流园的科技含量和自动化水平。在此基础上，重点完善冷链和冷库技术，投入新技术优化交易流程和体验，使得产品和价格更加可视化、流程和交易更加智能化、资金和渠道更加多元化、加工和包装更加自动化、服务和设施更加人性化；引入智慧物流科技和大数据分析技术，全面提升山东省农产品物流园区的自动化、信息化和智能化水平。

此外，要想推进农产品物流园运行良好，打造出品牌效应，还应对标寿光农产品物流园，引入一套自有的更高标准的质量标准体系，购入高精度顶尖的农产品检测检验设备，对园区内的农产品进行严格检测，做到"买全国"更加省心，"卖全国"更加放心，保障走出农产品的安全，逐渐树立品牌效应。

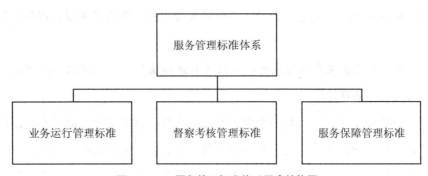

图5-1-15　服务管理标准体系层次结构图

3.消费者加强监督和评价，遵守园区秩序，促进和维护物流园健康发展

物流园运行发展状况和农产品质量与当地消费者乃至所有消费者直接相关。为了自身的切身利益和物流园良性发展，消费者应该树立主人翁意识，做好"阅卷人"，加强对于物流园运行情况的监督，发现问题及时反映，并监督政府责令整改。另外，园区管理者应该建立消费者评价和举报渠道，制定细致的评价指标，定期对各商户进行评价，制定依据评价结果的奖惩政策，还应该制定匿名举报通道，为消费者献计献策保驾护航，消费者应该主动维权、评价和监督，维护自己的切身利益。

除此之外，消费者也应该遵守园区的运行秩序，不做影响社会风气和破坏园区秩序的事。比如，无论量多量少，都按照园区的交易流程依次进行；不购买没有经过检验的农产品；不强买和破坏市场价格；等等。

5.2　山东省农产品循环物流模式——以济南市为例

1972年，联合国人类环境会议在瑞典斯德哥尔摩举办，最终推出了《人类环境宣言》，其中明确强调，每一个人都应当在享受优越环境的同时，给我们的后代留下自然遗产。从20世纪90年代开始，以"高投入、高消耗、高污染"为特点的传统经济发展模式已难以为继，以"3R"〔减量化（reducing）、再利用（reusling）和再循环

（recycling）］为原则的循环经济开始受到各个国家的重视，在该项原则的引导下，多个国家开始探索可持续发展路线。

2008年8月29日，第十一届全国人民代表大会常务委员会第四次会议通过了《中华人民共和国循环经济促进法》，主要强调了中国在循环经济方面的理解。无论是"十二五规划"还是"十三五规划"都重点强调了循环经济的重要性，已经将其上升到了国家发展战略层面。"济南市十二五规划纲要"也提出了"推进生产、流通、消费各环节循环经济发展，逐步建立全社会资源循环利用体系"。"济南市十三五规划纲要"也明确提出了"大力发展循环经济"。

近年来，随着人们环保意识的提高，循环经济这一理念在全国上下，各行各业，各个领域层面都有所渗透，特别是绿色、低碳、循环发展将会指导物流行业的后续走向。中国自古以来都属于农业大国，农产品物流的效率会直接影响农业的发展层次，同农民关系较为密切。当前，与之相关的物流产业尚未取得阶段性成果，没有引进先进的技术，造成了资源浪费。我国农产品的损耗达到了30%，这个数据在美国与日本只有3%。

国家重视发展基于循环经济的农产品绿色物流，"十三五规划纲要"明确强调了"根据物质流与关联度协调规划产业布局，着力推动园区循环化发展，着力打造功能复合型循环经济试点区，推动全产业链协同发展"，"建设生态友好型农业，打造种养结合循环农业示范区，加大资源循环使用力度，重视无害处理，重视污染防治"。

2017年，《国务院就全面推动农业供给侧结构改革加速培养农业建设新动能的指导》中要求必须发展绿色生产模式，提高农业可持续发展水平；创新农业产业，拓宽产业覆盖面，实现多元化农业生产、市场模式的指导方案。

济南位于山东省，辖区范围内农业资源十分富足，从古至今就是我国的农产品主产地。当前已经获得了"中国精品菜篮"的认可，有"章丘大葱、鲍芹""商河大蒜、彩椒""平阴玫瑰、阿胶""张而草莓"等品牌农产品。其中优质的农产品有一大部分会直接出口。济南市响应中央号召，"十三五规划纲要"明确提出"拓宽农产品流通渠道，加大农业废弃物与建筑废弃物的利用效率，走循环经济路线，当前超过30万亩土地在实践生态循环系统"。

因此，本章旨在通过理论研究、实地调研以及实证研究，构建循环经济视角下济南市农产品绿色物流运作模式，建立健全相应的政策和制度体系，为推进济南市循环经济发展，建立资源节约型和环境友好型社会提供决策依据和实践指导。

5.2.1 循环物流相关理论

1.文献综述

（1）循环经济的研究。

1）国外研究。1962年，美国海洋生物学家蕾切尔·卡逊（Rachel Carson）出版了《寂静的春天》（*Silent Spring*）一书，书中描述了人类将要面临的一个没有蛙声鸟鸣和蝴蝶蜜蜂飞舞的世界。这唤起了人们的环境保护意识。

1967年，美国经济学家肯尼斯·鲍尔丁（Kenneth Boulding）提出了被学术界公认为当今循环经济思想源头的"宇宙飞船理论"。该理论认为在这个与外界隔绝、封闭的飞船中，完全依靠自身的物质和能量维持，然而它的资源是有限的，必须循环利用，所以在这个空间内几乎不允许有被抛弃的废物，即使乘客的排泄物也必须回收起来，经过净化、提取、光合作用转化等处理过程，转换成人类生存必需的氧气、水和无机盐，以供使用，由此构成飞船内部的良性生态循环系统。否则，飞船内的物质和能量迟早会被耗尽，最终走向毁灭。

1972年，德内拉·H.梅多斯（Donella H. Meadows）、乔根·兰德斯（Jorgen Randers）、丹尼斯·梅多斯（Donella Meadows）三位作者撰写《增长的极限》（*Limits to Growth*）一书，书中指出人类社会消耗不可能无限增长，如果按照现在的发展趋势，全球经济增长的极限将在未来100年内发生。时隔20多年，他们又出版了《超越极限：正视全球性崩溃，展望可持续的未来》一书，书中对未来人类面临的危机敲响了警钟，对可持续发展进行了展望。

1987年4月，世界环境与发展委员会发表了由布伦特兰夫人主持起草的《我们共同的未来》（*Our Common Future*）的研究报告。该报告明确提出了可持续发展的思想，它标志着人类对发展问题的认识进入一个新的阶段。

1993年，美国环境经济学家、企业家和教育家保罗·霍肯（Paul Hawken）出版了《商业生态学：可持续发展的宣言》（*The Ecology of commerce：A Declaration of Sustainability*）一书，书中主要观点有：①线性经济存在严重的弊端；②循环经济是实现可持续发展的必由之路；③"系统设计"在循环经济发展模式中是最重要的；④应该建立与可持续发展相匹配的健康商业。

2001年11月，美国学者莱斯特·R.布朗（Lester R.brown）出版了《生态经济：有利于地球的经济构想》（*ECO-ECONOMY Building an Economy for the Earth*）一书，书中观点主要有：①提倡利用太阳能、氢能等清洁能源代替传统的化石能源；②倡导适度消费，反对过度消费、铺张浪费行为；③倡导使用可循环利用的物品代替一次性物品；④运用政府手段扩大再生品市场规模，依靠技术创新提高资源的再利用效率。

2005年2月，《联合国气候变化框架公约》下的《京都议定书》生效，该协议给成员国分配了强制性减排指标，要求发达国家承诺减排指标到2012年平均在1990年水平上减少5%。

2009年12月，被喻为"拯救人类的最后一次机会"的哥本哈根气候大会举行，192个国家的环境部长和其他官员们商讨针对未来应对气候变化的全球行动并签署新的协议。

2）国内研究。我国循环经济发展起步较晚。同济大学可持续发展与管理研究所所长诸大建先生，是我国循环经济理论研究的开拓者。1998年9月，他在《科技导报》上发表了《可持续发展呼唤循环经济》一文。文章指出，知识经济和循环经济是21世纪人类社会可持续发展的两大趋势。文章介绍了循环经济的"3R"原则、核心技术以及构建循环经济的产业体系等，并指出了循环经济思想对于可持续发展具有重要的意义。这是我国学者第一次完整、系统地阐述循环经济的理念。

曲格平认为，循环经济本质上是一种生态经济，经济活动符合生态学的基本规律，经济发展应始终坚持"3R"原则，人类应该以环境友好的方式来开发利用资源，把发展循环经济作为我国经济社会发展的战略选择。

叶文虎认为，经济活动可以分为线性经济和循环经济两大类，可持续发展就要将线性经济转变为循环经济，循环经济最终追求的是资源利用率的提高。

任勇、陈燕平等认为，循环经济的发展模式主要为产业发展模式以及区域发展模式；张天柱强调，推行清洁生产与末端管制，带动产业生态化的"抓两头带中间"的方式；李慧明等提出，促进循环经济深入发展，就要明确循环经济要解决的问题与目标定位，拓展现代经济学的循环思想，并运用经济学理论阐释经济系统的规模限制；段宁认为，生态工业园区是发展循环经济的重要形式；张忠华指出，循环经济从宏观、中观、微观三个层面有三种发展模式，即小循环模式（企业清洁生产）、中循环模式（园区循环经济）和大循环模式（循环型社会）。

（2）物流模式的研究。国外学者在物流模式方面的研究大多集中在外包模式、物流外包与企业能力之间关系等方面。迈克尔·哈默、詹姆斯·钱皮提出，物流外包的概念，认为为了应对激烈的竞争，企业应把精力集中于核心业务上，而将非核心业务外包，利用外部物流服务提供者来完成部分或全部企业物流。Maltz认为，外包物流的专业化程度还需完善，并指出物流虽然外包可以降低运作成本，提高客户的服务水平，提高客户满意度，提升客户服务质量及业务柔性，改进业务流程，增加知识等，但物流外包实施过程中也存在成本控制力弱、缺少管理前瞻性等缺点。

我国对物流模式的研究起步较晚，但后劲十足，近些年的研究较多，在知网搜索2000年以来的物流模式相关的论文为5301篇。然而，大多数的研究集中在物流模式的构建、模式选择决策方法等方面。比较具有代表性的有：2005年，高岩在硕士论文《南阳市烟草卷烟物流发展战略与物流模式研究》中将企业物流模式分为五类，即自营物流系统模式、剥离物流业务组建物流公司模式、全面外包物流业务模式、独立物流子公司模式和独立物流公司模式，并分析了各种物流模式的优缺点；2007年，李宏岳和泉珍提出了企业绿色物流系统的运行模式，同时对企业绿色物流进行了效益分析。

进入21世纪，随着计算机的广泛应用以及互联网技术的迅猛发展，以电子商务为核心的经营理念使整个社会的经济结构发生了巨大变化，许多学者开始把对物流模式研究的侧重点放在电商物流方面。2011年，张明等提出了基于"云仓储"和"云物流"的电子商务大物流模式。2014年，伍星华等构建了B2C电子商务企业物流模式决策指标体系，介绍了网络分析法（ANP）和理想点法（TOPSIS）在B2C电子商务企业的物流模式选择中的应用，为相关企业提供决策帮助。2017年，贲友红提出了新常态下我国跨境电子商务物流的发展要从促使仓储基地海外化、提升信息化水平、促进网络与营销的国际化发展方面展开。

（3）农产品物流模式的研究。国内外学者对农产品物流模式的研究大多集中在农产品物流模式的分类、物流模式的评价以及物流模式的优化等方面。

通过基础性研究，许多学者根据运作主体的不同，将农产品物流模式分为自营物流、外包物流以及混合物流三种模式；按照物流系统主导者的不同，分为农户主导型、农民专业合作社主导型、批发市场主导型、加工企业主导型以及连锁超市主导型五种模式。

在物流模式评价方面，学者对评价方法及评价指标体系的建立做了相关研究。李创采用数据包络分析方法，从固定资产总值、企业员工数量、主营业务成本三方面构建了农产品物流模式的效率评价模型；王慧珍将因子分析法和模糊综合评价法相结合，以搜寻成本、谈判成本以及履约成本为评价指标构建了农产品物流模式评价模型；郭玲运用层次分析法从经济能力、敏捷能力以及风险控制能力三方面对农产品运输模式进行了评价；梅杨平衡计分卡选择影响配送的主要指标，构建了生鲜O2O配送模式指标体系，运用层次分析法对生鲜O2O电商配送模式进行了量化分析，主要从财务角度、客户角度、内部运营角度、学习与发展角度来评价。

在物流模式优化方面，Yanee Srimanee提出了农超对接模式，即"农民+合作社+超市"模式；Marco Bortolini对生鲜食品的配送网络进行了优化，提出了多模态的生鲜食品配送网络集成系统；罗海燕通过Matlab软件对甘肃省物流节点城市的功能进行了定位,并在此基础上提出了优化的农产品物流模式;丁丽芳借助云计算、物联网等信息技术,提出了"农、物、商一体化"的新型农产品物流模式;李莉构建了电子商务环境下农产品的整合式物流配送模式;王宏智、陈业玲结合供给侧结构改革背景,通过构建全要素生产率函数来研究农产品物流体系效率机理,分析农产品物流体系优化的影响因素,从生产主体、流通主体、消费主体和宏观政策4个维度对农产品物流体系进行了优化。

(4)基于循环经济的物流模式的研究。循环经济背景下与农产品物流模式相关的研究不是很多,在知网搜索农产品循环物流只找到5篇相关度较大的论文。学者将循环经济背景下的物流模式归纳为循环物流,比较有代表性的有:2006年,孟庆霞、李建民在《循环物流运作模式与策略研究》将循环经济背景下的物流模式研究方法分为基于供应链的循环物流模式和基于生命周期理论的循环物流模式研究两种;2008年,王琦基于农产品物流供应链模式构建了农产品循环物流模式,运用SWOT法对其优势、劣势、机遇和挑战进行了分析,提出了农产品循环物流发展策略,为农产品循环物流的实施提供了对策、建议;2010年,朱静波提出了农产品逆向物流运作模式;2011年,查伟华提出供应链角度的循环经济新型物流模式,2015年,林懿建立了供应链上的农产品循环物流模式,并从政府、企业和个人三个方面提出了策略和建议;孙统超等在《江苏省农产品物流模式探析》一文中提出了4个优化的物流模式设计,以及与之相应的构筑策略与建议。

(5)国内外研究现状述评。纵览国内外的研究可以发现:

1)各位学者对循环经济的研究已经比较成熟,但将循环经济理论应用于发展绿色物流的研究是比较薄弱的环节。

2)各位学者对物流模式的探索比较多,对农产品物流模式的评价及优化也多有研究,但在循环经济视角下的农产品物流模式研究较少,且多停留在定性研究方面,只是给出了政策建议,缺乏实证研究,定量分析其经济、社会、环境效益。

3)各位学者多在宏观层面研究农产品物流模式,或基于循环经济的农产品物流模式,没有结合具体地域,针对济南市的农产品循环物流模式的研究为零。

综上所述,展开循环经济视角下济南市农产品绿色物流运作模式研究具有重要的理论意义。

2.相关理论

(1)可持续发展理论。在全球变暖、环境污染加剧的背景下,人类意识到生存环境受到威胁,在要求实现人口、环境资源与经济持续协调发展的过程中提出了可持续发展理念。1987年,《我们共同的未来》报告中首次提出了可持续发展观概念,概念一经提出就得到了世界范围的广泛认可。我国也明确表示要树立全面、协调、可持续的科学发展观。其中，科学发展观的核心要义就是可持续发展观。

可持续发展是指在既满足当代人需要的同时，又不损害后代人满足需要的能力的发展。它包括经济、社会、资源环境三部分和谐发展，强调了不但要发展经济，还要保护好环境资源，保护我们的子孙后代安居乐业。

物流行业的发展也要遵循可持续发展战略。可持续发展观注重环境保护和资源节约，强调用相对充足的资源替代相对缺少的资源，用再生资源替代原生资源；提高资源利用率，减少不必要的产品浪费，通过产品维护保养来减缓资源消耗速度等。企业需要认真践行可持续发展资源观，将废弃物的循环利用视为企业的基本任务。物流活动在我国造成的资源浪费比较严重，如物流包装，欧美国家物流包装回收率达到70%，但我国仅为10%，造成了严重的资源浪费。因此，我国企业物流系统也必须依照可持续发展理论进行优化转型。

（2）生态经济学原理。生态经济学理论是指研究再生产过程中经济系统与生态系统之间的物质循环、能量转化和价值增值规律及其应用的科学。物流活动包括资源循环利用、能量转化、价值转化实现等过程，是整个社会再生产过程的重要环节。传统物流管理更加注重经济发展的当前与局部效益，未重视环境保护的长远和宏观效益，没有平衡好经济与环境二者关系。

现代物流作为连接生产与消费的桥梁，是促进经济发展的重要保障，物流产业在急速发展扩张的同时，应该深刻反思给环境造成的危害。从生态经济学角度出发，对物流活动中的经济关系、经济行为和生态系统的关系进行综合研究是绿色物流理论的基础，统筹经济效益和社会效益发展，放眼长远利益，注重整体利益，在追求生态平衡、经济合理的条件下谋求生态与环境的持续发展。

（3）低碳经济理论。低碳经济最早在能源白皮书中提出，是以科学发展观为指导，旨在通过技术创新、自主创新、产业结构调整升级等方式，尽量减少温室气体（特别是二氧化碳）排放量，最大限度促进企业节约能源减少废气排放，实现经济发展与环境保护双赢的经济模式。中国政府提出2020年中国碳排放量每单位国内生产总值比2005年要下降40%~45%，这预示着中国经济将向低碳、环保方向转型发展。

发展低碳经济不仅是国家和政府的责任，企业更要顺应时代发展及时转型，改变长期以来只注重经济粗放式增长而忽视环境破坏的现状。哈佛大学Nazli Choucri教授就曾表示，一个企业若想在竞争激烈的世界市场中稳步发展，就不能继续固守传统的经营运行模式，忽视企业发展所带来的环境问题。对企业而言，保护环境是企业发展的动力而非障碍。因为保护环境符合并超过政府和环境组织对企业的要求，不代表会产生经济损失,反而会减少企业物料和操作成本,增强企业竞争力。

低碳经济时代的到来在改变人们生产生活方式的同时,企业发展绿色物流的成本收益关系也在悄然改变。发展低碳经济可以减少资源消耗,最大限度提高资源利用率,对可持续发展和保护环境具有重要意义。我国倡导低碳经济,为绿色物流搭建了新的平台。

(4)循环经济理论。自20世纪70年代,粗放式经济激发资源危机的同时加剧了环境问题。针对工业化以来高消耗、高污染的粗放式经济产生了循环经济理念,以资源的有效利用和循环使用为中心,以"减量化、再使用、再循环"为原则,以"低消耗、低排放、高效率"为基本特征,以促进社会和自然的良性循环为目标,是反馈流通的经济方式。

早在人类片面追求国内生产总值(GDP)增长时,鲍尔丁就提出了"宇宙飞船经济理论":地球就像太空中的一个太空船,人口增长和经济发展终将导致飞船内有限的资源枯竭;人们生产生活排出的废弃物终将完全污染飞船。因此,在考虑经济发展时,要求人们必须建立既不能使资源枯竭,又不能造成污染而且资源可以循环利用的"循环经济",它遵循可持续发展理念,目的在于最有效地利用资源、保护环境。

循环物流模式既要为物流供应链提供环境友好的高效服务,又需构建循环的物流系统,创新再循环的物流网络,通过多渠道实施循环物流战略来降低物流活动带来的环境污染和资源消耗。如使用环保包装材料及可再循环的包装形式,通过"以铁路代公路"减轻空气污染和交通拥挤,使用先进物流信息技术并合理统筹物流网络系统,减少不合理运输。

循环经济是倡导环境和经济和谐发展的生态经济,将循环经济贯穿于物流中,减少物流各环节资源消耗、削弱对环境的毁坏,促进传统物流向绿色物流转变。若物流过程遵循循环经济的再利用理念,可以促进物流绿色化,甚至逆向物流的发展,从而实现循环经济。

(5)农产品绿色物流理论。

1)绿色物流概述。绿色物流是以物流管理、可持续发展观及生态经济学等为基础,以减少环境污染为条件,旨在实现物流与环境的共生发展。2001年,我国颁布的《物流术语标准》(GB/T 18354—2001)将绿色物流定义为:在物流过程中抑制物流对环境造成危害的同时,实现对物流环境的净化,使物流资源得到充分利用。

绿色物流将环境管理导入物流活动,构建可持续发展的绿色物流系统。传统物流服务模式已无法满足国内外经济贸易的迅速发展。绿色物流因倡导保护环境,实施绿色制造、绿色消费及资源循环利用,适应了当今社会经济和人类健康发展的要求,已成为必然的发展方向。

一般用经济性、技术性、社会性三大类指标衡量物流效率(参阅见图5-2-1)。物流配送催生大规模运输需求,在运输和加工等环节产生大量废气、废水、废料、包装废弃物等,都加剧了资源浪费。遵循可持续发展理念的绿色物流,注重物流效率,以经济学为指导,以生态学为基础,兼顾经济利益与环境效益,使用先进物流技术,加强企业协作,改变了原来各企业分散的物流管理方式,最终实现物流的高效运作和交互。

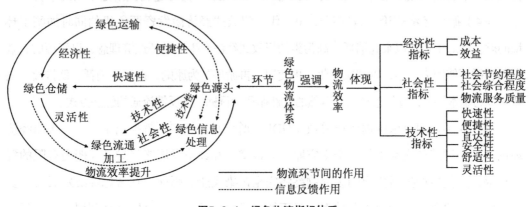

图5-2-1 绿色物流指标体系

2)发展绿色物流原因分析。在世界不同地域的经济发展过程中,物流给人们带来效益的同时,对生态环境的负面影响是非常明显的。物流各环节对环境造成的负面影响及绿色物流体系优势详见表5-2-1。美国学者曾指出:物流环节造成的垃圾几乎占美国垃圾掩埋场垃圾的一半,并加剧了噪声和光源的污染,无效率的物流作业造成二氧化碳过度排放,物流运输配送导致城市的交通阻塞。

表5-2-1 物流活动对环境造成的影响及绿色物流体系

物流环节	对环境造成的负面影响	绿色物流体系优势
运输	(1)交通工具自身产生噪声污染和大气污染; (2)货运网点、配送中心及仓库选址布局不合理,加剧不合理运输,增加了耗油量,加剧污染; (3)过多的在途车辆造成了交通堵塞,运输事故也可能对环境造成污染	(1)改革原有单向物流模式,建构循环物流系统; (2)实现物流系统绿色化,减少物流对生态环境的负面影响; (3)提高物流运作效率,大力发展社会物流服务体系和第三方物流; (4)全程秉持高效节能原则,采用先进的技术工艺、环保设备等,在各环节产生的噪声、"三废"等均低于利用传统物流手段; (5)节约经济资源
流通加工	(1)流通加工分散,资源利用率低,造成资源浪费和环境污染; (2)产生的边角废料,难以有效再利用,造成废弃物污染; (3)加工产生的"三废"(废水、废气、废渣)对环境和人体构成危害	
包装	(1)包装材料(如塑料袋、泡沫等)一次性使用而且难降解,对自然环境造成严重影响; (2)重复包装、过度包装等造成资源浪费,且无益于生态经济效益; (3)处理废弃的包装材料花费大量人力、财力	

绿色物流是循环经济建设的重要组成，可以实现经济和生态协调发展。绿色物流主要是从保护环境和节约资源的角度出发，并以此为基础，完善物流系统，促进双向物流的绿色化，实现物流系统的合理化和最优化。

实现可持续性发展是发展绿色物流的终极目标，要遵循经济利益、社会利益和环境利益三者统一的原则。在低碳经济时代，发展绿色物流是非常有必要的，这不仅有利于企业降低成本、提高效益，也有利于获得企业发展所需的政策支持，更有利于重点企业参与国际竞争。企业必须积极处理本企业经济活动造成的环境问题，建立绿色物流体系以实现可持续发展。

3）农产品绿色物流。在现阶段，消费者农产品消费观念发生转变，更加注重产品品质，偏好绿色产品，也更加注重农产品绿色物流，对农产品的物流需求转变为安全环保、高效快捷的物流模式。因此，不但需要重视农产品的绿色生产过程，也要重视农产品物流的绿色化运作。农产品物流要求物流运输期间控制物流给环境带来的影响。此外，还应当不断优化物流环境，全方位地激发物流资源的价值。绿色物流同环境美化进行结合，惠及后代的绿色物流结构。

各大农业基地、农贸市场、超市等层面在物流方面缺乏系统的规划，而且信息共享层次低，没有引进先进的技术，直接导致农产品的浪费，为了处理这些农产品，加剧了对环境的破坏和资源的消耗，成本相对也变得更高。我国农产品冷链物流管理不到位，技术落后设施陈旧，无法为农产品物流提供支持。美国是农产品物流发达国家，物流体系非常高效，80%的农产品直接从生产者流通到零售商，没有批发商中间环节，如农户将蔬菜、水果收获后进行预冷并储藏在专门的冷库中，使用专业冷藏车将农产品运输到批发站的冷库中，然后运输到销售点最后到达消费者手中。

农产品物流主要有以下特征：明显的地域性与周期性、流通方向单一性、对流通设备技术要求较高、流通过程中增值幅度大、流通过程标准化有明显趋势。因农产品本身的特殊性，要求物流作业各环节进行快速有效合作与信息沟通，而信息化水平低、管理水平跟不上发展的需求是现在物流业普遍存在的问题。农产品绿色物流理念融合了可持续发展观，强调资源的集约化并保护农产品在物流过程中不变质、不受污染，以最少的能源消耗实现农产品物流各环节资源的优化配置，落实全过程的低损耗和可循环利用，既要实现农产品保值增值，又要抑制因不合理物流造成的资源损耗和环境污染。

农产品绿色物流主要涉及以下环节：

a.农产品绿色储运。仓库要进行科学选址、合理布局，还要充分评估对当地环境的影响，采用清洁能源和绿色能源。例如，日本部分物流园区采用风力发电涡轮，给园区供应可持续再生的能源。此外，安装的太阳能电池板完全可以满足照明所需用电，仓储时应当重视检查工作，坚持实事求是思想的指导，对各类农产品分门别类的进行储存，如果农产品比较"娇气"，那么就应当将其储存在冷库中，而且要设定合适的温度与湿度，防止出现腐坏的情况。

农产品绿色运输是选择合适的运输方式和运输工具，合理规划运输路线的绿色运输策略，要求科学合理地规划设计各级货运网点及配送中心，避免不合理运输来降低物流成本和节能减排。可以通过多种渠道实施绿色运输的措施，如发展联合运输；提高运输工具实载率；使用清洁燃料和节能环保型运输工具，比如，现在很多运输车辆采用液化天然气（LNG）环保新能源，性价比高，排放的尾气对环境污染较小，而且也能够防止运输泄漏事故。

b.农产品绿色包装。现阶段，山东省农产品包装处于初级阶段，运输包装多采用塑料编织袋和麻袋，销售甚至没有包装，保鲜型包装相对落后。农产品绿色包装要做到"适度"包装，过度包装会造成包装材料浪费，一味追求低成本减少包装，又会造成农产品损毁。

积极引进农产品绿色包装技术与材料。此类材料属于无污染、可降解或可重复使用、可再生的包装材料。河南省可以开发当地的各种植物资源来生产包装材料，如此不仅能够避免污染环境，还能够再次回收，这值得山东省借鉴。绿色果蔬富含叶绿素，一旦遭遇强光就会出现氧化反应，最终会出现腐坏的情况，所以应当尽可能地避免光线照射，将产品全部包裹在内。

要使用可降解的包装。之所以进行包装，其主要原因在于保护农产品，所以没有必要过度包装。提高包装使用率，同时要做到包装单元化、标准化。包装单元化便于提高规模效应，降低平均成本；包装标准化有利于物流各环节的衔接和机械化操作。

c.农产品流通加工的绿色化。农产品流通加工是为方便农产品销售而进行的分拣、包装等活动。发达国家农产品加工能力已超过生产能力的70%，而现阶段山东省农产品基本以自然形态进入市场，加工能力严重不足。绿色流通加工期间应当着力控制货损率，引进现代化的加工模块，通过规模化加工确保资源不被浪费。在农产品加工过程中采用绿色加工技术，如食品冷杀菌技术、速冻技术、真空浓缩技术等，延长食品保质期，保证食品原有的营养价值和风味。

（6）绿色物流与循环经济之间的关系。绿色物流与循环经济相辅相成，既有相同之处又有明显不同。绿色物流和循环经济能够有效地解决现阶段资源不足的问题，其价值在于节约资源以及环保，实现社会的可持续发展，都是从系统的、闭环的角度研究物质循环与流动。循环经济与绿色物流相比，其范围更大，绿色物流是循环经济在物流行业中的体现，是发展循环经济的一个重要工具。

一方面，绿色物流在循环经济发展中具有重要的地位。绿色物流是联系循环经济主要要素——资源、产品、消费的纽带，使之成为绿色经济循环系统（见图5-2-2）。

图5-2-2　绿色物流与循环经济的关系

另一方面，循环经济对绿色物流发展具有重要的促进作用。从循环经济的三个层次来看，小循环促进企业内部物质的循环，其本身依然没有脱离企业物流；中循环能够推动各方参与主体的物质循环，这种循环已经达到了供应链物流的层次；大循环能够推动社会物流循环。循环经济理论使企业内部的物流活动发生变化，出现逆向物流；循环经济理论通过绿色物流和绿色供应链，使企业实现跨越行业、产业耦合；循环经济理论使全社会开始关注绿色物流和绿色经济。

5.2.2　济南市农产品物流发展现状

济南具有良好的农业资源，悠久的瓜果蔬菜种植传统，享有"中国精品菜篮"的美誉，培育出了"章丘大葱、鲍芹""商河大蒜、彩椒""平阴玫瑰、阿胶""张而草莓"等一批国家地理标志产品，在国际市场亦具有较高知名度。济南市政府重视发展农产品物流，在"济南市十三五规划纲要"中明确提出"积极发展连锁配送、农超对接、电子商务、展会交易等农产品流通新业态、新模式，拓宽农产品流通渠道"，"支持一批服务水平高、竞争力强的第三方物流企业发展，培育扶持服务装备制造、医药、建材、农产品等行业的专业化物流企业"。济南市农产品物流发展在我国具有一定的代表性，对其物流现状与对策的调查研究，不但可以降低成本，实现农民增收，促进物流业转型升级，而且可以节约资源，保护生态环境，实现可持续发展，对我国农产品流通业发展具有重要的经济意义与社会意义。

1.济南市农产品物流实地调研

我们通过实地走访、电话调研等方式共发放调研问卷130份，覆盖济南市三县七区，剔除关键变量缺失的问卷，回收有效问卷112份。样本从组织类型上看，农产品公司的比例为39.3%，以及25%的样本组织为农贸市场。从当前研究样本所在组织机构成立时间来看，有50%的样本组织机构成立于2001—2010年之间。从注册资金上看，36.6%的研究组织在50万元以内，还有33.3%的研究组织机构注册资金介于50万～100万人民币之间。从组织机构性质上看，46.4%的组织属于个体，还有25.9%的组织机构属于股份制组织。从研究组织机构经营范围来看，有87.5%的组织机构经营果蔬，还有50%的研究组织机构经营禽肉。如图5-2-3所示，样本分布具有较好的代表性。

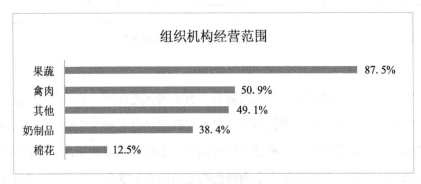

图5-2-3 调研组织机构经营范围

通过调研发现，近7年来，济南市农产品物流总额呈稳步上升式发展（见表5-2-2）势头良好。

表5-2-2 2012—2017年济南市农产品物流总额情况

年份	2011	2012	2013	2014	2015	2016	2017
济南市农产品物流总额/亿元	330.3	349.5	393.4	398.8	431.6	443.6	473.0

农产品物流的其他情况如下：

（1）农产品经营主体对农产品物流的了解情况。80%以上的组织表示对农产品物流了解一般甚至是不太了解，具体分布见表5-2-3。

表5-2-3 农产品物流了解度

问题	选项	频数	百分比/（%）
农产品物流了解度	非常了解	20	17.9
	一般	77	68.7
	不太了解	14	12.5
	没听说过	1	0.9

（2）农产品流通情况。从调研的情况来看，农产品的来源大多为市场采购、基地生产和农户采购，这三类采购方式均占到40%以上，其中市场采购最为普遍，占67%，41.1%的组织需要结合需求自己去收购农产品，提前签订订单合同采购的仅为33%。具体情况见表5-2-4和表5-2-5。

表5-2-4　农产品来源（多选项调研）

选项	频数	百分比/（%）
市场采购	75	67.0
基地生产	50	44.6
农户采购	47	42.0
合作经济组织	24	21.4
农业经济人	21	18.8
其他	25	22.3

表5-2-5　农产品收购方式

选项	频数	百分比/（%）	有效百分比/（%）	累积百分比/（%）
自己根据需要去收购	46	41.1	41.1	41.1
提前签订订单	37	33.0	33.0	74.1
通过农产品经纪人	13	11.6	11.6	85.7
其他	16	14.3	14.3	100.0
合计	112	100.0	100.0	

主要的流通模式为散户、农业大户、合作社→农贸批发市场→农贸市场→消费者，或者散户、农业大户、合作社→农贸批发市场→贩销商、经纪人→农贸市场→消费者。这两种模式的比例较高，占比均约高于四成，见表5-2-6。

表5-2-6　产品流通模式（多选项调研）

选项	频数	百分比/（%）
散户、农业大户、合作社→农贸批发市场→农贸市场→消费者	39	41.5
散户、农业大户、合作社→农贸批发市场→贩销商、经纪人→农贸市场→消费者	39	41.5
散户、农业大户→消费者	34	36.2
基地、合作社→农产品批发市场、承包商→超市→消费者	20	21.3
农业大户、合作社→龙头企业→超市、特产店、外地市→消费者	18	19.1
自建基地→龙头企业→超市、特产店、外地市→消费者	13	13.8
基地、合作社→超市→消费者	13	13.8

（3）农产品物流损耗情况。在农产品流通过程中发现包装材料大多难以回收，不回收和较少回收的比例高达61.7%，农产品整体损耗率大概在15.12%，过期腐败变质等损耗44.6%，直接倒入垃圾箱。具体情况见表5-2-7和表5-2-8。

表5-2-7　包装材料回收及腐败变质品处理情况

问题	选项	频数	百分比/（%）
包装材料是否回收？	回收	13	11.6
	不回收	45	40.2
	均有，但回收所占比例大	30	26.8
	均有，但不回收所占比例大	24	21.4
农产品过期腐败变质等损耗如何处理？	倒入垃圾箱	50	44.6
	回收再利用（肥料、沼气等）	42	37.5
	其他	20	17.9

表5-2-8　产品损耗情况

名称	样本	最小值	最大值	平均值	标准差
产品运输过程损耗率	41	0.00	80.00	11.74	13.97
产品仓储过程损耗率	41	0.00	90.00	11.89	15.13
产品装卸搬运过程损耗率	42	0.00	80.00	8.84	13.81
产品包装过程损耗率	40	0.00	90.00	7.89	15.27
物流过程中产品整体损耗率估算	100	0.10	85.00	15.12	13.85

（4）农产品物流现代化情况。由表5-2-9可知：本次研究涉及变量共为4个。它们分别是设施设备现代化水平、农产品物流信息化程度、供应链稳定程度以及农产品物流技术水平等，而且这4个变量的信度系数值分别是0.889，0.948，0.915，0.914，全部高于0.8，最小为0.889，最大为0.948。这说明本次研究涉及的变量信度非常高，样本数据准确可靠，亦即说明本研究样本数据可用于后续分析使用。

表5-2-9　信度分析

变量名称	题项个数	信度系数
设施设备现代化水平	5	0.889
农产品物流信息化程度	5	0.948
供应链稳定程度	4	0.915
农产品物流技术水平	5	0.914

通过因子分析进行效度检验时，KMO值分别是0.842，0.903，0.846，0.866。全部均大于0.8，最小为0.842，最大为0.903，并且全部通过巴特球形检验（P值=0.000）。这说明本次研究涉及变量效度非常高，样本数据有效，见表5-2-10。

表5-2-10　效度分析

变量	题项个数	KMO值	卡方值	自由度f	Sig
设施设备现代化水平	5	0.842	314.988	10	0.000
农产品物流信息化程度	5	0.903	502.101	10	0.000
供应链稳定程度	4	0.846	286.378	6	0.000
农产品物流技术水平	5	0.866	359.084	10	0.000

另外，从表5-2-11来看，题项对应的因子载荷系数值全部均高于0.6，说明题项可以良好地表达研究变量信息和概念，而且方差解释率值全部均高于60%，因而说明研究变量可以有效地提取出大部分题项信息。综合说明本研究数据具有良好的效度水平。

表5-2-11　因子分析

因子	选项	因子载荷系数	特征根值	方差解释率/（%）
设施设备现代化水平	设备设施满足目前的运营程度	0.861	3.491	69.824
	物流设施老化程度	0.660		
	物流设施的标准化程度	0.866		
	物流设施的机械化程度	0.899		
	物流设施的自动化程度	0.870		
农产品物流信息化程度	农产品信息共享情况	0.882	4.153	83.062
	农产品信息集中度	0.931		
	农产品信息传递的准确性	0.910		
	农产品信息传递的及时性	0.930		
	农产品信息利用价值率	0.903		
供应链稳定程度	物流供应链联盟的稳定性	0.874	3.197	79.928
	物流供应链企业的专业性	0.894		
	物流供应链企业协作化程度	0.908		
	供应链一体化水平	0.900		
农产品物流技术水平	冷冻保鲜技术水平	0.861	3.736	74.725
	包装技术水平	0.901		
	自动装卸技术水平	0.798		
	仓储技术水平	0.892		
	检验检测技术水平	0.866		

整体上看，样本对于设施设备的现代化水平不够自信，平均打分值是3.37分，相对来看，样本对于当前设备设施满足目前运营程度的平均打分值较高，为3.64分。从农产

品物流信息化程度上看，平均打分值是3.48分，说明当前物流信息化程度还有一定的提升空间。从供应链稳定程度上看，平均得分值是3.49分，即意味着当前供应链稳定程度一般，还有较大提升空间。除此以外，农产品物流技术水平的平均得分是3.55，说明农产品技术水平也有较大提升空间。具体数据可见表5-2-12。

表5-2-12　物流企业信息描述

项	样本	最小值	最大值	平均值
设施设备现代化水平	105	2.00	5.00	3.37
设备设施满足目前的运营程度	106	2.00	5.00	3.64
物流设施老化程度	105	2.00	5.00	3.17
物流设施的标准化程度	105	2.00	5.00	3.49
物流设施的机械化程度	105	1.00	5.00	3.36
物流设施的自动化程度	105	1.00	5.00	3.21
农产品物流信息化程度	105	1.60	5.00	3.48
农产品信息共享情况	105	1.00	5.00	3.43
农产品信息集中度	105	1.00	5.00	3.51
农产品信息传递的准确性	105	2.00	5.00	3.50
农产品信息传递的及时性	105	2.00	5.00	3.55
农产品信息利用价值率	105	1.00	5.00	3.40
供应链稳定程度	104	1.75	5.00	3.49
物流供应链联盟的稳定性	104	2.00	5.00	3.53
物流供应链企业的专业性	104	2.00	5.00	3.51
物流供应链企业协作化程度	104	1.00	5.00	3.43
供应链一体化水平	104	1.00	5.00	3.47
农产品物流技术水平	104	1.80	5.00	3.55
冷冻保鲜技术水平	105	1.00	5.00	3.70
包装技术水平	105	2.00	5.00	3.65
自动装卸技术水平	105	1.00	5.00	3.30
仓储技术水平	104	1.00	5.00	3.51
检验检测技术水平	104	1.00	5.00	3.59

2.济南市农产品物流存在的问题及原因分析

（1）农产品物流认识不足，冷链意识薄弱，损耗严重。调研中发现80%以上的组织表示对农产品物流了解一般甚至是不太了解，据查阅资料显示我国综合冷链流通率仅为19%，而欧美可以达到95%以上，因此农产品的腐损率相对较高。走访调研过程中我们也了解了产生此问题的原因：一是济南市专门规划建设农产品物流园区、物流基地、物流中心、配送中心较少，在诸多物流解决方案中，也很少见农产品物流的案例；二是对农产品物流宣传较少，中小型农产品经营主体更是对农产品物流知之甚少；三是冷藏车辆的价格比普通货车高三四倍，于是许多销售商选择采用传统车厢（常温和保温车）进行生鲜农产品的"冷链配送"。

（2）农产品物流流通环节多，物流成本高。调研发现济南市40%以上的农产品经营主体要经过4~5道交易运输流程才能够使农产品从田间地头到消费餐桌。而农产品每经过一个环节，都会产生成本和费用，各级经销商也要从中获得合理报酬，最终导致物流成本居高不下。探究其原因发现，目前济南市仍有2/3以上的农业生产还没有效实现产业化，农业生产较分散，农民的市场参与率、定价能力较低，虽然物流主体数目众多，但其规模小，质量差，效益低，缺乏经济实力和技术优势，无法合理资源配置，不能实现有效的集中配送、"农超对接"、"农企对接"等。

（3）农产品物流基础设施落后，物流技术水平低下。调研显示农产品物流设施设备现代化水平以及农产品物流技术水平打分分别为3.37，3.55，均不够高。分析其原因发现济南市农产品物流基础建设存在投入欠合理、规划缺乏统一的问题。一方面，在基层村镇，由于现代物流意识缺乏，投资仍侧重于促进增产增效的农机、水利、道路等方面，而对于仓储配送中心、信息平台、电子商务、保鲜技术、冷链物流等现代物流技术方面的投入明显不足。另一方面，济南市对冷库的投资建设也以大中型冷库居多，村镇层面的中小型冷库建设明显不足。

（4）农产品物流信息化建设水平低，供应链稳定性差。调研显示农产品物流信息化程度、供应链稳定程度的平均打分分别是3.48，3.49，均有较大的提升空间。究其原因：一是济南市农产品流通信息设备的配备非常有限，无法形成健全的信息网络；二是农产品流通参与者自身素质普遍较低，并且分布分散，不能充分获取、科学分析、有效利用相关信息；三是农产品供应链上、下游企业之间缺乏有效的信息沟通和统一的协调调度，无法做到科学地配置资源，难以形成有效的供应链作业。

（5）农产品循环回收利用率低，浪费严重。调研发现农产品包装不回收和较少回收的比例高达61.6%，农产品整体损耗率大概在15.13%，过期腐败变质等损耗44.6%直接倒入垃圾箱，浪费严重。究其原因：一是关于农产品废弃物环境污染方面的政策和法规缺失，导致发展农产品绿色物流、逆向物流无章可循、无法可依；二是由于逆向物流成本居高不下，政府又缺乏相应的政策引导，农产品经营者宁可浪费也不会进行回收以及腐败变质农产品再利用。

3.调研结论

通过对济南市农产品公司、农贸市场、连锁超市和果蔬超市（便利店）等农产品经营组织发放调研问卷，运用SPSS软件进行分析，了解农产品物流发展现状。调查发现，济南市农产品物流存在认识不足，冷链意识薄弱，流通环节较多，现代化技术化水平较低，损耗严重，循环回收利用率低等问题。调研还通过深入分析查找到了产生诸多问题的原因，为构建循环经济视角下农产品绿色物流运作模式打好了基础。

5.2.3 济南市农产品物流影响农业经济发展的实证分析

随着互联网经济的飞速发展，人们的物质生活越来越丰富、便捷，消费升级使人们不仅关注价格的差异，更加注重产品的品质、服务的质量与物流的速度。作为老百姓生活的基础，农产品因季节性、地域性等特点，导致了农产品消费的时空矛盾。同时，我国农村物流发展相对滞后、运营效率低下、配送成本较高、基础设施建设薄弱，农产品滞销以及食品安全等问题频繁发生，严重影响农业经济的增长。随着国家农业结构性改革的提出，济南市高度重视农业发展，农业经济规模不断扩大，同时济南物流中心的建设为推进农村三产融合带来新的力量。农业物流与农业经济的协调发展有助于加快农业发展方式转变，推进农业经济结构调整。为此，研究农产品物流和农业经济之间的关系具有重要的意义。

1.指标选取

本书的数据来源于《济南国民经济和社会发展统计公报》、《中国物流年鉴》（2011—2016）、《山东省农业厅农业统计》（2011—2016）。

很多学者在研究时选取客运量、货运量、物流网络、物流产值等指标进行衡量，本书在指标选取方面，注重数据获得可行性和代表性，基于过往的济南农村物流数据来选取从2011—2016年的农产品物流总额（WL）作为物流衡量指标，农产品物流总额属于农产品总产值，通常情况下属于由第三方物流传递给消费者的产品总值。

农村经济衡量指标选取农林牧渔业增加值（NCZJ），代表各单位生产经营的最终成果。通过增加值可以得出GDP的相关数据，可以准确体现物流公司或行业的投入产出之比以及具体的收入。分析增加值与总产值之比，能够有效防止多次计算中间产品的情况，让总产值更加准确，最终得出的结论一定属于产品的实际价值。另一个指标选取农村居民可支配收入（NCSR），代表可用于农村居民的最终消费、非义务必支出以及储蓄。NCSR一定程度上可以反映农村经济发展和人民的生活水平情况。具体见表5-2-13。

表5-2-13 数据指标

年份	农产品物流总额WL/亿元	农村居民可支配收入NCSR/元	农业增加值NCZJ/亿元
2011	330.3	10 412	237.86
2012	349.5	11 786	252.92
2013	393.4	13 248	284.7
2014	398.8	14 726	290.3
2015	431.6	14 232	305.4
2016	443.6	15 346	328.24

2.单位根检验过程

先对选取的变量进行单位根检验，利用ADF法检验变量的平稳性，以免模型出现伪回归等问题，见表5-2-14。

表5-2-14 ADF单位根检验结果

| 序列 | ADF值 | 临界值 | | | P值 | 结论 |
		1%	5%	10%		
lnWL	−2.751 557	−6.423 637	−3.984 991	−3.120 686	0.137 7	不平稳
lnNCZJ	−1.768 768	−8.235 570	−5.338 346	−4.187 634	0.597 4	不平稳
lnNCSR	−1.939 638	5.604 618	−3.694 851	−2.982 813	0.295 7	不平稳
ΔlnWL	−4.948 252	−10.66 657	−6.482 609	4.819 859	0.110 5	不平稳
ΔlnNCZJ	−2.167 839	−6.423 637	−3.984 991	−3.120 686	0.236 3	不平稳
ΔlnNCSR	−1.137 127	−3.563 915	−2.157 408	−1.610 463	0.187 5	不平稳
ΔΔlnWL	−6.399 008	−8.033 476	−4.541 245	−3.380 555	0.020 0	平稳
ΔΔlnNCZJ	−3.249 481	−3.563 915	−2.157 408	−1.610 463	0.013 6	平稳
ΔΔlnNCSR	−2.257 018	−3.753 175	−2.216 749	−1.744 268	0.044 9	平稳

由表5-2-14的检验结果可以看出，序列lnWL，lnNCZJ，lnNCSR的ADF检验值都大于显著性水平为10%的临界值，拒绝了不存在单位根的原假设，认为序列lnWL，lnNCZJ，lnNCSR都存在单位根，即为非平稳序列；一阶差分序列lnWL，lnNCZJ，lnNCSR的ADF检验值也分别大于显著性水平为10%的临界值，即为不平稳序列；二阶差分序列lnWL，lnNCZJ，lnNCSR的ADF检验值，都小于显著性水平为5%的临界值，且P值小于0.05，即为平稳序列。

3.协整检验

单位根检验可知变量均为二阶单整，符合协整检验的条件。协整检验是考察非平稳序列的线性组合是否具有长期稳定均衡关系的方法，主要包括EG两步法和JJ检验法。EG两步法是基于回归残差的检验，通过建立OLS模型检验其残差平稳性，主要是用于双变量小样本的协整检验；JJ检验是基于回归系数的检验，前提是建立VAR模型，是用于多变量大样本的检验。本书把lnWL，lnNCZJ，lnWL和lnNCSR分开研究，因此采用EG两步法。

（1）建立回归方程。

1）农产品物流与农业增加值的关系方程。利用EG两步法可以协整分析农产品的物流总额（WL）以及农林牧渔业增加值（NCZJ），对于lnWL和lnNCZJ为二阶单整，采用OLS法进行协整回归，如图5-2-4所示。

图5-2-4　lnNCZJ和lnWL协整运行结果

最终得到协整方程为

$$lnNCZJ = 1.022\,926\ lnWL - 0.460\,016$$

$$(16.56\,557)\qquad(1.248\,966)$$

$$R^2 = 0.985\,633\qquad D.W = 2.838\,477$$

由图5-2-4可知，R^2值为0.971 494，由此可见方程其拟合度高。lnWL的系数为正，可见济南农产品物流总额同农林牧渔业增加值的发展趋势相同。为进一步检验上述最小二乘估计法下残差序列的平稳性，重新命名残差序列为Q，使用EVIEWS 6.0对残差序列Q进行检验，如图5-2-5所示。

图5-2-5　lnNCZJ和lnWL残差序列检验

得到以下结果：从图5-2-5中可以看出，残差序列Q的ADF统计量–4.661 904小于1%显著性水平下的–3.109 582，由此说明残差序列是平稳的，得出时间序列lnNCZJ和lnWL之间存在着长期稳定的均衡关系，且为正相关关系，具体表现为济南农产品物流总额每提升1%，农林牧渔业增加值将提高1.022 926%。

2）农产品物流与农民收入的关系方程。同理，利用EG两步法协整分析农产品的物流总值（WL）以及农村居民可支配收入（NCSR），如图5-2-6所示。

```
Dependent Variable: LNNCSR
Method: Least Squares
Date: 01/30/18   Time: 22:42
Sample: 2011 2016
Included observations: 6

    Variable       Coefficient   Std. Error    t-Statistic    Prob.

       C            2.250242     1.196460      1.880750      0.1332
      LNWL          1.213306     0.200592      6.048617      0.0038

R-squared            0.901443    Mean dependent var      9.486035
Adjusted R-squared   0.876804    S.D. dependent var      0.147950
S.E. of regression   0.051929    Akaike info criterion  -2.816662
Sum squared resid    0.010787    Schwarz criterion      -2.886076
Log likelihood      10.44999     Hannan-Quinn criter.   -3.094530
F-statistic         36.58577     Durbin-Watson stat      2.819807
Prob(F-statistic)    0.003769
```

图5-2-6　lnNCSR和lnWL协整运行结果

最终得到协整方程为

$$\ln NCSR = 1.213\ 306\ \ln WL + 2.250\ 242$$

$$(6.048\ 617) \qquad (1.880\ 750)$$

$$R^2 = 0.901\ 443 \qquad D.W = 2.819\ 807$$

由图5-2-7可知，R^2值为0.901 443，说明方程的拟合度较高，显著性处于较优的水平，使用EVIEWS6.0对残差序列Q进行检验，如图5-2-7所示。

```
Null Hypothesis: RESID02 has a unit root
Exogenous: None
Lag Length: 0 (Automatic - based on SIC, maxlag=0)

                                          t-Statistic    Prob.*

Augmented Dickey-Fuller test statistic    -3.657202     0.0049
Test critical values:   1% level          -3.109582
                        5% level          -2.043968
                       10% level          -1.597318

*MacKinnon (1996) one-sided p-values.
Warning: Probabilities and critical values calculated for 20 observations
   and may not be accurate for a sample size of 5

Augmented Dickey-Fuller Test Equation
Dependent Variable: D(RESID02)
Method: Least Squares
Date: 01/30/18   Time: 22:43
Sample (adjusted): 2012 2016
Included observations: 5 after adjustments
```

图5-2-7　lnNCSr和lnWL残差序列检验

由图5-2-7中可以看出,残差序列Q的ADF统计量–3.657 202,小于1%显著性水平下的–3.109 582,由此说明残差序列是平稳的,得出时间序列lnNCSR和lnWL之间存在着长期稳定的均衡关系,且为正相关关系,具体表现为济南农产品物流总额每提升1%,农村居民可支配收入将提高1.213 306%。

(2)误差修正模型。

1)农产品物流与农业增加值的误差修正模型。通过误差修正模型(ECM)的建立可以将变量之间长期关系与短期状态联系起来。步骤是建立误差修正模型,本书通过EG两步法对变量进行协整分析,得出变量之间的协整方程,即长期均衡关系;在此基础上建立短期模型,将误差修正项作为一个解释变量,连同其他反映短期波动的解释变量一起,建立误差修正模型。具体如图5-2-8所示。

```
Dependent Variable: D(LNNCZJ)
Method: Least Squares
Date: 01/30/18   Time: 22:39
Sample (adjusted): 2012 2016
Included observations: 5 after adjustments

Variable         Coefficient   Std. Error   t-Statistic   Prob.
C                -0.558780     0.480572     -1.162738     0.4522
D(LNWL)          0.909135      0.207450     4.382425      0.1428
LNNCZJ(-1)       -2.242785     0.754102     -2.974113     0.2065
LNWL(-1)         2.214924      0.739536     2.995020      0.2052

R-squared            0.961640   Mean dependent var    0.064413
Adjusted R-squared   0.846559   S.D. dependent var    0.036007
S.E. of regression   0.014105   Akaike info criterion -5.694074
Sum squared resid    0.000199   Schwarz criterion     -6.006524
Log likelihood       18.23518   Hannan-Quinn criter.  -6.532658
F-statistic          8.356211   Durbin-Watson stat    2.229600
Prob(F-statistic)    0.247770
```

图5-2-8　lnNCZJ和lnWL的误差修正

得出:

$\Delta \ln NCZJ = 0.909\ 135 \Delta \ln WL - 0.558\ 780 + 2.214\ 924 \ln WL(-1) - 2.242\ 785 \ln NCZJ(-1)$

　　　　(4.382 425)　　　　(–1.162 738)　　　　(2.995 020)　　　　(–2.974 113)

$R^2 = 0.961\ 640$　　D.W=2.22 960

从以上结果可知:短期弹性系数为0.909 135,长期弹性系数为0.987 576,对变量lnNCZJ和lnWL进行差分反映了两者短期波动之间的影响。lnNCZJ和lnWL短期波动可以分为两个部分:一部分是短期lnNCZJ波动的影响,另一部分是偏离长期均衡状态的影响。从模型估计值可以看出,lnWL增长对lnNCZJ增长是正向积极的影响,若lnWL增加1%,lnNCZJ将增加0.909 135%。误差修正项的系数反映了变量lnNCZJ和lnWL在短期波动中,对偏离长期均衡关系的调整程度。ECM的系数估计值为–0.987 576,因此当变量lnNCZJ和lnWL波动在短时间偏离长期均衡,它们将反向调整0.987 576使两个变量回归平衡状态。

2）农产品物流与农民收入的修正误差。检验lnNCSR和lnWL之间是否存在短期关系，构建误差修正模型（ECM模型）如图5-2-9所示，把变量的短期状态与长期变化联系起来。

```
Dependent Variable: D(LNNCSR)
Method: Least Squares
Date: 01/30/18   Time: 22:47
Sample (adjusted): 2012 2016
Included observations: 5 after adjustments

Variable        Coefficient   Std. Error    t-Statistic   Prob.
C               3.839904      2.008981      1.911369      0.3069
D(LNWL)         0.145510      1.081501      0.134545      0.9149
LNNCSR(-1)     -0.985429      0.749296     -1.315140      0.4139
LNWL(-1)        0.934211      1.114377      0.838326      0.5558

R-squared              0.802559   Mean dependent var       0.077579
Adjusted R-squared     0.210237   S.D. dependent var       0.065146
S.E. of regression     0.057894   Akaike info criterion   -2.869833
Sum squared resid      0.003352   Schwarz criterion       -3.182282
Log likelihood        11.17458    Hannan-Quinn criter.    -3.708417
F-statistic            1.354938   Durbin-Watson stat       1.899840
Prob(F-statistic)      0.546543
```

图5-2-9　lnNCSR和lnWL的误差修正

得出：

$\Delta\ln NCZJ = 0.145\,510 \Delta\ln WL + 3.839\,904 + 0.934\,211\ln WL(-1) - 0.985\,429\ln NCZJ(-1)$

$\quad\quad\quad\;\;(0.134\,545)\quad\quad(1.911\,369)\quad\quad\quad\quad(0.838\,326)\quad\quad\quad\quad(-1.315\,140)$

$R^2 = 0.802\,559 \quad\quad D.W = 1.899\,840$

从以上结果可知：短期弹性系数为0.145 510，长期弹性系数为0.948 0，lnWL增长与lnNCSR增长的波动产生正向积极影响，若lnWL增长1%，lnNCZJ将增长0.145 510%。误差修正项的系数反映了变量lnNCSR和lnWL在短期波动中，对偏离长期均衡关系的调整程度。ECM的系数的估计值为−0.948 0，因此当变量lnNCSR和lnWL波动在短时间偏离长期均衡时，它们将反向调整0.948 0使两个变量回归平衡状态。

通过构建测度指标，运用济南市2011—2016年的相关数据，通过EG协整检验和误差修正模型（ECM模型）考察了农产品物流对济南市农业经济的影响。结果显示，即便济南市农业增长值同农产品物流总额不存在足够的平稳性，却始终保持着足够稳定、正相关的关系。随着预测时间的向前推进，农产品物流对于农业经济的贡献作用就越大，所占贡献比例也就越大。

同时，济南农产品物流总额与农村居民可支配收入存在长期稳定、正相关的均衡关系，根据模型分析农产品物流总额每提高1%，农村居民可支配收入短期波动影响为0.14%，长期波动影响为1.21%，由此可见农产品物流同农村居民可支配收入之间的关系较为密切。因此，加强对农产品物流模式的研究，加大农产品物流体系的建设，不仅可以显著促进济南市农业经济的增长，从长远来看，又可以大大提高农村居民的收入。

5.2.4　济南市农产品绿色循环物流运作模式

济南市四季分明，气候温和，光照充足，热量丰富，雨热同季，土地肥沃，适宜多种农作物生长发育，是我国种植业的发源地之一，主要农产品有小麦、玉米、地瓜、大豆、高粱、谷子、水稻、棉花、花生、蔬菜、水果、茶叶、中药材、牧草等，易腐、易损性是其主要特征。然而，农产品滞销、“菜贱伤农”、“菜贵伤民”等现象时有发生。农产品滞销是农民难以承受之痛，也损害了消费者的利益。本章我们将在充分调研济南市农产品物流基础上，构建循环经济视角下农产品绿色物流运作模式。

济南市政府认识到循环经济、生态农业发展的重要性，在济南市农业局官方网站有一个专门的生态农业的版块，自2017年至今记录新闻数时条，部分内容如图5-2-10所示，从新闻内容可以看出全市上下都在开展生态农业发展活动。本项目团队结合济南实际，在充分调研、借鉴国内外循环农业发展优秀案例基础上，从企业、供应链、社会三个角度构建循环经济视角下济南市农产品绿色物流模式，以供参考。

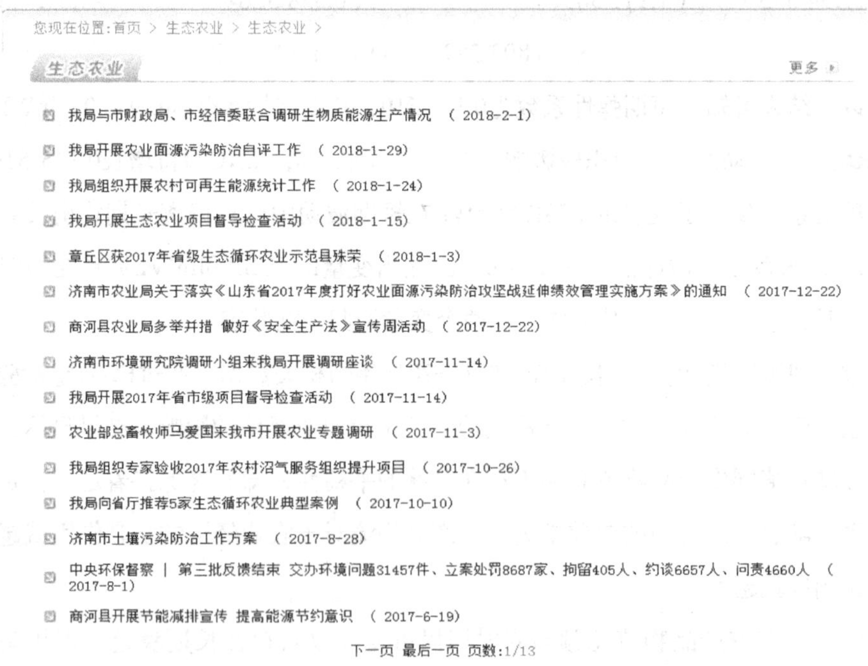
您现在位置:首页 > 生态农业 > 生态农业 >

生态农业　　更多

- 我局与市财政局、市经信委联合调研生物质能源生产情况　(2018-2-1)
- 我局开展农业面源污染防治自评工作　(2018-1-29)
- 我局组织开展农村可再生能源统计工作　(2018-1-24)
- 我局开展生态农业项目督导检查活动　(2018-1-15)
- 章丘区获2017年省级生态循环农业示范县殊荣　(2018-1-3)
- 济南市农业局关于落实《山东省2017年度打好农业面源污染防治攻坚战延伸绩效管理实施方案》的通知　(2017-12-22)
- 商河县农业局多举并措 做好《安全生产法》宣传周活动　(2017-12-22)
- 济南市环境研究院调研小组来我局开展调研座谈　(2017-11-14)
- 我局开展2017年省市级项目督导检查活动　(2017-11-14)
- 农业部总畜牧师马爱国来我市开展农业专题调研　(2017-11-3)
- 我局组织专家验收2017年农村沼气服务组织提升项目　(2017-10-26)
- 我局向省厅推荐5家生态循环农业典型案例　(2017-10-10)
- 济南市土壤污染防治工作方案　(2017-8-28)
- 中央环保督察 | 第三批反馈结束 交办环境问题31457件、立案处罚8687家、拘留405人、约谈6657人、问责4660人　(2017-8-1)
- 商河县开展节能减排宣传 提高能源节约意识　(2017-6-19)

下一页 最后一页 页数:1/13

图5-2-10　济南市农业局官方网站生态农业动态部分截图

1.基于循环经济的农产品绿色企业物流运作模式

（1）运作模式。基于循环经济的农产品企业绿色物流模式适用于种养结合、多条产品线的综合型企业，或者是拥有多个子公司的企业集团。这种模式是以沼气为纽带，畜牧业、果业（种植业）和沼气综合协调发展的生态模式。这种模式以养殖业为龙头，以沼气建设为中心，串联种、养、加工等产业，广泛开展沼气综合利用，利用猪粪和农村秸秆等废弃物下沼气池发酵，产生的沼气用于养殖系统的燃气、照明、取暖、发电，沼液当作种植系统的果园、菜地、林地、草地等液体肥料。同时，果园套种蔬菜和饲料作物，满足畜禽养殖对饲料的需求，形成一种良性循环。基于循环经济的农产品绿色企业物流运作模式如图5-2-11所示。

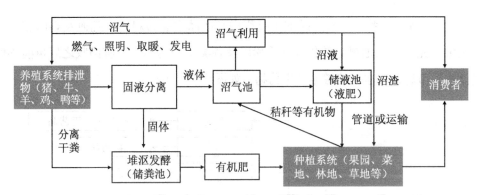

图5-2-11　基于循环经济的农产品绿色企业物流运作模式

企业内部循环的最大好处是各子系统、生产链都是以整个公司利益为目标的自觉自愿的循环经济发展系统，各环节之间的物质交换无须以价格作为调节工具，在公司利益原则最大化基础上自觉、自愿地进行物质交换和能量交换。

（2）实践案例——山东省高唐蓝山集团的实践。山东省高唐蓝山集团总公司位于聊城市高唐县，是以农产品（主要包括植物油、肉制品）生产、加工、出口为主的综合性企业。集团循环经济主要从三个系统展开。

1）油脂生产系统。在油脂生产的过程中，代谢产物豆粕的产量也很大，合理利用豆粕是循环系统研究的主要方向，经研发豆粕可以用来加工饲料，用于生产鸡、猪、鱼的各种全价饲料或预混料，饲料可以流向市场也可以自用，如图5-2-12所示。

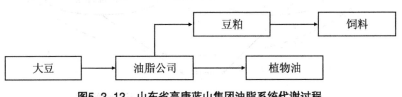

图5-2-12　山东省高唐蓝山集团油脂系统代谢过程

2）养殖系统。山东省高唐蓝山集团主要以鸡养殖为主，养殖期间会产生很多鸡粪。实际上由于鸡的肠道较短，根本就无法彻底吸收饲料的营养，所以把鸡粪回收再进行发酵，最终能够生产出很不错的肥料，也可以加入豆粕等制成肉鸡、猪、鱼饲料，如图5-2-13所示。

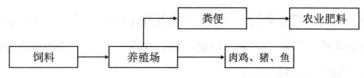

图5-2-13　山东省高唐蓝山集团养殖系统代谢过程

3）畜产品加工系统。畜产品加工过程中副产品主要为鸡毛、鸡血及鸡内脏，在实际应用中，完全可以把鸡毛转化成羽毛粉以及各类手工艺品，内脏回收之后也能够作为饲料投放到市场，鸡血还能够生产出药物，如图5-2-14所示。

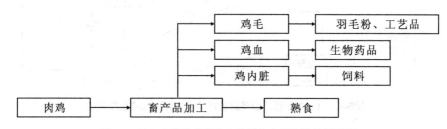

图5-2-14　山东省高唐蓝山集团畜产品体统代谢过程

三个系统链接形成的大循环系统如图5-2-15所示。

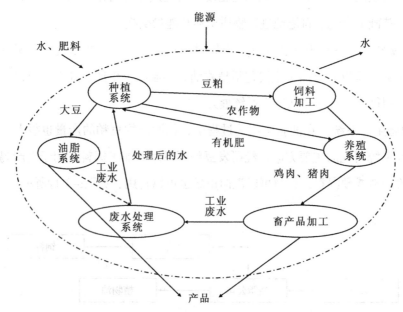

图5-2-15　山东省高唐蓝山集团循环经济代谢过程

山东省高唐蓝山集团发展循环经济不但取得了良好的环境效益，充分提高了自主创新水平。技术创新主要有以下几项：一是开凿专门的沼气池，将沼气作为燃气来使用；二是大豆蛋白废水制取沼气技术，主要运用上流式厌氧污泥床法；三是生猪宰杀废水深度处理、零排放技术，经过污水设施处理后的水，各项污染指标都显著降低，可用于待宰栏、毛猪冲洗、厂区绿化、厂内生活杂用水、农田灌溉等。山东省高唐蓝山集团的循环经济发展思路主要是单独系统代谢产物的再利用，所有生产环节的副产品都能够充分利用起来，努力实现副产品、副产物的多途径、多层次的循环利用，尽量减少生产过程中物料和能源的使用，控制容易污染生态环境的肥料的排放量，从而充分协调经济和环境效益的关系。

2.基于循环经济的农产品绿色供应链物流运作模式

（1）经营模式。基于循环经济的农产品供应链绿色物流模式大多应用于循环经济产业园。这种园区由养殖企业、种植企业、加工企业、农肥科技公司、饲料加工公司、回收加工中心构成。养殖企业将肉蛋奶等产品销售给肉类、奶类、蛋类加工企业，或者直接销售给消费者，养殖过程中产生的粪便进行干、湿分离，干粪销售给农肥公司，湿粪销售给回收加工中心用于生产沼气，养殖过程中病死禽畜由病死禽畜无害化处置中心统一回收用于工业或者填埋处理。农肥公司将生产的肥料销售给种植企业、农业合作社、农户。他们生产的蔬菜、瓜果、粮食销售给加工公司或者直接销售给最终消费者，粮食作物秸秆以及粮食加工产生的糠、麸销售给饲料公司加工成养殖饲料，再销售给养殖企业。养殖企业、种植企业和加工企业等运营过程中产生的油脂、果皮、秸秆和包装物等废弃物由回收加工中心统一回收，油脂可用于生产生物柴油，果皮、秸秆可用于生产工业酒精，秸秆还可用于造纸，产品可提供给供应链节点企业也可直接进入市场；回收的包装物进行分类，可直接利用的直接销售给节点企业，损坏的包装物加工处理后流向市场；回收加工中心将其他废弃物用去生产沼气，供产业园企业利用或流向市场，如图5-2-16所示。

基于循环经济的农产品供应链绿色物流模式本着"3R"原则实现资源的有效流动，形成了以农业发展为中心的循环，提高了系统内废物再循环利用率，增加了系统的经济效益。不过在实际操作中，会产生一系列成本，对现代循环农业的资本投入和技术的依赖性较强，需地方政府具有循环经济理念，支持建设循环经济产业园区等能促进供应链循环物流发展的硬件、软件设施设备以及相关政策。

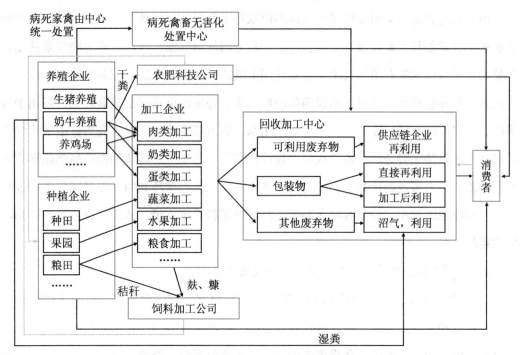

图5-2-16 基于循环经济的农产品绿色供应链物流运作模式

（2）实践案例——济南市长清循环农业园区。济南市长清循环农业园区主要由种植、养殖和农产品加工三大亚系统构成。其中，种植亚系统主要包括粮田、菜田、果园等，养殖亚系统包括牛、鸡、猪、羊等，加工亚系统包括粮食加工、饲料加工、蔬菜加工、果品加工、肉蛋奶加工、沼气生产等方面。种植亚系统的粮食、蔬菜和水果的生产为加工亚系统提供了原材料，同时副产品成为饲料加工原材料。养殖亚系统使用加工亚系统提供的饲料，生产肉蛋奶，为肉蛋奶加工提供初级产品，同时副产品畜禽粪便也为沼气系统生产提供了原料。加工亚系统通过对种植亚系统和养殖亚系统初级产品的加工，提高了各类产品的附加值，显著提高了经济效益，同时为种植亚系统提供了沼肥，为养殖亚系统提供了沼气等能源。这种种养加高度耦合的方法，既减少了废弃物排放，又提高了资源利用效率，实现了循环增值。另外，除了种养加三个亚系统间的循环外，亚系统内部也有小循环，如种植亚系统的秸秆直接还田（但是直接还田的比例较小），加工亚系统蔬菜加工、果品加工和肉蛋奶加工的废弃物作为沼气生产的原料而形成的循环等。产品的输出则均经过加工亚系统而最终输出到循环农业系统外，如图5-2-17所示。

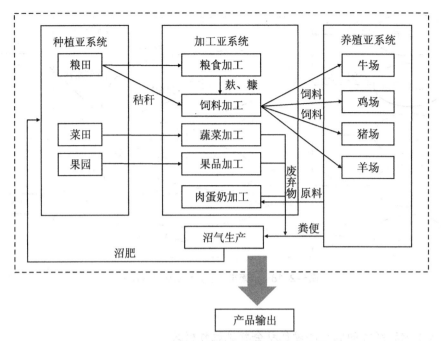

图5-2-17 济南市长清农业园区结构示意图

运用能流分析法分析长清循环农业园区各子系统能量流动情况如图5-2-18所示。为了支持种植亚系统的正常运转，在能量方面基本上是以太阳能、生物肥为主，这里面太阳能占96.07%。生物肥占达到了44.75%，有机肥紧随其后，占比达到了21.93%。种植亚系统的年总输出能28 042.92×10^{10}J，这里面，经济产量输出占41.18%，废弃物输出占58.82%。计算后得知，种植亚系统其产投比是1.91。为了支持养殖亚系统的正常运转，必然离不开设备、能源、电力、人力以及饲料，在这些物质的支持下，能够生产大量的肉制品、蛋制品以及乳制品。养殖亚系统的产投比为0.93。为了支持加工亚系统该正常运转，既然离不开设备、能源、电力、人力以及初级农产品。在这些物质的支持下，能够生产出深加工的产品以及沼气、肥料等。加工亚系统的产投比为0.76。济南市长清循环农业园区全系统能量输入包括太阳能358 695.71×10^{10}J、人工辅助能（包括燃油、机械、人力等）19 064.88×10^{10}J，总产出能（主要包括粮果菜、肉蛋奶、沼气等）为22 896.90×10^{10}J，全系统的人工辅助能的产投比为1.2。

从济南市长清循环农业园区实践可以看出，循环系统最终输出的是产品，而且产品输出均不是由生产单位直接输出，而是加工后向系统外输出。这种输出方式大大增加了产品的附加值，提高了农业生产者和经营者的经济效益，同时在通过改善生态环境、解决农村剩余劳动力就业问题等方面表现出显著的生态效益和社会效益。

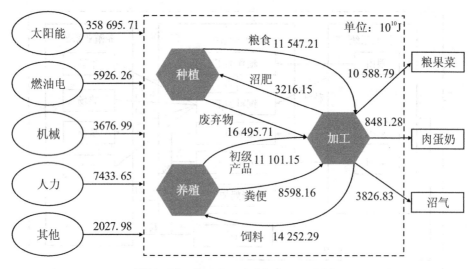

图5-2-18 济南市长清循环农业区能流图

3.基于循环经济的农产品绿色社会物流运作模式

基于循环经济的农产品绿色社会物流运作模式是一种促进自然环境系统与社会经济系统和谐相处的经济发展模式,它不但包括农业经济系统内部的物流活动的循环,还包括农业经济系统与自然环境系统之间的物流活动,如图5-2-19所示。该模式总体目标是保证在一定时间内,使得自然环境系统向农业经济系统输入的资源最小化,同时农业经济系统向自然环境系统输出的各种废弃物也达到最小化。

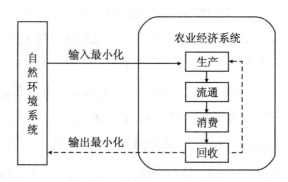

图5-2-19 基于循环经济的农产品绿色社会物流运作模式

构建农产品循环物流社会模式,具体应从运作组织、运作机制以及基础设施等方面做出保障。相关政府部门需成立相关组织,综合管理正向物流和逆向物流活动,运用法律、行政、经济等手段,制定促进循环经济发展的运行机制,规范农产品物流活动,对农产品循环物流设施设备进行合理规划布局，促使企业采用低能耗、少污染的绿色环保物流技术，并进行废物回收与再生利用，使物流活动的经济效益与生态效益共同优化。

5.2.5 济南市农产品绿色循环物流运作策略

1.济南市农产品绿色循环物流SWOT分析

（1）优势（Strength）。

1）区位优势。济南市作为山东省省会，是全省政治、经济、科技、文化、金融和商贸中心，也是环渤海经济区及京沪发展轴上的中心城市，具有连接南北交流、东西交流、国内外交流的三重枢纽地位，是全国21个物流节点城市之一，发展空间广阔，区位优势明显。

2）交通优势。济南市是全国45个公路主枢纽、16个路网性铁路枢纽城市之一。北连京津唐，南接长三角，西连黄河中上游，东接胶东半岛，京沪高铁、胶济铁路在此交汇，是华东与华北、东部沿海与西部内陆地区客货交流中心。截至2016年年底，全市公路通车里程12 730.2km，高速公路462.2km，铁路货运周转量为1153.0亿t/km，民航货运量5.1万t，已基本形成"一环八射"的高速公路网格局。立体化、枢纽型综合交通运输体系为现代农产品物流发展提供了重要的基础保障。

3）产业优势。

a.农业优势。济南市农业资源丰富，有悠久的蔬菜瓜果种植传统，享有"中国精品菜篮"的美誉，培育出"章丘大葱""商河大蒜、彩椒""平阴玫瑰、阿胶""张而草莓"等一批国家地理标志产品，在国际市场亦具有较高知名度。2016年，粮食总产量为257.27万t，蔬菜总产量为634.22万t，肉类总产量为35.96万t。

b.物流业优势。2016年上半年，济南市的社会物流总额为10 997.6亿元，同比增长12.1%；物流相关产业固定资产投资共225.4亿元，提升116.3%，在山东是增长最快的。济南市物流企业共有10 000多家，其中规模以上企业189家、3A级以上企业19家（其中，5A级企业3家）、收入过亿元企业20余家。其中，盖世农产品物流园被评为首批国家级示范物流园区之一，位列全国仓储企业40强、全国冷藏仓储企业30强。另外，佳怡物流、零点物流、宇佳物流、同元泰和大舜医药物流均为A级综合类物流企业。

4）环境优势。

a.生态环境。济南地形以平原为主，山地丘陵为辅。属于暖温带半湿润季风型气候，春季干旱少雨，夏季温热多雨，秋季凉爽干燥，冬季寒冷少雪，良好的气候环境为农产品生长提供了条件。

b.经济环境。济南被评为"全国城市综合实力50强"、"全国投资硬环境40优"、全国九大金融中心之一,美国著名的商业杂志《福布斯》将济南列为中国大陆最适宜发展物流的25个城市中的第8位,济南还是国家公布的首批中国优秀旅游城市和中国历史文化名城,这些都为物流业发展提供了良好的经济环境。

(2)劣势(Weakness)。

1)农产品物流成本较高。中国社会物流成本占据国民生产总值的16%左右,这方面同发达国家的10%比起来存在着明显差距。通过济南市农产品物流调研可知,农产品流通环节较多,循环利用率低,损耗严重,物流成本居高不下。

2)物流技术落后。济南市大部分农产品物流企业技术水平较低,公共物流信息平台、货物跟踪、库存查询等物流信息服务功能较弱。目前,仅有部分企业引入了冷链运输车辆、全球定位系统、地理信息系统等物流设施与技术,总体数量较少,冷链运输率低,技术利用率不高,物流系统的机械化程度较低,物流材料的可重用性、可降解性,与绿色物流的要求还有较大的差距。

3)农产品物流基地建设滞后。济南市现代物流业"十一五"发展规划中要求,济南市要建设西部担山屯、东部郭店、北部盖家沟三大物流片区,但只有盖家沟物流园区建设的还比较好,有一定的规模,但与大型物流基地的远景规划仍有不小的距离。2012年规划建设的国际农产品物流中心,直至2016年才开始动工,至今未投入使用,可见其建设效率的低下。从企业密集度来看,大多数物流企业分散在长清、平阴等区域,物流资源不集中,产业集聚能力较弱,区域发展无明显优势,同质化竞争激烈。

4)农产品经营主体观念落后。我国农产品产业化程度较低,经营主体仍以农户为主,农户自身的文化水平不高,传统观念根深蒂固,种植的过程中环保意识薄弱,化肥农药的施用量过度,即使有了新技术也不愿意接受或者不会使用,导致农业技术无法转化成生产力,阻碍了循环农业技术的普及与应用。

(3)机会(Opportunity)。

1)政策支持。各级政府重视发展循环经济、物流产业、农产品流通业。我国"十二五规划纲要"中明确提出了"发展循环经济,走可持续发展之路","十三五规划纲要"中再次明确提出了"大力发展循环经济","济南市十二五规划纲要"也提出了"推进生产、流通、消费各环节循环经济发展,逐步建立全社会资源循环利用体系"。"济南市十三五规划纲要"也明确提出了"大力发展循环经济"、"拓宽农产品流通渠道,推进秸秆等农林废弃物以及建筑垃圾、餐厨废弃物资源化利用,推广复合立体、动植物共生等农业循环模式,发展生态循环农业面积30万亩以上"。2016年2月,国家发展和改革委员会、农村农业部、国家林业和草原局联合发布了《关于加快发展农业循环经济的指导意见》，提出了"到2020年建立起适应农业循环经济发展要求的政策支撑体系，基本构建起循环型农业产业体系"。2016年7月，《济南市加快物流业发展若干政策》开始执行，《济南市建设全国区域性物流中心方案》也在积极推动。这些政策文件体现了政府大发展物流业的决心，将极大地推动济南市现代物流业的迅猛发展。

2）国家经济环境运行良好。国家经济平稳发展的好形势将推动济南农产品物流行业迅速发展。2016年，济南确定为环渤海经济圈西翼中心城市。另外，济南市具有独特的地理位置，还是环渤海经济圈和长三角经济圈连接的纽带。

3）农产品结构调整，需求充裕。国家倡导转方式、调结构，积极发展具有地方优势的产业，充分结合地域特色、质量等来促进现代农业的全新发展。随着新城镇化，城市人口的不断增加，人们的生活品质越来越高，市场对于绿色无公害有机农产品的需求越来越强烈，而对于农产品的品质等方面也提出了更高的要求，这为加快转型农业发展模式，发展基于循环经济的农产品绿色物流创造了良好的需求环境。

（4）威胁（Threat）。

1）周边城市竞争威胁。周边物流骨干城市不断发展成为济南区域物流中心地位的威胁。河南省省会郑州是中部物流区域的中心城市，区域物流中心的地位凸显。青岛具有铁路、公路、海运、航空四位一体的综合运输体系，加之基础产业和外向型经济发展迅猛，青岛现代物流业发展势头强劲。另外，潍坊、烟台、临沂等地也具有现代物流发展所需的优越区位条件和经济实力，它们对于现代物流业的发展也不断加大投入，对济南市的现代物流业发展有一定的威胁。

2）外资企业竞争威胁。加入世界贸易组织，是机遇也是挑战，国外马士基、FedEx、UPS等具有先进经营理念、管理水平、雄厚资金、先进技术设备的物流企业纷纷进入我国市场，带来了先进技术，也带来了巨大冲击，甚至已经严重威胁到国内许多物流企业的生存。

3）机制体制不完善。相关农业制度不够完善，使得循环农业发展的道路面临很多的风险与挑战。主要表现在农业资源资产管理制度不够完善，景观林业保护以及农业资源恢复等方面制度不够标准与统一。市场价格调节制度也难以有效地发挥出其积极的作用。而循环农业激励制度发挥不出作用就使得农业废弃物资源回收利用效率不高。生态补偿制度不够健全，监管力度不足，导致污染的成本过低，对农业资源和生态环境的长期保护带来了困扰。

4）人才争夺激烈。面对现代物流的迅猛发展，近年来物流专业人才在增加，但高端人才仍然相对匮乏，绿色物流人才更加稀缺，外企的进入更是在雪上加霜，国内物流业在人力资源的争夺方面面临严峻的挑战。

（5）循环经济视角下济南农产品绿色物流的SWOT分析战略矩阵。根据循环经济视角下济南农产品绿色物流的SWOT分析战略矩阵，可以得出4种内外匹配的交叉汇编战略：增长型战略（S-O）、多元经营战略（S-T）、扭转型战略（W-O）、防御型战略（W-T），见表5-2-15。

表5-2-15 济南市农产品绿色循环物流的SWOT分析战略矩阵图

循环经济视角下济南市农产品绿色物流SWOT分析	机遇（O） 1.政策支持； 2.国家经济环境运行良好； 3.农产品结构调整，需求充裕	威胁（T） 1.周边城市竞争威胁； 2.外资企业竞争威胁； 3.机制体制不完善； 4.人才争夺激烈
优势（S） 1.区位优势； 2.交通优势； 3.产业优势； 4.环境优势	S-O战略 1.加快企业转型升级，大力发展农产品绿色物流； 2.政府加快规划、政策引导，加大投入； 3.调整农产品产出结构，提质提效	S-T战略 1.企业加快发展，增强竞争力； 2.细分物流市场，开拓新的领域； 3.完善体制机制，改善运营环境； 4.培养引进高端物流人才
劣势（W） 1.农产品物流成本较高； 2.物流技术落后； 3.农产品物流基地建设滞后； 4.农产品经营主体观念落后	W-O战略 1.政府健全法律法规，发挥管理职能，大力支持农产品循环物流发展； 2.企业增强意识，研发新技术，注重农产品循环物流发展； 3.消费者积极参与，购买绿色产品，拉动农产品循环物流发展	W-T战略 1.减缓推进，促进改革； 2.整合物流资源，形成规模经济

2.济南市农产品绿色循环物流运作策略

当前，比较符合济南市农产品绿色物流运作的策略为W-O策略，从政府部门、企业和消费者三个层面实施，具体策略如下。

（1）政府健全法律法规，发挥管理职能，大力支持农产品循环物流发展。

1）政府部门应尽快建立健全环境保护、废弃物管理、包装容器再利用等方面的法律规范，为农产品循环经济的发展提供法律保障。

2）政府部门发挥管理职能，完善排污许可权市场交易政策的实施，控制污染总量，降低管制成本；征收倒垃圾费、新鲜材料税、填埋和焚烧费等环境税费，制定资源回收奖励制度；利用税收、政策优惠等宏观经济调控手段向绿色农产品行业倾斜。

3）通过调动企业、大学以及科研机构相互合作的积极性，促进产学研结合，培养循环经济绿色农产品物流发展所需高层次专业人才。

4）建立农产品废弃物循环物流系统，节约相关成本和费用，提高农副产品的有机性，减低污染物的排放总量，提高环境质量。

（2）企业增强意识，研发新技术，注重农产品循环物流发展。

1）强化农产品企业循环物流认识，在运作过程中实施绿色生产、绿色运输、绿色包装、绿色流通加工和逆向物流等。

2）合理规划农产品物流园区、物流基地、物流中心、配送中心，并加强宣传，提高认识，辅以政策引导，使其充分利用，形成一定的品牌效应、规模效应，从而降低农产品物流成本。

3）探索替代技术、减量技术、再利用技术、资源化技术、系统化技术等新技术，降低环保成本。

4）构建农产品循环物流运作体系，实施新模式，推动农产品循环物流发展。

5）积极推行ISO 14000环境管理新体系，打造绿色农产品品牌，提高信息化水平，加强绿色营销，提升品牌价值。

（3）消费者积极参与，购买绿色产品，拉动农产品循环物流发展。除了政府、企业的努力，消费者的积极参与对促进循环经济绿色物流发展也至关重要。消费者是拉动循环经济发展的主要力量，应该认识到保护环境是一项关系到公众切身利益和子孙后代长远利益的事业。要是不存在绿色消费需求，那么就不能够推动价值的实现，绿色商品便会裹足不前，绿色物流自然没有存在的价值。因此，消费者也要主动参与其中，通过对绿色农产品和服务的选择以及配合废弃物处理、资源回收来推动和促进农产品绿色物流的健康发展。

5.3 山东省农产品物流与供应链多温共配模式

当前，我国的社会主义现代化建设已经进入了新的阶段，人民的物质生活得到了极大的改善。在这种情况下，对食品也提出了更严格的标准。越来越多的人开始关注食品的健康以及营养。此外，市场对保鲜食品的接受程度也逐渐向好，冷冻食品的消费量稳步提升，冷链的价值也越发的凸显。

实际上，新鲜的农产品并不容易保存，为了满足市场的需求，需要通过冷链运输，甚至连收购以及加工等步骤都必须要求在低温的环境下进行。近乎严苛的标准，就是为了保障食品的新鲜以及安全，尽可能控制损耗。2009年，国务院提出了《物流业调整和振兴规划》，将农产品冷链物流列为重点推动发展领域之一。2010年，国家发展和改革委员会完成了物流标准化、物流园区、煤炭物流、应急物流、商贸物流等5大物流专项规划，这5项规划将和此前出台的冷链物流规划一起，成为促进物流行业发展的6大专项规划，并于2011年编制了国内首个物流行业发展规划。国家发展和改革委员会综合运输研究所有关人士表示，未来物流行业要进一步调整物流行业的税收政策，以降低税负，减少物资流通过程中的成本消耗。2014—2017年，连续四年的中央1号文件均明确提出发展农村电子商务，2017年，商务部明确提出了支持建立完善县、乡、村三级物流配送机制，着重解决乡镇和农村之间"最初一公里""最后一公里"物流瓶颈问题，让产品"出得来""下得去"；2017年，山东省政府工作报告也指出鼓励智慧供应链创新发展，提升民生物资配送和冷链物流能力。

这些政策除包括推进冷链物流业发展之外还强调保护环境，低碳发展。尽管国家对冷链物流业高度重视，我国的冷链物流已得到了长足发展，但其运营实践仍存在不少问题，并急需解决，具体如下：

（1）冷链产品物流主要由生产商和经销商主导，不仅成本和损耗双高，而且市场反应迟缓。

1）限制了规模效益和核心能力。我国易腐食品除了外贸出口以外，大部分物流配送业务是由生产商和经销商，如光明、双汇、雨润等，完成的。不仅巨额的冷链投资得不到分摊利用致使成本高昂，而且分散了企业的核心能力，使得企业难以做到品类及品种的完整性，无法对市场需求做出快速反应。

2）缺乏完整的冷链链条，断链严重。由于缺乏供应链的理念，冷冻冷藏供应链缺少组织化机制，冷链物流所涉及的上游、中间环节和下游没有很好地衔接起来，从起始点到消费点的流动储存效率和效益无法得到控制和整合。对于处于下游的连锁超市生鲜经营者来说，其上游始终是处于运作不顺畅、不稳定的状态，整个流程的信息不畅，不仅不能保证对物流服务过程的及时了解，也很难对物流市场需求达到全面掌握，更难以实现对冷链需求的快速反应。

（2）传统冷链物流的配送体系既不利于维持食品的新鲜度、限制了产品的销售半径和缩短了商店的销售时间，又造成了运能浪费、环境污染和损失严重。

1）单品温配送，极易造成运能浪费和食品损失。使用常温车、冷藏、冷冻车分别配送，即单品温配送，车辆运能无法相互运用，空间弹性不足，在少量多样环境下会造成运能浪费、收发货次数及开启车门频繁等问题,并引发温度变化造成食品变质,从而限制了产品的销售半径和缩短了商店的销售时间。

2)采用专用车辆不仅造价高,而且容易造成能源浪费和环境污染。专用车辆造价通常高于普通车辆的1.5～2倍。专用车辆使用数量多,造成冷冻设备数量又多又零星,其维修率与成本倍增,使得冷链物流总体效率下降。另外,其制冷特点也决定了每次卸货作业都会造成冷冻车内的冷度流失,并导致能源浪费和环境污染。

3)采用普通车辆的传统配送,损失将十分严重。据统计,我国食品的冷藏运输率只有15%左右。2008年,我国因丢弃腐烂食品造成的浪费达到700亿元,超过食品生产总值的20%之多,仅水果、蔬菜等农产品在采摘、运输、储存等物流环节上损失率就高达25%～30%,腐烂损耗的果蔬几乎满足两亿人的基本营养需求。

国际上,冷链物流理论研究与实践应用都在不断发展,由单品温物流发展到多品温物流,多品温物流又经历了三个阶段:机械式冷冻车厢区隔→机电共享式保冷柜(日本技术)→蓄冷式保温箱多品温共配(中国台湾技术)。由台湾研发的多品温、无冷冻动力运载不同产品的低温物流共配技术,即多温共配,在一定程度上解决了传统冷链食品的物流瓶颈问题。多温共配系统提供了一种装载低温食品的蓄冷保温柜或蓄冷保温箱,在配送中心借由冻结机将可置换且适用不同品温的蓄冷板集中降温蓄冷(储存冷能),再把蓄冷板置入蓄冷保温柜(箱)中,以维持食品所需的温度条件(可以让保温箱内维持一定的温度达12h之久),并且利用一般货车即可运送。

近些年,台湾的运营实践表明,采用蓄冷式多温共配,在确保食品品质的同时,不仅降低了初置成本(以常温车配送,无须冷冻与冷藏车双重配置),而且降低了配送次数并提高了车辆装载及装卸货效率,缩短了运送时间。与传统冷冻车相比,实现省能40%以上,降低油耗12%左右,进而节省了运输成本。与此同时,由于减少了道路上的车辆数和改善了交通状况,因而,降低了交通事故和减少了车辆废气排放以及噪声污染。之外,还大大降低了传统冷冻车开门与急速对品温及货物品质的影响,不仅减少了配送时间的限制,加长了商店的销售时间,也延长了冷链食品的配送半径。

因此,山东省农产品物流也应当革故鼎新,积极引进并发展更加先进的蓄冷式冷链物流的配送模式。台湾多温共配系统涵盖了全温共配服务系统、运能整合服务系统、信息资金流动服务系统、全温配送服务系统四个子系统。本章将结合山东省冷链物流运作环境,依托固定成本、采购成本、库存成本、货损成本、运输成本以及能量成本等多种成本打造成本函数,把常规冷链物流同蓄冷式配送物流模式进行对比,分析蓄冷式冷链物流多温共配的动力机制,并在此基础上推出蓄冷式多温共配冷链物流的模式,基于低碳环保的层面以及经济发展的层面来分析其实践价值。

5.3.1 多温共配模式国内外研究现状

1.国外研究现状

Marija等认为冷链管理（CCM）就是，在全球范围内，为了满足顾客的需求，对易腐食品和服务信息从厂商到配送到消费者的流通中实施有效地计划、执行和控制的过程。冷链应遵循"3T"原则：产品最终质量取决于冷链的储藏与流通的时间（Time）、温度（Temperature）和产品耐藏性（Tolerance）。全球冷冻食品消费的快速增长得益于关税的降低、运输效率的持续提高、信息技术以及冷链技术的发展。同时，他们认为严格的温度控制和快速反应对于食品品质非常重要。

Montanari等认为，冷链管理将易腐产品独特的物流活动整合到现有的业务流程中去，以创造更多的客户价值。在冷链当中，温度将影响冷冻产品的潜在风险、保质期和最终质量。Simon等研究表明，冷链在全球食品市场中扮演了重要角色，加拿大政府由此对冷链物流进行了政策引导和扶持。

Tarantilies和Kiranoudis等研究了雅典市区新鲜肉类配送路径优化问题，并将多个配送中心同时考虑到模型之内，提供了随机搜索方法求解模型。

Nazif和Lee在VRPTW问题求解中，提出了一种优化的交叉算子，通过使用完全无向二部图生成两个后代解，找出了一些最优的配送路线。

Osvald和Stirn在Ahn和Shin的基础上所研究的依赖旅行时间的时窗限制车辆路线问题（Vehicle Routing Problem with Time Windows and Time-dependent Travel-times，VRPTWTD）模型中考虑了易腐性对配送成本的影响，并运用禁忌搜寻法（Tabu search）对问题进行了求解。

2.国内研究现状

汪云华指出，我国冷链物流的发展正面临着重大的历史机遇，而食品冷链的市场化程度仍比较低，第三方介入较少，她通过对食品冷链当前发展状况和存在问题及第三方介入冷链物流所面临的物流环境的优势及劣势进行了分析，提出了发展第三方冷链物流资源配置的思路，认为第三方冷链物流有着广阔的发展前景。

崔凯认为，食品物流是"第三利润源泉"，将物流引入食品产业，是中国食品产业势在必行的改革趋势。他分析了食品冷链物流的现状，认为建立物流中心，发展第三方物流是今后食品行业获得更好发展的必然选择。

恭树生和梁怀兰认为，生鲜食品的冷链物流网络大致有单个经济体的冷链物流网络、区域内的冷链物流网络和跨区域的冷链物流网络等三种模式。这三种冷链物流网络各有其特色和适用范围。单个经济体的冷链物流网络大多是产供销一体化的模式，它适合于一些大型连锁超市或者大型冷藏食品生产企业；区域内的冷链物流网络是在一定区域内运营的模式，目前在我国尚未成形，"配送中心"还处于真空地带；跨区域的冷链物流网络是相互联系的几个区域的冷链物流网络的无缝隙对接，多数是从本区域内农产品产地批发市场转入下一区域内农产品销地批发市场，进而打入该区域内的冷链物流体系。目前，我国冷链物流的上游、中游和下游环节还没有很好地衔接起来，区域内的农产品综合物流配送体系依然没有成型，他们认为应尽快建立配送中心。

鲍长生认为，冷链物流运营的基本内容包括冷链物流需求预测、设施选址、冷链物流中心设施及设备管理、冷链物流中心运输管理、冷链物流中心组织管理、客户及订单管理、冷链物流中心库存控制、冷链物流信息管理、冷链物流成本控制、冷链物流质量控制等。他对此进行了介绍，并运用层次分析法（AHP），将冷链物流的各个组成因素按支配关系分组形成递阶层次结构，通过两两比较的方式确定了层次中诸因素的相对重要性。然后，综合决策者的判断，确定决策方案相对重要性的总的排序。再根据重要性排序，选出最关键的要素。

吉爱平和朱华斌等提出了系统化发展食品冷链物流。目前，冷链物流企业应该把更多的精力放在"链"的建设上，尽量把链条做到最长、最完整，加固上、下游客户的联系。也就是说，中间商应该争取和更多的上游企业联合，而在下游要和更多的超市和市场加大联系，将原本简简单单的一段链条无限延伸，这样才能带动其下游客户的发展。

王波指出，低温物流配送是物流业的一种配送方式，低温物流配送在冷冻（冷藏）食品运输过程中会产生设备与操作系统成本过高、食品保存温度变化很大、车辆的承载效率很低、工作效率不高等缺点，以上问题的出现对物流业提出了新的要求，而新型多品温无冷冻动力运载的蓄冷式低温物流配送的观念解决了以上问题，实现了多品温食品配送和多温共配冷链物流运输，可以使消费者享受到高品质又安全的低温食品。因此物流企业选择多品温无冷冻动力运载的多温共配系统是满足目前市场需求的明智之举。

刘金珊和熊欣华等应用波特的五力分析模型和价值链理论分析了配送的优势以及运营的策略，从行业现有的竞争状况、供应商的议价能力、客户的议价能力、替代产品或服务的威胁、新进入者的威胁这五大竞争驱动力分析配送业的竞争环境，并从价值链的角度对配送内部活动分析，从而更深入探讨了配送模式的优越性。

郭儒家和钟震麒等通过与日本、美国等发达国家进行比较，提出了满足消费者少量、多样需求的多温共配的配送系统，并对此系统的操作方法进行了一定的描述。

陈大为分析了日本配送便配送体系，并结合上海的实际情况，提出了创建以配送便模式为基础的共同配送体系非常必要，并给出了实行此配送模式的方法。

胡小文认为，在实践操作中，共同配送的开展举步维艰，其中一个很重要的原因是不能准确地计算出共同配送的效益。正是共同配送效益难于准确地计算，进而影响着共同配送推进主体的间效益的分配，最终妨碍了共同配送的开展。她从共同配送的社会效益和经济效益衡量，认为无论在企业角度还是社会角度，开展共同配送都是明智的选择。

彭育松和周敏认为，共同配送是长期发展和不断优化得出的一种追求合理化的配送形式，也是美国、日本等一些发达国家采用较广泛、影响面较大的一种先进的物流方式，它对提高物流动作效率、降低物流成本具有重要作用。从某种意义上来说，共同配送是物流配送发展的总体趋势。然而，共同配送涉及很多企业之间的合作，这必然带来利益分配的难题，只要利益分配不合理，共同配送体系就将宣告失败。他们通过采用博弈论模型中的Shapley公式，确定了共同配送的利益分配体系。

李长骏探讨了将抽换式蓄冷保温箱应用于多温共配系统的可行性与效益，认为蓄冷式保温箱节省运输成本，降低货损成本和燃料消耗成本，具有大力推广的可行性。其他低温物流相关的文献则未说明其使用何者运输设备，也没有将其视为易腐品配送来处理。

卓裕仁在介绍蓄冷式多温共配冷链物流的设备操作的基础上用蚂蚁算法和门槛接受法提出了多温共配的最佳路径。之后，他又与黄嘉芬和林思余等通过访谈台湾已实际使用蓄冷保温箱的物流厂商，了解其对蓄冷保温箱规格的需求，并建立了四个数学规划模型。他又通过仿真的方式模拟多温层商品的需求情境，借以分析比较不同蓄冷保温箱规格与车种的车辆使用成本，并通过实地访谈台湾低温物流业者，搜集相关实际资料，求得蓄冷箱的最适规格为长65cm、宽50cm、高度49cm。

从以上国内外的研究现状我们可以看出，在我国，没有学者将蓄冷式多温共配技术与冷链配送相结合，没有将蓄冷式多温共配技术与配送模式相结合的研究，也没有学者就肉制品行业的配送模式配送进行相应的研究，所以本书就在前人研究的基础上，提出本书做的主要研究工作。

5.3.2 多温共配冷链物流在农产品供应链领域应用的可行性分析

1.蓄冷式多温共配冷链物流的发展现状

低温物流是近年来发展比较兴盛的物流产业之一，而多温层共同配送则是在消费者需求变化的形势下应运而生的。

在台湾地区，每年约有60亿元的冷冻冷藏产业规模，应用基本的冷冻冷藏技术，并结合销售、仓储保管、运输配送、流通加工以及信息应用等来创造产值,满足顾客与社会的需求。低温物流产业在当地方兴未艾,然而如何降低投资成本与操作成本,包括电力能源的节省、低温食品质量的维护、政府政策的高效率经营运作及配合等,都是需要考虑的问题。物流服务业更是面临必须将不同温层的物品一起完成配送才更具竞争力这样的压力,因此,全温层保鲜的多温共配系统应运而生。全温层保鲜的温度控制严格定义为:热食品(60℃以上)、常温品(一般环境温度)、鲜食品(恒温18℃)、冷藏品(0~+7℃)、冰温品(-2~+2℃)、冷冻品及冰品(-18℃以下保存)、超低温品(-30℃以下保存)等七大类,将其整理后见表5-3-1。

表5-3-1 全温层食品细分类

细分类	温度	相关产品	简化分类
热食品	60℃以上	包子、美味小吃等	热食
常温品	一般环境温度	一般食品	常温
鲜食品	恒温18℃	便当、三明治、饭团、凉面、巧克力等	鲜食
冷藏品	0~+7℃	保存生鲜蔬菜(叶菜类)、果汁、牛乳、饮料。日配品(豆腐、乳制品)、加工肉类(香肠)、鲜花等	冷藏
冰温品	-2~+2℃	蓄肉品(牛、猪、羊肉)、禽肉品(鸡、鸭肉)、水产品(鲜鱼、贝)、刨冰等	
冷冻品及冰品	-18℃以下	冷冻蔬果、冷冻调理食品(水饺、包子、比萨、冰淇淋等)	冷冻
超低温品	-30℃以下	生鱼片等	

全温层保鲜服务的多温共配系统的主要目标是达成货物能够"一次到位"。目前,对于全温层保鲜服务运作方式主要采用以下4种:

(1)传统多车配送(非共配:常温车+冷藏车+冷冻车)。传统多车配送使用的是多种车辆个别配送,无共配系统,对于多品温食品只能是常温车和冷冻车的各自配送,而不同温域的食品只能单车单运,均温性低,进而影响食品全程保鲜,达不到多品温食品的共配。由于车辆的专用性,大大降低了车辆的使用效率,无法做到低成本食品配送。但由于其他配送模式也有不少缺点,所以在实务配送方面导致传统多车配送仍然有其存在的必要性,无法完全被淘汰。

（2）机械式冷冻车厢区隔多温共配（共配：冷冻车）。机械式冷冻车厢区隔是用车厢间隔多种温域，利用车辆发动机驱动冷冻机组的系统，虽然利用常温车和冷冻车就可以实现多品温食品共配，但其在运输途中需要冷冻冷藏库，否则食品难以保鲜，而使用冷藏车又无法达到满载的需求，所以机械式冷冻车厢区隔多温共配应运而生。这种车辆存在均温性低，投资成本高，操作成本最高，难以实现低成本食品运输的缺点。

（3）机电共享式保冷柜（共配：常温车）。机电共享式保冷柜用电冰箱式保冷柜及机械式冷冻冷藏箱系统，在常温车和机械式冷冻箱的条件下进行集中配送，有时还需要冷冻和电冰箱保冷柜进行运转，可以实现多温食品的配送，但使用机械冷冻的均温性不高，温度弹性需设定后才能使食品全程保鲜，投资和操作成本高，从而加大运输成本。

（4）抽换式蓄冷保温箱多温共配（共配：常温车）。抽换式蓄冷保温箱使用的是抽换式蓄冷保温箱的多温无冷冻动力运载的功能，使用常温车、蓄冷箱和蓄冷器进行集配，在各个营业所用冻结机、蓄冷柜和蓄冷器来运转，故障率低，均温性高，在食品全程保鲜的同时实现多温食品共配，空间弹性大，操作成本低，是实现多品温食品低成本、高效率运输的多温食品共配物流系统。4种全温层保鲜服务的多温共配系统的比较见表5-3-2。

表5-3-2 全温层保鲜服务系统比较表

多温共配系统种类		传统多车配送	机械式冷冻车厢区隔配送	机电共享式保冷柜配送	抽换式配送蓄冷保温柜
系统特色		使用多种温度车辆各别配送，无法共配	车厢区隔多种温域，车发动机驱动冷冻机组	使用电冰箱式保冷柜及机械式冷冻箱	抽换式蓄冷保温柜的多温，无冷冻动力运载
设备需求	集配车	常温车 冷冻/冷藏车	冷冻车 车厢隔间	常温车 机械式冷冻车	常温车 蓄冷箱 保温柜
	营业所	无	冷冻冷藏库	冷冻库 电冰箱保冷柜	常温车 蓄冷箱 保温柜
	集散转运	无	常温车 冷冻车	冷冻库 电冰箱保冷柜	常温车 蓄冷箱 保温柜
	转运中心	无	冷冻冷藏库	冷冻库 电冰箱保冷柜	冻结机 保温柜

续 表

多温共配系统种类		传统多车配送	机械式冷冻车厢区隔配送	机电共享式保冷柜配送	抽换式配送蓄冷保温柜
系统比较	不同温域	单车单温	多温	多温	多温
	共配	不可	可	可	可
	冷冻系统	个别车用冷冻机	个别车用冷冻机	个别车用柜用冷冻机	集中式一般用冷冻机
	均温性	低（机械冷冻）	低（机械冷冻）	低（机械冷冻）	高（冷融材料）
	温度弹性	低	高（设定温控）	高（设定温控）	高（抽换式多温蓄冷器）
	空间弹性	低	低	中	高
	技术来源	不详	中国台湾	日本	中国台湾工业技术研究院

多温共配系统的概念，是利用蓄冷技术完成系统的开发并导入商业运营。构成此系统所需的关键设备包括：充填不同蓄冷介质，以达到各种不同保存温度需求的蓄冷器；用以装载配送物品与蓄冷器以保持配送物品品温的蓄冷保温箱与保温柜；使蓄冷器的蓄冷介质冻结以储存冷能的冻结机等。具体如图5-3-1所示。

图5-3-1 蓄冷式全温层配送服务系统运作设备

多温共配系统提供了一种装载低温食品的蓄冷保温柜或者蓄冷保温箱，在物流中心借由冻结机将可置换且适用不同品温的蓄冷器集中降温蓄冷（储存冷能），再把蓄冷器置入蓄冷保温柜（箱）中，以维持食品所需的温度条件，并且利用一般货车即可运送。以蓄冷保温箱为例说明抽换式蓄冷保温系统的操作流程如图5-3-2所示。

①从冷冻机中依次取出蓄冷器，白色蓄冷器为冷冻用，深色蓄冷器为冷藏用

②蓄冷箱使用前半小时，将蓄冷器放入蓄冷箱中并将向该管上进行预冷，冷冻（-18℃）用白色6支，冷藏（6℃）用深色2支

③蓄冷箱预冷成后（可由箱盖上的温度计观察箱内温度），将低温货品放入蓄冷箱中

④将低温货品放入蓄冷箱后，关闭箱盖，并将前扣扣上后，即可搬运到运输车上

⑤蓄冷箱使用后，应对内部进行清洁擦拭工作，以备下次使用

冷冻　冷藏
箱用蓄冷器
注：如果理货环境温度为常温需返行步骤③，如果理货环境为地位则可省略步骤③。

图5-3-2　抽换式蓄冷保温系统的操作流程图

装在蓄冷保温柜中的不同品温的食品，是不需要用车上冷冻动力运载系统来进行物流运送的。它的好处在于：利用多温蓄冷保温柜运送食品，可以解决专用车辆目前仅能运送单一品温食品的问题；不需利用冷冻车上的动力源来使蓄冷保温柜储冷；可以针对不同物流的配送距离来运送多温的食品至各商店及超市，降低专用车辆怠速时所产生的能源消耗与空气污染问题；降低车辆专用所造成的投资成本浪费，并减少人员的搬运工作量及提高工作效率。

传统物流配送系统，是依据货品的温层以不同的车辆来进行配送的，如常温货品以一般货车配送，而对具温度敏感的低温货品，则以所谓的冷冻、冷藏车辆来配送，这种以专用车辆来进行低温货品的物流输配送方式，适合少样、多量及点对点且不需经常开门的运作型态，但却无法符合少量、多样、配送点多而需经常开门的配送型态。究其原因，可以归纳如下：

（1）专用车辆成本高、维修多、寿命短。低温物流配送过程必须依赖造价较为高昂的冷冻或冷藏等专用车辆进行，冷冻或冷藏专用车辆除了需有一般货车相同的车体与机械之外，必须额外在车上设置冷藏（冻）与保温设备，其维修概率与成本倍增，总体性能效率下降，因此应用一般的低温物流输送系统会让其设备成本与操作成本居高不下，特别是专用车辆设备初置成本非常高。

（2）店铺邻近开车门次数频繁，车厢温度变动大并且车辆耗能增大。配送用冷冻车的压缩机由货车上的发动机来驱动，为冷冻机组最主要动力的来源。如果城市的人口稠密且各门市之间的配送距离过短，在完成一个商店的部分物品的运送后，在冷冻车厢内部所增加的热负荷还来不及冷却移去时，就已经抵达下一个门市，而要再一次承受开门卸货时所造成的热负荷侵入。此举将造成物品无法维持理想的质量，同时也造成发动机与压缩机的负载变化过大，而降低发动机与压缩机的使用寿命及能源的浪费。

（3）无法满足多温、多样、少量的配送需求。以目前专用车辆的功能来看，多半仅能配送相同品温的低温食品，像是运送冰淇淋、冷冻食品者只能选择使用可维持在-15℃以下的冷冻车；运送鲜乳或冷藏食品者只能选择使用可维持0℃以上不能结冰的冷藏车，由于其保持品温范围不同，所以对于不同品温的低温食品必须分开运送。这会造成车辆使用效率的降低。或是分别购买两部不同温度层的冷冻车或冷藏车来载运，这不但徒增投资与操作成本，更增加了管理上的负担。

目前，在我国大陆市场上对于多温食品配送，主要仍以专用车辆的方式来配送，也就是常温食品以常温车辆、冷冻（冷藏）食品运输要以冷冻车及冷藏车来配送。而在台湾也只有少数几间规模较庞大的物流配送业者使用抽换式蓄冷保温箱的配送方式，如大荣货运、统昶营销等，其余业者虽然也体认到传统多车配送的方式，较无法满足对于配送商品的多品种少量的市场需求，但基于成本考虑与车容量空间使用率，还是无法完全舍弃传统多车种配送。有鉴于此，低成本的物流运输，在冷冻（冷藏）食品运输时确保配送食品的质量，是目前市场上的需求趋势。传统多车种配送与抽换式蓄冷保温箱的优缺点比较见表5-3-3。

表5-3-3 传统多车种配送与抽换式蓄冷保温箱的优缺点比较表

配送种类	优点	缺点
传统多车种配送	1. 总投资成本低； 2. 适合少样化多量的需求	1. 无法达成多温层共配； 2. 产品质量难维持； 3. 车辆耗能高
抽换式蓄冷保温箱	1. 保温效果好； 2. 降低车辆专用所造成的；成本浪费； 3. 工作效率高	1. 重量太重； 2. 保温箱投资成本高； 3. 损毁率高； 4. 回收后所占空间大； 5. 车辆容积率不高

2.蓄冷式多温共配冷链物流与低碳经济

低碳经济,是指在可持续发展理念指导下,通过技术创新、制度创新、产业转型和新能源开发等多种手段,尽可能地减少煤炭石油等高碳能源消耗,减少温室气体排放,达到经济社会发展与生态环境保护双赢的一种经济发展形态。在全球变暖的大背景下,低碳经济受到越来越多国家的关注。

2009年6月,中国社会科学院在北京发布的《城市蓝皮书:中国城市发展报告(NO.2)》指出,在全球气候变化的大背景下,发展低碳经济正在成为各级部门决策者的共识。节能减排,促进低碳经济发展,既是救治全球气候变暖的关键性方案,也是践行科学发展观的重要手段。

众所周知,传统冷链产品的运输比常温产品的运输带来更多的尾气排放,会有更多的环境污染,蓄冷式冷链物流多温共配却能使低碳节能成为现实。

(1)蓄冷式配送的低碳性。蓄冷式配送把蓄冷板置入蓄冷保温柜(箱)中,利用一般货车即可运送。一方面,它不需要配备冷冻动力,减少了来自机械制冷或电力制冷带来的碳排放及其产生的环境污染;另一方面,蓄冷保温柜(箱)能够维持一定温度达12 h之久,货物运送不受时间限制,更有利于配送的合理安排。另外,保温箱(柜)的使用提高了装卸货的效率,避免了传统制冷方式在卸货作业中所造成冷冻车内的冷度流失所引起的能源浪费和环境污染问题。

(2)多品温配送的低碳性。多品温配送可以实现车辆运能的相互运用,增加了冷链产品运送的空间弹性,解决了在少量多样环境下会造成运能浪费、收发货次数及开启车门频繁等问题,延长了冷链产品的配送半径,进而减少了车辆行驶里程和减少了道路上配送车辆的总数。所有这些都减少了车辆废气排放以及噪声污染,减少了汽车行驶对环境的影响。

(3)多温共配的低碳性。通过一个配送企业对多家用户进行配送,可以实现物流资源共享,有效提高车辆的装载率,减少社会车流总量,改善交通运输状况,进而消除交通拥挤所带来的能源消耗与空气污染。

另外,由第三方物流企业实施共同配送,基于先进的物流信息系统,可以提高需求预测的准确性,既减少库存、提高仓储设施利用率,又通过优化配送路径和搬运装卸系统,减少无效运输和重复运输,进而以较少的配送次数、较高的车辆装载及装卸货效率和较短的配送时间实现合理化配送。据此,既减少了能耗和资源浪费,又降低了单位时间单位货物价值的机会成本。

台湾的大荣货运为统一、全家、OK、莱尔富等便利店的多温共配就是例证,在实现低碳节能的同时,不仅维持了食品的新鲜度,也加长了食品的销售时间。

3.蓄冷式多温共配冷链物流的经济学动力机制

蓄冷式冷链物流不仅能够实现前文所提及的社会效益,还能够实现足够的经济效益。接下来,本书会重点分析各种设备的价格以及运行成本。

(1)蓄冷式多温共配系统的构成。

1)蓄冷保温箱。蓄冷保温箱的主要功能为减少外界热量侵入,并提供适当的容积以收纳各温层食品与置放蓄冷器,以维持各温层食品所需的温度条件。对于应用于全温层保鲜系统的蓄冷保温箱与蓄冷保温柜而言,最主要的热获得是由车体内与外界温度差异所产生的热传导的热量。因此蓄冷箱必须具备优异的保温性能,一方面能减少所需的蓄冷器数量,另一方面使各温层食品维持于所需保存温度条件的时间能够延长。其造价见表5-3-4。

表5-3-4 固定容积式蓄冷箱的规格资料

型号	C70A	C90A	C180A
外观尺寸/cm	62×46.5×48	64×56×54	96×64×54
箱内尺寸/cm	52×38×37	51×43×42	83×51×42
最大容量/L	70	90	180
建议价格/元	1000	1260	1830
箱体特征	ABS成型PU发泡箱体,门闩配件内嵌,两个把手,标签座		
蓄冷能力	12h(可视需求调整)		
蓄冷器	冷冻×2;冷藏×1	冷冻×3;冷藏×2	冷冻×5;冷藏×3
	尺寸:54.5cm×16.7cm×3.5cm;定温蓄冷能力:120kcal/支		

注:1kcal≈4.187kJ。

2)蓄冷保温柜。蓄冷保温柜与保温箱功用类似,只是对于大批量的货品使用保温柜较为经济。它也是配置于各营业所与转运中心,营业所利用蓄冷保温柜将集货后的各种温层货品,以蓄冷保温柜理货再置入所需温层的蓄冷器,再集中至辖区所属的转运中心进行转运。它的规格见表5-3-5。

表5-3-5　各种蓄冷保温柜规格

型号	C950S	C1050S
有效容积/L	936	1044
外观尺寸/mm	1100×1100×1750	1100×1100×1900
柜内尺寸/mm	800×900×1300，±5	800×900×1450，±5

3）蓄冷器。蓄冷器是全温层配送系统运作的一项关键的核心组件，不同低温环境的维持有赖于充填在蓄冷器中的不同蓄冷介质。蓄冷介质是储存冷能的物质，利用它的相变化可以进行冷能的储存与释放，关键组件蓄冷器因各种低温食品的保存温度条件不同，所使用的蓄冷介质也不相同，表5-3-6为冷藏4~8℃与冷冻-18~-22℃两种使用温度条件的蓄冷器规格，而其中又区分为两种不同蓄冷能力，以配合低温蓄冷柜与蓄冷箱的使用。它的价格主要依赖于填充于蓄冷器中的化学介质的价格，在科技日益发达的今日这些原材料的价格不会很高。它的规程见表5-3-6。

表5-3-6　各种蓄冷器规格

型号	B120G	B120W	B180G	B180W
通途	保温箱用		保温柜用	
外观尺寸/mm	545×168×35		870×130×30	
共晶温度/℃	-2	-28	-2	-28
融化潜热/kcal	120	120	180	180
质量/kg	约2	约2.7	约2.9	约3.9
颜色	绿色	白色	绿色	白色
使用温度/℃	冷藏4~8	冷冻-18~-22	冷藏4~8	冷冻-18~-22

4）冻结机。冻结机基本上是由冷冻循环所构成的冷冻系统，其主要组成组件为压缩机、冷凝器、膨胀装置、蒸发器、冷媒管路、电气控制与保护装置以及保温库体，在冻结机内部并设有不锈钢制移动式的冻结棚架，供存放与冻结各种不同温度条件的蓄冷器。

冻结机是用来冻结、存放与搬运蓄冷器的装置，冻结机在全温层配送系统中所扮演的角色，是提供填充在蓄冷器内的各种不同温度需求的低温蓄冷介质一个冻结与储存的处所，借由冻结机所产生的冷冻效果，移除蓄冷器内蓄冷介质在相变化过程的热量，使得在所需的温度条件冻结以储存冷能。以温度条件−18℃的低温食品的配送为例，将温度−28℃的蓄冷器经由冻结机冻结后，将其取出置入保温箱体或蓄冷保温柜中，利用蓄冷介质的潜热以维持配送过程中低温食品的品温。通俗来说，它基本上是相当于电冰箱或冷库的功能。它的规格见表5-3-7。

表5-3-7 冷冻机规格

型号	F3800	F1900
外形	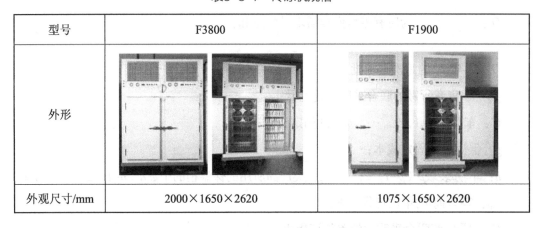	
外观尺寸/mm	2000×1650×2620	1075×1650×2620

在此，需要特别指出的是，蓄冷式多温共配的诸多设备都是可循环使用的，多次使用更是分担了冷链运输的成本。通过调查资料结果显示，不难看出只单单是初置成本这一项就可以节省很多的资金投入。

（2）蓄冷式多温共配系统动力机制模型分析。下面本书将继续通过综合考虑固定成本、采购成本、库存成本、货损成本、运输成本以及能量成本等构建成本函数，将传统冷链产品运输方式与蓄冷式多温共配运输方式相比较，探讨蓄冷式多温共配冷链物流的经济学动力机制。

固定成本主要指的是车辆及相关冷冻设备的成本；采购成本指的是采购所花费的成本，与采购的次数有关；库存成本指的是仓储在仓库里的货物所需成本，包括订货费、购买费、保管费等；货损成本指的是由于运送途中因运送时间累积导致的货品损失成本；运输成本主要与路程有关；能量成本主要指的是保持低温所需的能量成本。

现考虑冷链产品从一个配送中心运到不同的零售商过程中，将传统的单品温冷冻冷藏运输与蓄冷式冷链物流多温共配情况下的成本进行比较和分析，从而获得蓄冷式冷链物流多温共配的动力机制。

1）问题描述。假设市场上有1个冷链产品DC，采用DC库存控制策略，即各个零售商不单独决定采购量，而是DC代零售商实行联合订单处理。假设DC使用l（$l=1$，2，$\cdots$，m）辆车，向n个零售商提供p（$p=1$，2，$\cdots$，q）类商品，每类产品表示不同温层的产品，并且DC不会出现缺货，第i个零售商的产品年需求量为确定值D_i，DC到第i个零售商的距离是X_i，零售商i（$i=1$，2，$\cdots$，n）与零售商j（$j=1$，2，$\cdots$，n）之间的距离为X_{ij}。

2）参数设定。

D_i：零售商i的年需求量；

D_d：$=\sum_{i=1}^{n} D_i$，为所有零售商年需求量的总和；

Q_i：零售商i的每次订货批量；

Q_d：零售商所做的联合采购订货批量；

C_l：车辆l（$l=1$，2，$\cdots$，m）的固定成本；

g：保温柜的固定成本；

h：车辆l装载p（$p=1$，2，$\cdots$，q）类产品所用的保温柜的个数h（$h=1$，2，$\cdots$，s）；

C_{i1}：零售商i的单位订货成本；

C_{d1}：零售商联合采购时的单位订货成本；

C_{i2}：零售商i的单位存储成本；

C_{d2}：零售商联合采购时的单位存储成本；

C_{ij}^{l}：节点之间的运输成本；

$C_{ij}^{l'}$：多温共配模式配送下的运输成本；

g_{ij}^{l}：指示变量，$g_{ij}^{l}=1$表示车辆l经过节点(i, j)，不然$g_{ij}^{l}=0$；

P：配送的冷链产品的平均价格；

θ：运送过程中冷链产品的货损比例；

$\bar{q}$：代表维持低温所需资源的价格；

($y_f^l - y_s^l$)：车辆l从出发时间点y_s^l到回到配送中心时间点y_f^l之间的时间长度；

TC_1：蓄冷式多温共配模式下零售商支付的相关物流总成本；

TC_2：传统配送方式下零售商的相关物流总成本。

3）蓄冷式冷链物流多温共配的成本组合为

$$TC_1 = 2/3 \sum_{l=1}^{m} C_l + g \sum_{p=1}^{q} \sum_{l=1}^{m} h_{pl} + \frac{D_d}{Q_d} C_{d1} + \frac{Q_d}{2} C_{d2} + \sum_{l=1}^{m} \sum_{i=0}^{n} \sum_{j=0}^{n} C_{ij}^{l'} g_{ij}^{l} \quad (1)$$

$$\min TC_1 = 2/3 \sum_{l=1}^{m} C_l + g \sum_{p=1}^{q} \sum_{l=1}^{m} h_{pl} + \sqrt{2 C_{d1} C_{d2} D_d} + \sum_{l=1}^{m} \sum_{i=0}^{n} \sum_{j=0}^{n} C_{ij}^{l'} g_{ij}^{l} \quad (2)$$

式中，$2/3 \sum_{l=1}^{m} C_l$——蓄冷式多温共配车的固定成本（传统冷链产品运输车辆为专用冷冻车或冷藏车，车内配有冷冻冷藏专用设备，价格为普通车辆的1.5倍）；

$g \sum_{p=1}^{q} \sum_{l=1}^{m} h_{pl}$——多温共配设备的造价成本；

$\frac{D_d}{Q_d} C_{d1}$——订货成本；

$\frac{Q_d}{2} C_{d2}$——库存成本；

$\sqrt{2 C_{d1} C_{d2} D_d}$——共同采购、共同仓储时的最小订货成本与库存成本之和；

$\sum_{l=1}^{m} \sum_{i=0}^{n} \sum_{j=0}^{n} C_{ij}^{l'} g_{ij}^{l}$——运输成本。

4）蓄冷式多温共配的动力机制分析。假设传统的配送模式为零售商单独采购、单独仓储和第三方物流供应商共配运输，其相关总成本为

$$TC_2 = \sum_{l=1}^{m} C_l + \frac{D_i}{Q_i} C_{i1} + \frac{Q_i}{2} C_{i2} + P \sum_{l=1}^{m} g_{ij}^{l} \theta (y_f^l - y_s^l) + \sum_{l=1}^{m} \sum_{i=0}^{n} \sum_{j=0}^{n} C_{ij}^{l} g_{ij}^{l} + \bar{q} \sum_{l=1}^{m} (y_f^l - y_s^l) \quad (3)$$

$$\min TC_2 = \sum_{l=1}^{m} C_l + \sum_{i=1}^{n} \sqrt{2 D_i C_{i1} C_{i2}} + P \sum_{l=1}^{m} g_{ij}^{l} \theta (y_f^l - y_s^l) + \sum_{l=1}^{m} \sum_{i=0}^{n} \sum_{j=0}^{n} C_{ij}^{l} g_{ij}^{l} + \bar{q} \sum_{l=1}^{m} (y_f^l - y_s^l) \quad (4)$$

式中，$\sum_{l=1}^{m} C_l$——固定成本；

$\dfrac{D_i}{Q_i} C_{i2}$——订货成本；

$\dfrac{Q_i}{2} C_{i3}$——库存成本；

$\sum_{i=1}^{n} P \sqrt{2 D_i C_{i1} C_{i2}}$——单独采购、单独存储时的最小订货成本与库存成本之和；

$\sum_{l=1}^{m} g_{ij}^{l} \theta (y_f^l - y_s^l)$——货损成本；

$\sum_{l=1}^{m} \sum_{i=0}^{n} \sum_{j=0}^{n} C_j^l g_j^l$——运输成本；

$\bar{q} \sum_{l=1}^{m} (y_f^l - y_s^l)$——能量成本。

由（2）-（4），得

$$\min TC_1 - \min TC_2 = g \sum_{p=1}^{q} \sum_{l=1}^{m} h_{pl} - 1/3 \sum_{l=1}^{m} C_l - \bar{q} \sum_{l=1}^{m} (y_f^l - y_s^l) - P \sum_{l=1}^{m} g_{ij}^l \theta (y_f^l - y_s^l) +$$

$$\sqrt{2 C_{d1} C_{d2} D_d} - \sum_{i=1}^{n} \sqrt{2 D_i C_{i1} C_{i2}} + \sum_{l=1}^{m} \sum_{i=0}^{n} \sum_{j=0}^{n} (C_{ij}^{l'} - C_{ij}^{l}) g_{ij}^{l} \tag{5}$$

式中，$g \sum_{p=1}^{q} \sum_{l=1}^{m} h_{pl} - 1/3 \sum_{l=1}^{m} C_l < 0$ (6)

资料显示，一辆冷冻车大约27万元，而普通运输车为18万元，单位购置成本节省为90 000元，实现节省1/3。而多温共配所需要的蓄冷箱和蓄冷器成本却微不足道。70L的蓄冷箱造价约为1000元，蓄冷器由不同化学物品而形成不同的蓄冷低温，价格未有明细，但据专家分析不会很高，蓄冷箱和蓄冷器成本之和与固定成本所节省的90 000万元相比可以忽略不计。更为重要的是，所有这些设施还都可以重复循环利用，即

$$-\bar{q} \sum_{l=1}^{m} (y_f^l - y_s^l) < 0 \tag{7}$$

由此可见蓄冷式多温共配系统较之冷冻车辆能更好地控制能量成本，则

$$-P \sum_{l=1}^{m} g_{ij}^l \theta (y_f^l - y_s^l) < 0 \tag{8}$$

意味着蓄冷式多温共配系统相较冷冻冷藏车辆减少了货损成本,则

$$\sqrt{2C_{d1}C_{d2}D_d} - \sum_{i=1}^{n}\sqrt{2D_iC_{i1}C_{i2}} < 0 \qquad (9)$$

$$\sum_{l=1}^{m}\sum_{i=0}^{n}\sum_{j=0}^{n}(C_{ij}^{l'} - C_{ij}^{l})g_{ij}^{l} < 0 \qquad (10)$$

由于蓄冷式多温共配实现了多温层产品的共同配送,与传统的单品温配送相比实载率更高,则有

$$C_{ij}^{l'} - C_{ij}^{l} < 0$$

综上可得

$$\mathrm{minTC}_1 - \mathrm{minTC}_2 < 0 \qquad (11)$$

由此可以看出,蓄冷式冷链物流多温共配,在确保产品品质的同时,不仅降低了初置成本(以常温车配送,无须冷冻与冷藏车双重配置),而且降低了配送次数并提高了车辆装载及装卸货效率,缩短了运送时间。为此,既可省能、降低油耗、节省配送成本,又可减少订单处理、库存保管成本和货损成本。与此同时,还可降低交通事故和减少车辆废气排放及噪声污染。总之,促进低碳经济,实际降低成本和提高服务水平,发展蓄冷式多温共配势在必行。

4.蓄冷式多温共配服务模式系统分析

蓄冷式多温共配系统包括4个子系统,即全温物流共配服务系统、运能整合服务系统、信息资金流服务系统和全温配送服务系统,可以确保整个运作系统的顺畅、高效、有序运行。

(1)全温物流共配服务系统。全温物流共配服务系统是蓄冷式多温共配系统的主体系统,它包含产品从制造工厂、供应商运送到共配物流中心,进行货物的分拣组合,然后借由全温集配车运送到超市、便利商店等不同的顾客手中(见图5-3-3)。

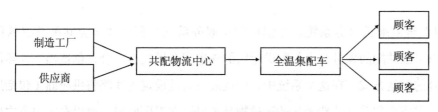

图5-3-3 全温物流共配服务系统图

(2)运能整合服务系统。运能整合服务系统是蓄冷式多温共配系统运行过程中在

转运中心将货物进行整合，使其更有效运输的一个服务系统。运能整合的过程主要发生在互相邻近的转运中心之间，通过多温配送车进行调配。这个整合的过程还要做的工作是将一些不能规模实现运输的运送作业外包给有经常业务往来的其他小型物流公司，以使运能、装载率实现最大化，这也是运能整合服务系统的目的。操作流程如图5-3-4所示。

图5-3-4 运能整合服务系统

（3）信息资金流动服务系统。信息资金流动服务系统包含信息流和资金流的服务系统，在蓄冷式多温共配服务系统中起重要的支撑作用。信息系统主要依靠互联网和通用无线分组业务进行物品追踪，客户随时可以掌握物品的地理位置，而资金流依靠的主要有三种方式，分别为现场付费、电子签收和自动转账系统。其中电子签收指的是刷卡消费而自动转账类似于网上银行的业务，这两种资金流动方式都也都需要强大的计算机系统来支撑。信息资金流动服务系统流程如图5-3-5所示。

图5-3-5 信息资金流动服务系统

（4）全温配送服务系统。全温层配送服务系统是蓄冷式多温共配系统的创新模式，它将多温共配的先进技术与配送运输的先进配送模式相结合，创造出一种经济、环保、高效的配送方式。在这个系统中，配送公司通过设定的线路将供应商（包括厂商、批发商、零售商和普通消费者）的运送物品（可以在工厂取得，可以在客户家中取得，也可以在代收点取得）运到配送中心，这些物品会是多种多样的，保存温度也有可能不尽相同，所以全温配送车在此发挥了重要的作用。将这些物品运到配送中心之后，经过拣货、配货整理，将不同品温的产品进行搭配运载，然后按照拟定的运输线路将货物运送到不同的客户手中。随着电子商务的兴起，"线上购物，配送到家"的理念被大家所认同，大大推动了配送服务系统的发展。其具体运作流程如图5-3-6所示。

图5-3-6　全温配送服务系统

蓄冷式多温共配系统，无论从社会效益、经济效益还是系统的完备性等方面来看，它的实行在我国绝对具有可行性，不仅可以提高物流的运作效率，而且可以减少物流成本，是未来我国冷链物流业发展的方向。

5.3.3　蓄冷式多温共配农产品物流配送模式构建

将易腐变质食品从产地采购开始，经过产品加工、储藏、运输、配送和销售，直到消费者手中，其各个环节始终处于低温环境下的特殊供应链系统称为冷链物流。蓄冷式的冷链物流的运行有助于上述流程的有效完成。本小节将通过五力及价值链模型分析配送模式的优势，构建蓄冷式冷链物流的配送模式模型。

1.配送理论分析

（1）配送五力分析。下述配合服务的特性及产业所采取的竞争策略对配送业者进行五力分析。从行业现有的竞争状况、供应商的议价能力、消费者的议价能力、替代产品或服务（替代者）的威胁、潜在进入者的威胁这五大竞争驱动力分析配送业的竞争环境。

1）行业现有的竞争状况。由于配送提供的是小宗货物快速运送到家的服务，买的是服务过程而非货物本身，具有服务"无形性"的特征，因此难由专利保护，易被模仿。从日本的市场情况可看出，大和运输在推出"宅急便"服务后，即有多家业者跟进，在1989年时日本配送便运输业约有40家业者经营。

目前，我国欲经营配送服务的多为大规模、配送能力强的货运业者、物流业者，其先争夺的就是包裹代售点的设立，拓展渠道，因此业者均积极地与多家连锁便利商店洽商合作事宜。在邮政管理部门备案的经营配送快递业务的企业已有2000多家，企业分支机构有5000多家，从业人员40万人以上，年产值超过500亿元，年业务增长速度达20%以上，为促进经济社会发展和方便人民生产生活做出了重要贡献。但客观上，快递市场迅速发展的同时，也存在服务质量不高、缺乏准入门槛、安全隐患较多等突出问题。与国际快递巨头相比差距较大。

另外，由搜集的采访资料结果可知，配送业者不会采取价格竞争，因为采取价格竞争只会使彼此的利润减少，甚至无利可图。因此，在价格与配送速度相差不多的服务标准下，各业者竞争的关键为与消费者接触的态度，以及提供企业单据回收、保管等附加价值，以增加产品的差异性。

2）供应商的议价能力。配送业属于货物运输服务业，其供应者不同于制造业容易定义。因此，供应体系的分析在于探讨外在环境，如法律法规、通信环境以及配送业所需投入的资源（即配备设备与人员）等的影响。

外在环境方面，通信环境品质的提高与无线电通信的开放有利于货物的配送作业与追踪，然而我国的技术仍然未能达到所需要求。另外，货物配送的目的地，常面临没有停车位的问题。因此，违规停车受罚是常有的事情，甚至，配送业者已将违规停车的罚款预先股计算入营运成本当中。

设备设施上主要是配送中心所需场地与货物运输、处理设备等。由于配送中心需靠近消费者且多点布设，然而在大城市的外围，可供选择的土地不多且土地租金也高，因此在配送中心的设置上需作区位选择与营运成本的衡量。在设备方面，若是配送多温层或尚需低温处理设备，配送车辆也需特别向车商订做，投入资金庞大。

人力资源方面，由于经济的高度成长造成整个市场供需失调，人力市场大量缺乏。以物流中心业来说，业者为达到一般零售店"少量、多样、高频率"的快递速配，又需应付大量业务的压力下，员工流动率高。而低温商品的处理，需在-25℃的环境作业，一般工人无法在此低温下工作，因此效率不高。而在管理方面的人才取得与培养也并不容易，但随着我国相关专业的设立与物流知识的普及，将有助于这方面的问题解决。另外，根据以往的研究显示，配送业者多表示货运司机的管理与训练不容易，而由采访调查的结果也可得知，为提升服务品质，司机的教育训练是业者很重视的项目之一。

3）消费者的议价能力。配送所扮演的角色为商品流通中配送到消费者手中的末端渠道，因此配送业的客户多为无店铺行销贩卖商品的企业。而随着网上购物的快速成长，目前，配送业者也积极地与电子购物销售商洽谈，希望能与其合作，为其配送商品。然而，据业者表示，因目前专门从事商品配送至消费者家中的服务不多，所以一经广告宣传，往往有多家商品贩售者主动联络，洽谈商品配送事宜。因此，以配送业来说,目前购买力量大的客户不多,议价能力较弱。

一般个人或家庭托运包裹虽无议价力量,但通常顾客都有主观的"一次否定性",也就是就算在前10次服务良好,第11次的服务无法满足要求,则顾客往往会转而使用其他竞争者所提供的服务。再加上消费者意识抬头,顾客对服务品质的要求也越来越高。而配送原本就以提供顾客更好的服务,与其他货运业差异化竞争策略发展的事业形式,因此,配送业者本身服务品质的要求也需随着顾客要求的提高而提高。

4)潜在进入者。潜在进入者是指在未来有能力且有意愿,提供相同产品或服务给相同客户的厂商。潜在进入者越多,对现有业者的威胁越大,而吸引或影响潜在进入者进入本产业与否的因素,主要是预期的利润、进入壁垒的大小,以及预期现有业者的反应。

由配送兴起的原因可知,消费者购物习惯以及厂商贩卖商品的方式改变,使得业者均预期配送服务是一个值得经营、开发的市场,而迅速扩大经营范围。因此也将吸引众多潜在进入者加入配送服务的竞争中来。另外,已经拥有足够分销点、货物处理技术丰富及配送能力强的货运业者、大规模的快递业者、物流业者也比较容易进入此市场提供配送服务。

在城市配送当中,小规模甚至仅有一两辆车的业者即可经营,传统的餐饮、蛋糕外送,花店代客送花等业务也可发展为潜在的进入者。

而大规模的商品贩卖者,如邮购业者、直销业者等,以此类业者所拥有的庞大客户群为行销基础,并可协助其配送商品外,在销售量达到一定规模后,商品贩卖者也有可能自行负责商品的配送,成为潜在进入者。

5)替代者。配送服务是以差异化策略,提高其服务品质形成产品的独特性,以培养客户的忠诚度,降低其价格敏感度。但配送服务的价格与快递相差不多,因此若是重视时效性的顾客,会改以快递的方式运送物品。而若时效不高,亦可能选择价格较低的邮政包裹寄送给收件人。

因此,广义而言,快递业与邮政包裹均为配送业的竞争对手。

综上所述,配送业的五力分析如图5-3-7所示。

通过五力分析模型,我们了解了配送业的竞争环境,由此,可知配送模式的运用拥有一般配送模式所不具备的优点。另外,我们可以从价值链的角度对配送内部活动分析,从而更深入探讨配送模式的优越性。

(2)价值链分析。

1)提供服务前的先前作业。此阶段特别注重代售点的设定、方便性和排班问题以便在实行配送过程中有较高的效率。大和运输在营业的初期就努力在人们日常生活中常接触的杂货店、米店设立代理点代收包裹,因此若顾客不愿意在家等候,也可以方便地到离住家较近的包裹代售点托运包裹。随着流通业的发展,又与便利商店合作,因此目前大和运输在日本已有超过30万个包裹代售点。

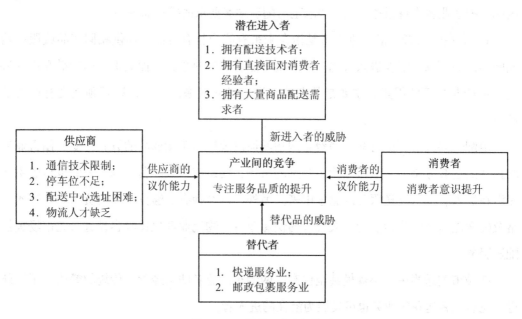

图5-3-7 配送五力分析模型

2)服务作业流程方面。在货物运输服务的整个流程中,顾客仅出现在交寄与接收两个作业项目中,因此与顾客接触中的服务中,服务人员扮演着重要的角色,顾客会因服务人员的素质和提供服务品质的不同选择配送供应商。大和运输除了提供"一通电话到府取货"服务外,顾客还可要求取货时间。而在加强服务人员与顾客之间表达意见的程度方面,大和运输固定每位销售司机负责收货、配送的区域。因为与其每回收送货的司机都不同,不如以同一位司机持续在同一区域进行集配作业,较能让顾客产生熟悉感。而有了这种亲近感,司机容易掌握顾客对服务品质的要求。另外,大和运输也有订有客户抱怨处理流程,使顾客对其服务感到满意,并可以了解本身服务的缺陷,作为改善的依据。对于单据所显示的顾客信息应严格保密,不得私自用作他用。

3)营销方面。目前,想要经营配送业者大都以报纸杂志等方式作为宣传渠道。配送业者大多把营销的目标放在B2C的商品配送上,由于目前网上购物商家都急于寻找解决商品配送问题的方法,所以多主动与配送业者联系。大和运输除了以宣传单、广告推广"宅急便"外,它还以其销售司机拓展其业务,他们的任务是在收货、送货的同时,主动拜访顾客,以增加托运货物量,提升业绩。

4)售后服务方面。售后服务主要表现在货品的追踪查询方面、消费者拒收商品或消费者不在住处等问题的处理方面。大和运输在货品的追踪查询方面可以做到30s以内回复顾客,而当消费者拒收商品或者不在家时,配送司机将货品带回配送公司或者返还给寄送人,在取得消费者收货签单交回配送中心后,则由配送业者负责归档保存,以便日后查阅。

5)组织结构。目前,想进入配送业的业者,大多是在原有运输配送能力发展基础上拓展出的配送服务,成立独立的事业部门,并在经营初期,为拓展经营体系采取加盟的方式,与当地原有的配送小企业合作配送商品,为加强经营管理,将逐渐把加盟店改为直营方式营运,并建立标准作业流程,统一服务品质。

6)人力资源管理。在人力资源管理方面,配送业者均特别注重服务品质,重视雇佣司机,加强司机的教育训练,灌输服务的观念,提升司机的素质,有的配送公司以员工入股的方式加强员工对工作的责任感与向心力。另外,在逢年过节的特殊日子里,更应对激增的市场需求做出相应的人员调整,以不影响服务的品质。为使司机收货取货劳力平均,大和运输将配送中心的司机以7～8人为一组,选出组长,考察服务面积、服务地区人口密度、收送货件数等因素,自行分配集配区域。

7)服务的创新。大和运输以顾客服务的观点,创造了"宅急便"服务,不但挽救了随时间面临倒闭危机的事业,也带给日本社会广泛的影响,增加了经营业绩,甚至改变了大家的生活习惯。目前,我们的配送业大多注重于B2C商品配送到家的范畴。在以后的发展中,业者可以考虑朝着当地消费者的习性,发展符合市场需求的配送服务,比如将多温共配系统引入配送服务当中,以更好地保证运送货品的品质。

8)技术发展。物流业的重大改革多半来自于科技的进步。近年来,随着计算机技术的发展,可以利用企业资源计划(ERP)系统将业务、财务、人事、运输和售后等业务整合规划管理。另外,为改善内部货物处理技术,货物运输业者均积极地以自动化设备提高工作效率,也以条形码、天线射频识别技术(RFID)等技术来实现货物的管理和追踪。除此之外,配送业者也应重视配送中心与收送货司机的联系。大和运输除了致力于以上技术发展的外,还致力于加强开发包装材料,以实现更能保护货品,更能保证货品新鲜度的配送。

综上所述,配送业的价值链分析见表5-3-8。

表5-3-8 配送业的价值链分析

管理面	组织结构	有运输业的独立部门或加盟经营				利润
	人力资源	人员培训,注重服务态度				
	服务创新	推出适应适应市场需求的(多温共配等)服务模式				
	技术发展	ERP、RFID、多温共配技术等				
顾客面		提供服务前的作业	服务作业流程	营销	售后服务	
		与便利商店业者合作,密集布设代收点	提高顾客个性服务,朝专业化、标准化方向发展	报纸杂志、宣传单等,主要为B2C服务	货件追踪、单据保管、顾客资料保密	

2. 构建物流商、供货商和消费者三赢的配送模式

(1)框架模型。配送模式是一种以配送中心(Home Distribution Center,HDC)为中枢的物流配送模式,配送中心向上衔接食品生产或加工企业,向下沟通连锁超市、饮食店和经销商等终端客户,作为连接生产者和消费者的中介,以HDC为中枢,将买方和生产方有机连接在一起,进行集中配送管理,并且在配送货物的过程中可将滞销、过期等货物运回到上游生产企业进行集中处理的这样一个闭环过程。在本章节我们尝试性地提出蓄冷式冷链配送模式的框架模型,如图5-3-8所示。

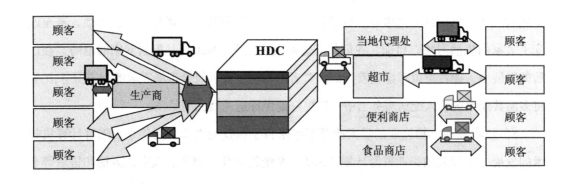

图5-3-8 基于多温共配的配送模式图

从这个模型图可以看到,冷链配送模式具有广泛的服务范围,包括的C2C,B2C和B2B。它们按照所制定的最合理的运输路线通过多温配送车辆将产品运到目的地。产品从产地、工厂或者是顾客手中收回到HDC，经过一系列的诸如包装、分拣、装配等工序使配送更快捷的处理之后，配送中心确定出最佳配送时间、线路，将产品送到超市、杂货店、便利商店或者是顾客的手中。当然，如果是配送给顾客的物品，也可以放在与配送公司合作的代理点，待客户时间方便时去取货。另外，配送公司在送货过程中也要顺便取货，将货品带回HDC，工作变成这样一个闭环的流程。从分析中不难看出，整个配送模式当中最主要的环节就是HDC，它负责将产品整合分类，还要制定最佳的配送时间、路径等，这就需要先进的物流技术来支撑。

（2）技术支撑。蓄冷式冷链物流配送模式的首要特点就是服务流程在HDC的标准化，以达到快速传递的目的，而为了满足不同客户的要求，需要在服务整合模块中做到多样化。为了快速传递和商品多样化之间的平衡，规范化的服务流程设计不但可以实现大规模定制，而且可以提高效率和成本效益。

该模块是一个物流资源整合的过程，HDC在这里相当于资源的一个后勤办事处。它的目标是实现资源与经济规模，实现高效率和低成本的整合。多温共配配送模式的核心要件是运输资源计划系统（TRPS），它将多温层管理系统与移动追踪技术相结合，确保食品在冷链过程中的质量安全，而且温度追踪技术使得运输信息更具有可视性（见图5-3-9）。移动追踪技术系统包括实时信息、实时追踪、订单追踪和温度控制等，这些功能可以借助RFID来实现。

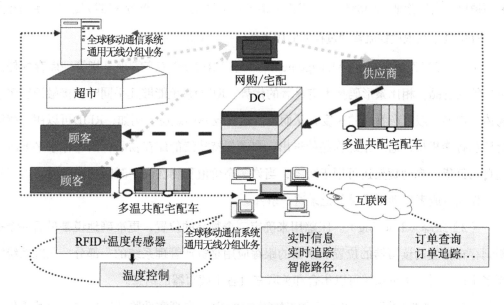

图5-3-9　多温共配配送模式的TRPS图

RFID 是一种利用射频实现非接触双向通信的自动识别技术，一个典型的RFID 系统在硬件方面由标签、读写器、天线和数据处理器等部分组成，读写器发出射频信号，标签进入磁场后，凭借感应电流所获得的能量发送出存储在芯片中的产品信息（即无源标签或被动标签），或者主动发送某一频率的信号（即有源标签或主动标签）；读写器读取信息并解码后，送到数据处理器进行有关数据处理。

数据处理一直是RFID系统中的关键，由此产生了RFID中间件的概念。RFID中间件是一种独立的软件系统或者称服务程序，用于处理读写器接收的大量标签信息，将信息过滤、分组和计算，传递给各分布式应用软件以实现不同的业务要求。因为不同的应用系统处于不同的硬件与软件环境下，所以RFID中间件必须具有解决分布式环境下数据交换与互操作的特点。RFID中间件对数据处理后，通过标准的接口和服务对外进行数据发布，针对不同的软件和硬件平台，可以有符合接口和协议规范的多种实现。

跨组织流动过程中，采购、仓储、生产、包装、装卸、流通加工、配送和销售到服务的各个环节处于松散的状况，商流、物流、信息和资金随时间和位置的变化而变化。RFID技术可以有效解决供应链上各项业务运作资料的输入与输出、业务过程的控制与跟踪，同时实现信息的实时共享。RFID技术区别于传统条形码各项技术特征，将物料的精细化管理触角深入物流管理每个环节，无论是质量控制、自动化管理、产品的生命周期管理，或是装箱销售、出口验证、到港分发、零售上架等各个物流环节都将带来难以置信的便利和高效。RFID技术在现代物流管理过程的应用类型包括以下几项：

（1）资产管理（Asset Management）。基于RFID的资产管理是指管理库存的任何可标签的物品，相比条形码技术有显著的优势。RFID系统能够几乎同时非接触识别多个物体，增加一般资产管理的速度，从而提高运营效率和效益。例如，RFID可以用于智能货架和智能机柜，通过跟踪物品的进出，自动保持持续的库存物品，当库存水平低时实现自动订货。自动货架还可用于防盗，当许多高价值货物在同一时间被取走时，可以提醒工作人员或者启动摄像设备记录这一事件。

（2）跟踪（Tracking）。跟踪用来确定一个物品的位置，更准确地说是最后一个探测到存在标签的读写器的位置。多数的跟踪应用是资产管理系统的一部分。跟踪系统需要多个读写器，中央系统可以集合和关联来自各个读写器的信息。

（3）真实性验证（Authenticity Verification）。在真实性验证应用中，标签提供被标签物品来源的证据，真实性验证经常和跟踪应用结合。原始来源在标签中创建一个初始交易记录，无论是在标签中还是在企业子系统的数据库中。当读写器随后通过标签查询时，就可以确定它是否来自真确的来源。对于真实验证系统，为了提供适当水平保险系数，通常结合加密技术和机制以防止克隆。

（4）匹配（Matching）。在匹配应用中，两个标签物品相互比较，在一个物体之后搭配了错误的标签物品时触发信号。例如，可以讲航空乘客和托运行李匹配，从而防止盗窃和无意的错误。

（5）流程控制（Process Control）。流程控制是指利用与标签相关的信息使得业务流程采取定制行为，通常流程控制在制造流程中可以为产品设计的变化提供便利。例如，在制造工厂中，装配线上的产品框架可以贴上标签，标签带有最终产品的设计特征。在装配流程的每个位置，读写器读出标签信息并采取适当的行为，例如，装配特殊的部件或者喷涂特殊颜色。在另一个典型应用中，和标签相连的传感器可以测量一些环境因素，如温度、湿度或者振动等。传感器信息可以用来做出和标签物品有关的决定，例如，易腐烂产品如果暴露在室温环境超过极限时间可能要丢弃。和上述其他应用不同，标签之外的额外信息通常与每个标签相关，从而增加了系统的复杂程度。实施组织在设计中需要考虑更多问题，例如，要准确决定什么信息需要记录，如何保存这些信息，同时如何保护客户的隐私。

（6）访问控制（Access Control）。访问控制系统可以自动检查个人是否授权访问某一设施或者访问某一信息系统。通常访问控制系统可以分为两类。一类是在线系统。在线系统中读写器和中央计算机相连，每个识别卡属于特定个人，读写器通过中央计算机提供个人可以访问相应区域的支持。因为这一系统是联网的，中央计算机可以为每个读写器提供最新的访问控制列表。另一类是离线系统，离线系统是不联网的。

（7）自动支付（Automated Control）。RFID技术可以自动化各种财务活动，例如，收费的公共交通系统、信用卡的零售支付、燃油费等。和其他支付方式相比，其最大优势在于速度和便利，当然也不需要支付者交换现金或信用卡。

物流管理通常需要同时使用多种上述RFID应用类型，如资产管理、跟踪、流程控制、真实性检验和支付系统等。物流管理系统的一个重要特征是跨越多个组织，每个组织使用的RFID技术能和其他组织互操作。理想情况下，产品在制造流程某一阶段附上标签，因而产品在供应链每个阶段的信息都能被记录。产品在供应链中运输到最终用户，直至售后服务，每个供应链参与者都将标签指向特定物品。另外，供应链系统还可以使用主动式标签跟踪大型对象，例如集装箱，这些集装箱上的标签能存储每个集装箱的载货单，当集装箱货物变化时载货单可以自动更新。物流RFID系统的信息搜集能带来许多收益,更准确地说,跟踪产品的整个生命周期,整个供应链的参与者能够实现订单速度和准确改善、自动发票和支付、减少供应短缺和库存水平、减少货物损失。此外,基于RFID物流管理,能够给供应链提供更好的透明度,从而确定流程瓶颈,有针对性的召回,以及准确的市场调研等。

通过实施多温共配系统,冷冻食品、农产品等可以与书籍、家具等生活用品在一辆车里无冷冻动力的普通运输车里运送,使得物流效率、质量、便利性、灵活性及价格优势得到很大的改善。

3.基于TSP问题的配送模式路径规划

本节主要是基于TSP(Traveling Salesman Problems),也就是旅行商问题,来对多温共配配送模式实际操作中的路径选择进行规划研究。

配送模式的运用是配送业者对于所要配送的地区进行划分,再指派司机与车辆至各个分区进行收、送货作业和扩展客源,故此路线规划问题是依各分区分别进行路线规划。此外,车辆早上从配送中心出发后,途中并不返回,而是待服务完所有顾客后,再回到配送中心。因此,就此营运形态而言,各分区的路线规划问题与旅行商问题极为相似。因此,我们考虑用旅行商问题来解决蓄冷式多温共配配送模式的路径选择问题。

(1)TSP的实用性研究。通过对相关文献研究发现,对于TSP问题的研究可以分为以下几类。

1)不考虑容量限制,及需求点特性的情况下,车辆自配送中心出发,完成所有需求点的服务,回至该出发点的单一车辆的路线规划问题,以最小化路程成本为目的,这类问题就是传统的旅行商问题,如图5-3-10所示。

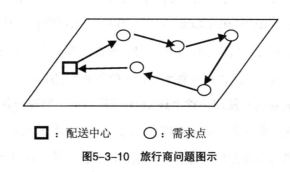

□:配送中心   ○:需求点

图5-3-10 旅行商问题图示

2)被服务的需求点中,部分需求点需接受送货(delivery)服务,部分需求点需接受收货(pickup)服务,且车辆具有容量限制的TSP,我们将它定义为含收、送货的旅行商问题(PDTSP),如图5-3-11所示。

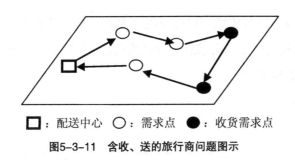

□：配送中心　○：需求点　●：收货需求点

图5-3-11　含收、送的旅行商问题图示

3）需求点事先被分成数个分区，且设定各分区的服务顺序，在车辆由配送中心出发后，必须按照数个需要服务的分区服务点，待服务完成后，再回到配送中心，这类问题类型被定义为分群服务的TSP（Order Cluster TSP）。此外，如所有需求点仅有两个分区时，则此问题又称为考虑回头车利用的TSP（TSP with Backhauls），是OCTSP的特例，如图5-3-12所示。

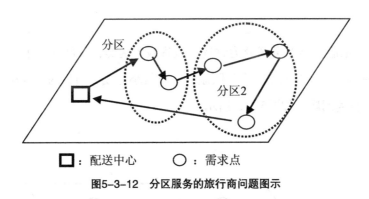

□：配送中心　　○：需求点

图5-3-12　分区服务的旅行商问题图示

4）需求点事先分成数个分区，且制定各分区的服务顺序。此外，每一分区的需求点部分需要送货服务，部分需求点需接受收货服务，车辆自配送中心出发后，依序服务各分区内的需求点，待服务完成后再回到配送中心，如图5-3-13所示。

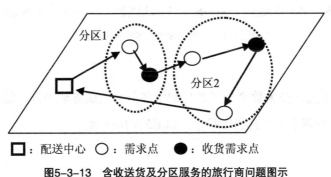

□：配送中心　○：需求点　●：收货需求点

图5-3-13　含收送货及分区服务的旅行商问题图示

5）动态旅行商问题与传统旅行商问题最大的差异，在于其需求点产生时间具有不确定性，即仅能根据当时已知需求点进行路线规划，以期在完成所有需求点服务后求得最小成本，如图5-3-14所示。

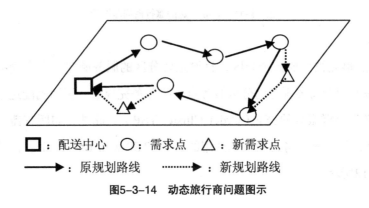

图5-3-14　动态旅行商问题图示

6）需求点依服务类型可区分为收货及送货服务两类，且部分需求点会随着时间的经过，才逐一出现，在考虑车辆容量限制下，以最小化成本为目的，这次问题被定义为动态收送货旅行商问题，如图5-3-15所示。

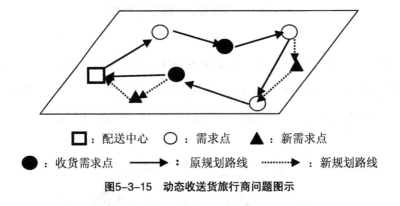

图5-3-15　动态收送货旅行商问题图示

7）需求点事先区分为数个分区，且制定各分区的服务顺序外，随着时间的经过，才能对逐一出现的需求点依其顺序服务，如图5-3-16所示。

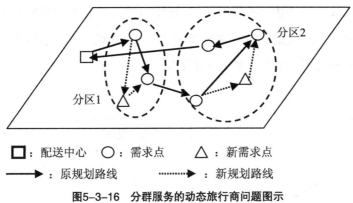

图5-3-16 分群服务的动态旅行商问题图示

8）需求点事先被区分为数个分区，并制定各分区的服务顺序，且每一分区的需求点依其服务类型，包含收货及送货服务。此外，部分需求点会随着时间经过逐一出现，且无法实现预测，仅能以已知需求点特性来进行路线规划作业，故此类问题定义为分群服务的动态收送货旅行商问题，如图5-3-17所示。

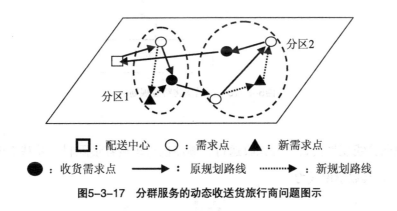

图5-3-17 分群服务的动态收送货旅行商问题图示

上述问题类型因需求点特性考虑的差异，而使问题特性及形态有所不同，但皆可视为传统旅行商问题的变化。此外，它的求解方法也是与传统旅行社问题有所差异的。

综上所述，我们我所探讨的问题是同时考虑收送性、顺序性及动态性的旅行商问题，可归类为分群服务的动态收送货旅行商问题。此外，本研究针对上、下午动态需求的收送货作业加以探讨，即各需求点依上下午时段被分为2个区，因此，上述所讨论的问题称为考虑回头车利用的动态收送货旅行商问题（Pickup-Delivery Dynamic Traveling Salesman Problem with Backhauls，PDDTSPB）。

（2）数学模型构建。为期能确实掌握路线规划问题，本小节将分别构建两个子模式,即车辆出发前,已考虑回头车利用及同时收送货的车辆路线规划特性,构建先期路线规划模式;而车辆出发后,按照临时需求产生的动态性,配合最短路径的观念,对未服务的需求,构建即时线路规划模式(见图5-3-18)。

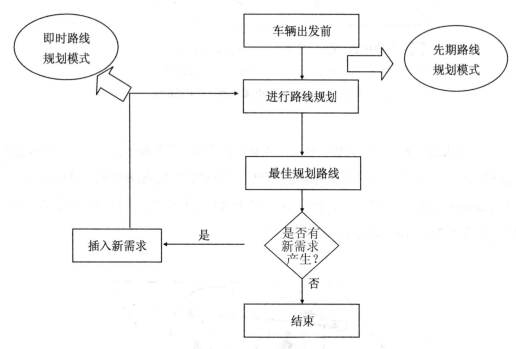

图5-3-18 配送货物路线规划图

1)先期路线规划模式。考虑收送行、顺序性与车辆容量限制,并基于极小化车辆营运成本下,其数学模式为

$$\min \sum_{i=0}^{n}\sum_{j=0}^{n} c_{ij} x_{ij} \tag{12}$$

由

$$\sum_{i=0, i\neq j}^{n} x_{ij} = 1 , \quad \forall j \tag{13}$$

得

$$\sum_{j=0, j\neq i}^{n} x_{ij} = 1 , \quad \forall i \tag{14}$$

$$\sum_{j=0, j\neq i}^{n} y_{ij} - \sum_{j=0, j\neq i}^{n} y_{ji} = \begin{cases} p_i, & i \in P \\ -\sum_{i=1}^{n} p_i, & i = 0 \\ 0, & i \in D \end{cases} \quad (15)$$

$$\sum_{j=0, j\neq i}^{n} z_{ij} - \sum_{j=0, j\neq i}^{n} z_{ji} = \begin{cases} -d_i, & i \in D \\ \sum_{i=1}^{n} d_i, & i = 0 \\ 0, & i \in P \end{cases} \quad (16)$$

$$y_{ij} + z_{ij} \leq qx_{ij}, \quad \forall (i, j) \quad (17)$$

$$\sum_{i \in L, j \in B} x_{ij} = 1 \quad (18)$$

$$x_{ij} \in \{0,1\}, \quad y_{ij} \in \mathbf{N}, \quad z_{ij} \in \mathbf{N} \quad \forall (i, j) \quad (19)$$

式中的定义如下：

a.决策变量部分：

x_{ij}：表示节点（i, j）的间的车辆流量，如经过节点（i, j），则其值为1，反的为0。

y_{ij}：表示节点（i, j）的间的收货流量。

z_{ij}：表示节点（i, j）的间的送货流量。

b.参数部分：

c_{ij}：表示节点（i, j）的间的路线成本。

n：需求点数量。

q：车辆容量。

p_i：收货节点i的收货量。

d_i：送货节点i的收货量。

c.集合部分：

P：收货节点的集合。

D：送货节点的集合。

L：上午时段服务的需求点集合。

B：下午时段服务的需求点集合。

上述数学先期路线规划模型，式（12）表示最小化的车辆营运成本；式（13）和式（14）表示车辆流量守恒，且每一个需求点仅能被服务一次；式（15）和式（16）分别表示收、送货物流量守恒限制；式（17）表示要先有车流才有货流，以及车辆容量有限；式（18）表示不同时段的需求点服务顺序限制，即须先服务上午时段的需求点再服务下午时段的需求点；式（19）为0~1变数与非负整数限制式。

2）即时路线规划模式。为期能及时反应新需求点产生对原规划路线的影响，下面我们将以最小化车辆营运成本为目标函数，构建即时路线规划模式，其数学模型为

$$\min \sum_{i \in M}^{n} \sum_{j \in M}^{n} c_{ij} x_{ij} \tag{20}$$

由

$$\sum_{j \in M \cup \{d\}}^{n} x_{cj} = 1 \tag{21}$$

得

$$\sum_{i \in M \cup \{c\}}^{n} x_{id} = 1 \tag{22}$$

$$\sum_{\substack{j \in M \cup \{d\} \\ j \neq i}}^{n} x_{ij} - \sum_{\substack{j \in M \cup \{c\} \\ j \neq i}}^{n} x_{ji} = 0, \quad \forall i \in M \tag{23}$$

$$\sum_{j \in M \cup \{d\}}^{n} y_{cj} = \sum_{i \in N-M}^{n} P_i \tag{24}$$

$$\sum_{j \in M \cup \{c\}}^{n} y_{jd} = \sum_{i \in N}^{n} P_i \tag{25}$$

$$\sum_{\substack{j \in M \cup \{d\} \\ j \neq i}}^{n} y_{ij} - \sum_{\substack{j \in M \cup \{c\} \\ j \neq i}}^{n} y_{ji} = \begin{cases} p_i & i \in M_P \\ 0 & i \in M_D \end{cases} \tag{26}$$

$$\sum_{j \in M \cup \{d\}}^{n} z_{cj} = \sum_{i \in N-M}^{n} d_i \tag{27}$$

$$\sum_{j \in M \cup \{c\}}^{n} z_{jd} = 0 \tag{28}$$

$$\sum_{\substack{j \in M \cup \{d\} \\ j \neq i}}^{n} y_{ij} - \sum_{\substack{j \in M \cup \{c\} \\ j \neq i}}^{n} y_{ji} = \begin{cases} p_i, & i \in M_P \\ 0, & i \in M_D \end{cases} \tag{29}$$

$$y_{ij} + z_{ij} \leq q x_{ij}, \quad \forall i,j \in M \cup \{c,d\} \tag{30}$$

$$\sum_{\substack{i \in M_L \\ j \in M_B}} x_{ij} = 1 \tag{31}$$

$$x_{ij} \in \{0,1\}, \quad y_{ij} \in \mathbf{N}, \quad z_{ij} \in \mathbf{N} \quad \forall i,j \in M \cup \{c,d\} \quad (32)$$

式中：M——新需求点产生时，未服务需求点的集合；

N——新需求点产生时，所有节点的集合；

c——新需求点产生时，车辆所在需求点的位置；

d——配送中心；

M_L——新需求点产生时，上午时段未服务需求点的集合；

M_B——新需求点产生时，下午时段未服务需求点的集合；

M_P——新需求点产生时，未服务收货需求点的集合；

M_D——新需求点产生时，未服务送货需求点的集合。

在时路线规模模型当中，式（20）表示最小化的车辆营运成本；式（21）和式（23）表示车辆流量守恒，其中式（21）表示新需求产生时，车辆所在需求点的离开节点等于1，式（22）表示配送中心的进入节点等于1，式（23）表示新需求点产生时，未服务需求点的进入节点等于离开节点；式（24）~式（29）分别表示收、送货物流量守恒限制，且可避免子回路的产生；式（30）表示要先有车流才有货流，以及车辆容量有限制；式（31）表示不同时段的需求点服务顺序限制，即须先服务上午时段的需求点，再服务下午时段的需求点；式（32）为0~1变数与非负整数限制条件。

通过构建以上模型，限定条件进行处理之后可获得运送的最佳配送路径，这不仅会节约车辆的使用及损耗，而且大大降低了配送的成本，更能够实现多温共配的低碳环保。

5.3.4 蓄冷式农产品物流多温共配模式在山东省肉制品行业的应用

山东省肉制品各项经济指标均在我国肉制品行业中领先地位，全国驰名肉制品品牌就有维尔康、金锣、得利斯、喜旺等。调查资料显示，2009年，山东省规模企业肉类总产量976万t，销售收入1773.83亿元，资产总额703.72亿元，实现利润53亿元，分别比2008年增长15.7%，20.41%，6.16%和7.29%，分别占全国2009年肉类总产量、销售收入、资产总额、利润总额的12.8%，34.33%，31.2%和25.74%。

此种发展势头固然令人振奋，但我们也应该从山东省规模以上企业的发展特点中看到肉制品行业企业所面临的主要问题。

1.山东省肉制品行业规模企业发展特点

（1）发展资金投入巨大，投资额达到历史最高点。调查资料显示，2009年，规模企业投入新建、扩建和技术改造的资金为75亿元，是2006—2008年三年投资总额的88%；其中家禽规模企业投资5亿元以上的有山东六和、诸城外贸、青岛康大、亚太中慧

4家企业；山东凤祥、青岛九联投资近3亿元；投资7000万元以上的企业有10多家；生猪屠宰规模企业投资1亿元以上企业有得利斯、临沂金锣、山东龙大、银宝等。

（2）向上游和下游产业延伸，产业链进一步完善。2009年，规模企业投资方向的重点主要是肉类加工基础产业，如养殖产业、屠宰加工、冷库建设、冷链配套项目及网点建设等项目，为进一步完善上游和下游产业打下基础。一部分有实力的大型企业，建立了自繁自养的畜、禽养殖产业和配套饲料加工业，培育发展合同养殖基地，完善各种服务体系，为畜禽屠宰加工提供健康安全的原料。在加工运输、销售方面，大力发展冷链物流产业，建立了数家销售网点，使畜、禽屠宰加工产业不断向上游和下游延伸。

（3）产业结构调整逐步发生变化。2009年，一方面，大型有实力的畜、禽类加工企业，加大资金投入向上游和下游产业完善产业链，以增强企业发展后劲；另一方面，牛、羊屠宰企业和生猪屠宰、肉制品加工企业，根据市场消费和企业发展要求调整部分产业和产品结构，改变由过去以屠宰加工初级产品为主导产业，逐步调整为以加工调理牛、羊肉制品、家禽类制品或猪肉制品等为主导产业，进一步减少初级产品产能，提高深加工产品、各种熟肉制品、调制肉制品产能，不仅增加了产品附加值，而且提高了企业利润。

（4）采用多种形式进行合作，企业持续发展。2009年，许多企业加强与国内外有实力的相关快重组或拓宽国内外市场，在引进资金、重组企业、兼并企业和在省外投资建立生猪养殖、屠宰加工和肉制品等方面有着较快的发展。

2.山东省肉制品行业面临的主要问题

（1）大型规模化、机械化企业比例小，规模企业之间差距大，业内不公平竞争。调查资料显示，2009年生猪屠宰量达到100万头以上企业有4家，仅占规模企业的2.2%；年屠宰生猪50万头以上共有9家企业，占规模企业的5%；年屠宰20万~50万头企业为20家，占11.1%；大部分中小规模企业产业链不完整，许多屠宰场、点，厂房十分陈旧、简陋，屠宰加工设施不完善，多为半机械化和手工屠宰，自营能力较低，肉品同步检验未落实，肉品卫生和质量安全存有较大隐患。众多小屠宰场、点的并存，使规模机械化企业吃不饱，生产能力难以提高；微利的利润又使许多规模企业无力承担提升技术装备和产品质量安全检测能力；这种手工和半机械化屠宰场、点与规模机械化屠宰企业并存，并在市场、价格、肉品质量等各方面低水平竞争的现状，严重影响着畜、禽屠宰加工行业的整体提升与快速发展。

（2）规模化、标准化养殖比例小，产业链整体基础脆弱。从山东省规模企业的规模化养殖比例看，家禽屠宰加工企业的规模化养殖发展较快；生猪、牛羊行业规模化养殖相对较弱。除少数大型生猪和牛屠宰企业外，大多数企业尚无建立和完善上、下游产业链，生猪、牛羊来源主要依靠农户养殖，产品主要为初级产品或冷冻分割产品；山东省家禽规模化养殖发展虽然较快，但除出口企业已建立标准化养殖基地外，许多企业还未达到标准化养殖要求；在建立冷链物流、销售网点方面，一些企业还不完善，产业链基础十分薄弱。

（3）行业整体科技水平低，提升现代技术和管理方式缓慢。由于畜禽屠宰加工是山东省传统的行业，具有较长的发展历史。尽管近几年来，从行业整体发展上较过去有较快的提升与发展，但许多企业屠宰加工方式落后，设备简陋、陈旧，自宰自营能力差，主导产业不突出，产业链不完善，在企业经营管理理念、对外合作交流、引进先进技术、改进生产工艺、肉品检疫、检验等方面存在诸多问题，与现代工业化企业管理相差较大，直接影响着行业整体水平提高与加快发展，使山东省肉类食品行业工业化、现代化的进程速度缓慢。

（4）产品结构比例不合理，各类冷鲜肉、深加工肉品市场占有率低。调查资料显示，2009年规模企业肉类产品70%以上为初级形态，大多数生猪产品主要为红条肉、白条肉、冻分割肉；50%以上的产量销往南方及全国各大中城市的批发市场、大型超市及供应企业做深加工原料；跨省、市地域流通省份较多，范围较广；相比之下，省内市场各类冷鲜肉，特别是品牌冷鲜肉的市场占有率相对较低；除金锣、得利斯、万福、龙大、银宝、维尔康等大型企业的品牌冷鲜肉在省内市场占有率较高外，其他中小型企业的冷鲜肉市场占有率较低，各类冷鲜猪肉产品市场占有率平均不到20%；家禽类产品中冷鲜分割禽肉、调制品、配餐产品及方便、快捷的产品市场占有率也较低；品牌生、鲜牛羊肉在省内大中型超市更为少见，多数超市自购原料进行分割加工、包装。

（5）行业技术水平与发展速度有一定差距。近几年，山东省规模企业在投资新建项目和发展速度上都取得较好成效。但同时许多企业因发展较快，而使管理人员缺乏，专业技术人员更为紧缺，采用现代工业化管理手段薄弱，在肉品检疫、检验制度、建立健全肉品卫生和质量安全体系、科技创新成果以及管理理念等方面跟不上快速发展的要求。

3.蓄冷式冷链物流多温共配模式在山东省肉制品行业的应用

鉴于以上情况，本书设想将蓄冷式冷链物流多温共配模式应用到肉制品行业，主要是将生产、加工、分拨、仓储、配送和售后等进行整合专业化管理，形成一整套完整的肉制品冷链体系。具体来说，就是建立一个能满足消费者、供应商和零售商三方面需求的、一体化的冷链物流模式，即由供应商将货物运送到主要城市冷链物流整合中心，整合后进行长途运输，由地区整合中心进行装箱提货和当地运送，再整合后发送到零售直销点。在整个过程中均有严格的温度控制，实现实时监控和生熟食分开，经过培训的员工需掌握正确的装卸和储存方法，通过这些环节来保障肉制品的安全。从事专业肉制品冷链物流的公司必须具有加工端到零售端的冷冻肉制品供应链管理流程，或者能获得这方面的资源，其中包括能进行温控的长途货运、储存、本地配送和直接送货到店的服务。

山东省肉制品行业蓄冷式全温共配配送模式系统的运作架构，采用轴辐式运输系统（Hub and Spoke Transportation System）的观念，也就是以主要物流节点——轴（物流枢纽城市、枢纽港口、车站、空港等）为轴心，以次要物流节点——辐为附属，形成具有密切联系的类似"自行车轮子"的空间网络系统。该系统包括分散各地直接面对顾客的营业所、连接各营业所的转运中心与各种不同容积的一般常温货车。

营业所的多温集配车利用蓄冷保温箱搭配冷冻蓄冷器与冷藏蓄冷器，负责顾客与营业所之间低温食品的集货与配送；多温集散转运车装载搭配冷冻蓄冷器与冷藏蓄冷器的蓄冷保温柜，负责转运中心与各营业所之间低温食品的配送与转运；各转运中心之间则利用置入冷冻与冷藏蓄冷器的蓄冷保温柜，由多温主线运输车负责低温食品的转运。

4.实行蓄冷式冷链物流多温共配系统应采取的措施

发展蓄冷式冷链物流是一个系统工程，应立足长远稳步推进。第一，要争取各级政府的政策扶持，包括税收政策、对肉制品因非冷链造成的垃圾收取高额环保费用等。第二，要尽快建立冷链肉制品标准和肉制品冷链标准，将其纳入肉制品市场准入制度中；建立有效的监管机制，严密监测肉制品在冷藏链各环节中的运行状况。第三，要引入信息系统，既可保证冷链肉制品和物流方向正确，又可以充分利用现有冷藏链设施，最大限度降低冷链肉制品成本，使其尽快达到普通消费者所能接受的水平。第四，要加大科技开发和投入，对冷藏链本身提出发展规划，推进冷藏链设备的完善和提高。第五，要对冷冻冷藏方式和技术不断进行革新，加快先进技术引进的步伐，尽快普及各种冷藏保鲜新技术。第六，要实施HACCP控制，确保冷藏肉制品在各环节中的质量保证。肉制品冷藏链受制的原因之一，是广大消费者对冷链肉制品的认可程度。欲解决此问题，就要加大对冷藏链食品安全的宣传力度，争得市场的认可。

目前，国家的对冷链物流行业的发展进行了规划。与此同时，我国也迎来了冷链物流发展的新的机遇，随着国家发展和改革委员会冷链物流发展的规划的颁布，冷链物流行业有了美好的发展前景。《农产品冷链物流发展规划》中也明确规定："鼓励企业在产地、销地建设低温保鲜设施，从源头实现低温控制，建立以生产企业为核心的冷链物流体系，实现产地市场和销地市场冷链物流的高效对接。鼓励大型零售企业开展生鲜食品配送中心建设，提供第三方冷链物流服务。实行政府推动与市场推动并举，把冷链物流上下游结成供应链，进一步加强冷链物流技术研究与新技术推广，我国冷链物流将真正进入黄金发展期。"

一流的物流服务需要实现有效消费者回应（ECR）和快速回应（QR）。对于易腐食品（PTSPs）来说，先进的冷链管理将对资本、技术和知识提出更高的要求，基于蓄冷式多温共配系统的配送模式响应市场的需求，考虑将大规模的客制化服务与及时性紧密连接，考虑不同食品的暂时储存温度不同的需求，在不耽误交货的前提下，提高汽车的存储容量利用率，实现高效配送，具备大规模推广的可行性和现实性，是我国冷链物流发展的趋势所在，可为我国物流业的发展做出重大的贡献。

笔者所提出的多温共配模式是解决冷冻冷藏产品供应链中温度问题的一个潜在办法。它也可以扩展到药品行业冷链当中，这是一个值得今后研究的方向，而且配送的路线问题和HDC的选址等问题也可以深入分析研究。Svensson指出，可持续的供应链管理应同时强调三方面的理论和实践，即经济、生态和社会方面。有效的物流应当减少二氧化碳排放和空气污染，这正在物流管理和环境政策中成为重要关注的方面。关于蓄冷式冷链配送模式对二氧化碳排放和空气污染的影响，也可以是未来的研究的一个重要方向。

5.4 山东省农产品供应链模式选择

5.4.1 技术经济法概述

在构建了农产品供应链模式之后，需要对拟订的多个设计方案进行评价与优选。进行评价的方法很多，比如层次分析法等，但在运用过程中都轻视了市场环境和经济因素，通过这些评价方法推算出来的最优方案，不一定适合山东省农产品供应链运作。本书将运用技术经济评价法，进行农产品物流模式方案决策，从而选取技术可行、经济合理的设计方案。

技术经济评价法于20世纪60年代在美国、英国等西方工业发达国家兴起，用以评价科学技术的应用和推广及其对社会和地区产生的影响。技术经济评价法的应用，是依据技术、经济、资源等条件对多种设计方案进行分析、计算、比较和评判，围绕方案的功能和经济效益进行决策，从中选取最优的设计方案。其中，技术评价考察方案的可行性与先进性，例如方案的使用效果、维修性、整体稳定性等；经济评价考察方案的经济价值或效益是否合理，例如方案中的总成本、预期收益、使用期限等。

技术经济评价法有以下特点：一是蕴含系统观念和动态观念的特点，评估时要考虑方案所处环境的动态性，并意识到方案中的技术路线等各项组成部分共同构成了整个技术经济系统；二是具有定量分析与定性分析相结合的特点，有些因素无法使用定量分析，需要借助科学合理的定性分析来解决；三是具有技术和经济综合优选的特点，通过建立数学模型来实现方案的综合优选。

技术经济分析的方法有很多种，主要包括多指标评价法、投资补偿法、全寿命费用与效益法等。本书选取其中的多指标评价法对农产品物流模式的设计方案进行技术评价。在使用多指标评价法时，需要先构建与农产品流模式相关的若干个技术指标，再对方案进行评价与比较。

5.4.2 基于技术经济评价法的山东农产品供应链模式选择

1.技术评价

技术评价考察3种农产品供应链模式方案的可行性与先进性，以实现农产品物流供应链的功能为评价的总目标。技术评价的子目标是供应链模式的稳定性、全面性、时效性、安全性、整体协调性和市场认可度或其他的技术指标。技术评价的各个子目标及其释义见表5-4-1。

表5-4-1 物流模式方案的技术评价子目标及释义

子目标	释义
稳定性	于任意时间以及环境下实现农产品物流服务的水平
全面性	农产品物流足够全面且不用加入任何的要素
时效性	与农产品相关的所有服务应当在一定时间范围内协调到位
安全性	物流前后的安全保障
整体协调性	农产品流通期间将所有步骤以及各个要素协调到位
市场认可度	存在着切实的市场价值，能够满足市场的需求

为了把不同计量单位表示的各个子目标用统一的尺度来量化分析，在本书中的技术评定选用加权打分评价法，采用10分制，即对各个指标的语言评价值在[0，10]区间上，并考虑各项目标在整个系统中的重要性给每项子目标赋予权重。权重的获得可通过依据农产品的具体特性、流通模式向生产基地、电商企业、批发市场、零售市场等负责人和从事农产品物流研究的学者展开调研，由他们进行评定与打分，取平均值获得，并由相关人员依据特定农产品对三种模式的6个子目标进行打分评定，满分为10分。通过加权平均获得该农产品选用三种模式的技术分。

技术评价计算公式为

$$v_t = \sum_{i=1}^{n} \frac{S_i w_i}{S_{max}}$$

式中，v_t——技术价；

S_i——第i个技术评价子目标的基础分；

w_i——第i个技术评价子目标的加权系数;

S_{max}——每个技术评价子目标的最大评分值,在此例中均等于10;

n——评价子目标的数量,在此例中等于6。

2.经济评价

经济评价考察农产品供应链3个模式方案的经济价值或效益是否合理,从而选取成本低、投资少、风险小的设计方案。对于农产品物流系统而言,经济评价最重要的因素之一是物流成本。农产品物流系统的总成本包括农产品在运输、仓储、流通加工、包装、装卸与搬运、物流信息和管理等各个活动中所支出的人力、物力和财力的费用总和。农产品物流系统总成本由显性成本和隐性成本组成,其中显性成本包括农产品的总运输成本、总仓储费用、订单处理和信息费用等,隐性成本包括运作不畅引起的额外库存维持费用、管理不善导致的农产品损失和损坏的成本等。参考相关文献并结合实际情况,经济评价类似于技术评价,本书采用经济价值对3个方案来进行经济评价。经济价值是指理想的物流总成本与实际的物流总成本的比值,即

$$v_e = \frac{C_0}{C}$$

式中,v_e——经济价;

C_0——理想的物流总成本;

C——实际的物流总成本。

以百分比来衡量物流成本,理想的物流成本为100%。

相关领域专家学者可依据农产品也行及流通模式对经济价值进行评判,对经济性进行打分,v_e的最大值为1。

3.技术经济综合评价

如果只选择技术评价和经济评价两者之一的结果来选定农产品供应链模式的设计方案是不够充分的。最优方案应该同时具有技术上的可行性与先进性、经济上的合理性。可以采用加法评分法、连乘评分法和加权平均法进行技术经济综合评价。由于连乘评分法具有总分差距较大和灵敏度较高的特点,可以选用连乘评分法来计算农产品供应链模式设计方案的技术经济综合评价值v,即用连乘的方法汇总3个设计方案的技术价和经济价,并根据所得乘积的大小来区分设计方案的优劣则有

$$v = v_t v_e$$

通过技术经济评价法可针对不同农产品,不同的流通交易环境选择不同的供应链模式方案。

第6章 "互联网+"背景下山东省农产品供应链模式创新

互联网技术的发展,让越来越多的产业走上信息化快速发展之路。连续3年的政府工作报告中都提到了"互联网+"行动计划:2015年首次提出了"互联网+"行动计划,2016年提出落实"互联网+"行动计划,2017年提出深入推进"互联网+"行动。2014—2017年,连续4年的中央1号文件均明确提出发展农村电子商务,2017年商务部明确提出"支持建立完善县、乡、村三级物流配送机制,着重解决乡镇和农村之间'最初一公里''最后一公里'物流瓶颈问题,让产品'出得来''下得去'。"一系列方针政策表明了政府对生鲜农产品流通模式的重视,也为生鲜农产品流通的研究指明了方向。

基于互联网销售农产品成为当前农产品流通的一个重要途径,而农产品物流与供应链模式是影响其发展的重要方面,因此"互联网+"背景下山东省农产品供应链模式创新对推动山东省农产品物流与供应链发展具有重要的意义。

6.1 山东省现有的农产品供应链模式

中国的农耕文明延续了上千年,自古以来便属于农业大国。山东省的农业经过多年发展已经比较发达,由于气候优越,当前的山东省可以出产各种各样的农产品,从蔬菜到水果再到乳制品等等,这些产品如果不尽完成销售便很容易腐败。现阶段,山东省农业生产总产值处于全国各省份的前列,详见表6-1-1。

表6-1-1 山东省2013—2017年农林牧渔总产值

产业	总产值/亿元				
	2013年	2014年	2015年	2016年	2017年
农业	4335.77	4556.10	4662.61	4387.51	4403.23
林业	120.3	131.53	139.92	147.48	165.09
牧业	2410.56	2478.81	2602.08	2620.29	2501.37
渔业	1347.03	1420.85	1447.28	1409.65	1475.96

注:数据来自山东统计年鉴(2017)。

然而，生鲜农产品滞销、"菜贱伤农"、"菜贵伤民"等现象时有发生。农产品滞销是农民难以承受之痛，也损害了消费者的利益，这与农产品流通信息不对称、流通渠道不畅通有很大的关系。当前，我国生鲜农产品的主要供应链模式有4种，分别是：①以农村经纪人和运销队伍为主导的贩运型供应链模式；②以龙头企业为主导的生产加工型供应链模式；③以批发市场为主导的市场带动型供应链模式；④以连锁超市为主导的生产基地及联合采购型供应链模式。

6.1.1 以农村经纪人和运销队伍为主导的贩运型供应链模式

该模式中，农民自己闯市场，找销路、搞运销，优点是具有灵活性、积极性、自主性。但是缺点也很明显，其组织化程度低，比较分散，市场不确定性非常大，信誉度不高，是比较简单的一种供应链模式，如图6-1-1所示。

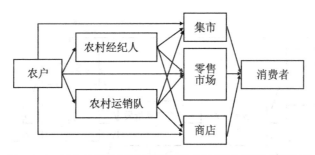

图6-1-1　以农村经纪人和运销队伍为主导的贩运型供应链模式

6.1.2 以龙头企业为主导的生产加工型供应链模式

生产加工企业以合同订单的形式，向农民收购生鲜农产品，生鲜农产品经过加工包装后再销售给零售商，企业与农户之间建立紧密的契约关系，实现产销一体化经营，如图6-1-2所示。在此模式下，一方面龙头企业通过对初级生鲜农产品进行加工、保鲜、包装，生鲜农产品附加值明显提高；另一方面，龙头企业依靠更充分的市场信息和更多的技术信息，也可以对农户的生产进行有针对性的指导，这对农户调整产业和产品结构、提高生产技术水平有很大帮助。然而，此模式的主要问题在于龙头企业与农户双方的契约关系比较脆弱，实力不平衡，多是短期合作。

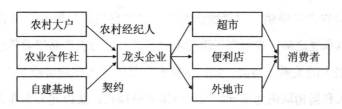

图6-1-2 以龙头企业为主导的生产加工型供应链模式

6.1.3 以批发市场为主导的市场带动型供应链模式

此模式旨在通过培育市场，形成产品集散中心、信息发布中心、价格中心，促进生鲜农产品储存、加工、交易、集散、物流配送等功能的实现，以市场带动流通，如图6-1-3所示。但从众多的农产品批发市场现状来看，批发市场多用于集散、交易，功能比较单一，限制了其引领农业发展的作用。

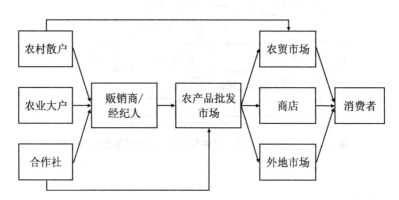

图6-1-3 以批发市场为主导的市场带动型供应链模式

6.1.4 以连锁超市为主导的生产基地及联合采购型供应链模式

连锁超市通过向散户、合作社、生产基地或者批发市场、商贸公司下订单采购，生鲜农产品按订单要求送到超市，完成流通，如图6-1-4所示。此模式最为典型的就是"农超对接"，连锁超市可以通过引导农民进行标准规模化生产，指导其在生产中推进环境保护，提高农民的市场适应能力，增加农民收入。以连锁超市为主导的流通模式缩短了供应链的长度，给消费者提供了新鲜、便宜的生鲜农产品，但缺点也较明显，调研发现连锁超市对接的多是合作社或者自有基地，绝大多数散户的农产品无法进入连锁超市销售。

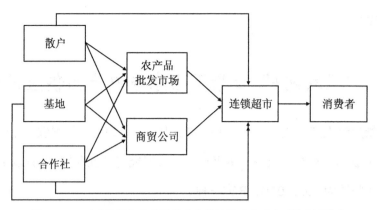

图6-1-4 以连锁超市为主导的生产基地及联合采购型供应链模式

6.1.5 农产品物流园区模式

农产品物流园区其本质就是一个为农产品专门打造的集散中心以及服务中心。通过物流园区可以更高效地将农产品资源进行分配,能够有效推动农产品物流的发展。基于结构层面分析,其模式同批发市场有异曲同工之妙,只不过功能更加强大,现阶段已经能够做到物流一体化,属于更加现代化的模式,如图6-1-5所示。

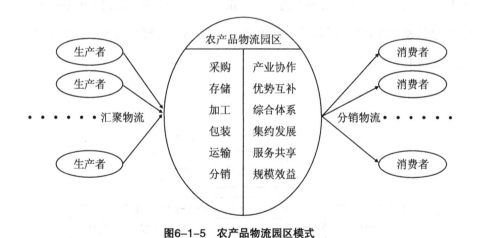

图6-1-5 农产品物流园区模式

农产品物流园区能够为各种农产品提供服务,因此只要有专门的物流园区,完全可以确保一个区域生产的所有农产品得到有效的管理。只不过打造农产品物流园区离不开资金与科技的支持,此外还必须要打造先进的管理模式。普通的企业根本无力承担建设以及运营物流园区的消耗,所以此类园区通常情况下都是政府负责打造的。如果打造成功便能够充分保障区域范围内物流效率稳步提升。当前中国的农产品物流园区并不多,在建的项目很少。

6.2 "互联网+"背景下山东省农产品供应链模式

互联网给生鲜农产品流通注入了生机和活力,大大缩短了生鲜农产品流通供应链的长度、降低了成本、提高了效率。本书通过调查研究将"互联网+"背景下我国生鲜农产品流通模式归纳为C2C,B2B,B2C三种。

6.2.1 C2C模式

C2C模式即消费者到消费者模式。农户或者合作社通过阿里巴巴、顺丰优选、京东、苏宁、1号店等电商平台或微信、QQ的朋友圈以及社区群等社交平台接收订单,通过快递或自行配送将生鲜农产品送到消费者手中,如图6-2-1所示。C2C模式大大缩短了供应链的长度,降低了牛鞭效应,最大限度地保证了农产品的新鲜度。与传统的农村经纪人和运销队伍为主导的贩运型供应链模式相比,"互联网+"使信息更加对称:一方面,农户了解真正的需求,实现产销平衡,很大程度上减少了滞销的现象;另一方面,消费者通过信息追踪可以时刻关注产品的流动,在第一时间吃到各地最新鲜的农产品,满意度大大提升。

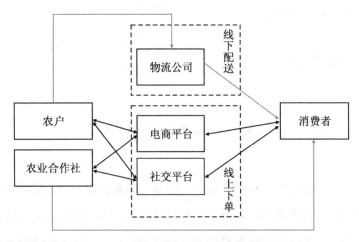

注:→代表农产品流动的方向,↔表示信息流流动的方向。以下各图同。

图6-2-1 C2C模式

6.2.2 B2B模式

B2B模式即企业到企业模式。买卖双方通过自有网站、电商平台、社交平台寻找买家和卖家，签订订单，完成交易，再通过物流公司或自行完成配送，如图6-2-2所示。B2B模式与传统的以龙头企业、批发市场为主导的供应链模式相比生鲜农产品价格更透明，信息更对称，买卖双方都能找到最佳的合作伙伴，并能更高效地完成交易，增强客户体验。

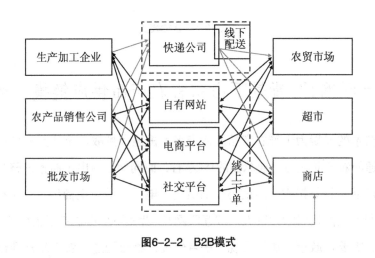

图6-2-2　B2B模式

6.2.3 B2C模式

B2C模式即企业到消费者模式。此模式生产加工企业、农产品销售公司、批发市场、物流公司通过自有网站、电商平台、社交平台获取订单信息，按照订单选择配送模式，将生鲜农产品从农户、合作社或者自建基地运送到消费者手中，如图6-2-3所示。B2C模式与B2B相比缩短了供应链条，能更好地实现货物配送，与C2C相比消费者更有组织保障，采购风险降低，采购量大大增加。与传统的以龙头企业、批发市场、超市为主导的生鲜农产品供应链模式相比，该模式实现了信息透明，供应链上所有的节点企业、消费者都可以及时追踪到产品信息，并监督生鲜农产品及时快速的到达。

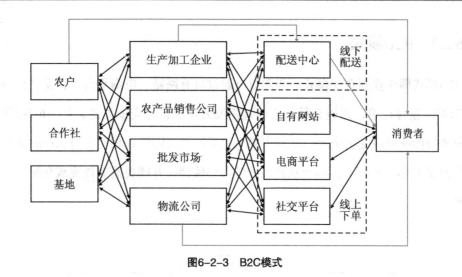

图6-2-3 B2C模式

6.3 "互联网+"背景下山东省农产品供应链模式运行保障

互联网技术的发展为生鲜农产品流通带来了机遇和挑战。统计数据显示,我国通过电子商务流通的农产品只占流通总额的1%左右,而同期服装电子商务占整个服装零售业的17%,3C产品(计算机类、通信类、消费类、电子产品)电商约占总零售的15%。可见,生鲜农产品电商发展潜力巨大。"互联网+"背景下生鲜农产品的C2C,B2B,B2C模式的运行,需要从政策、法律法规,平台建设,物流配送,农产品标准化建设,网络金融建设等方面提供保障。

6.3.1 完善电商政策、法律法规,为农产品供应链提供良好的法制环境

网络营销与传统的"面对面""一手价钱,一手交货"的交易方式不同,这种模式在实施过程中容易出现诚信、产品质量、支付安全、税收等问题。因此,各级政府部门应该制定相应的法律法规,确保当上述问题出现时,能够有法可依。当下,政府应该继续推进"电子商务法"立法,尽快出台"网上商业数据保护办法",加快完善电子商务安全、电子商务支付、电子认证等,进一步规范信息安全、交易安全管理,加强《消费者权益保护法》等法律法规建设,积极推进网络消费者权益保护、网络个人隐私和商业秘密保护、网络信用评价等方面的制度建设,为互联网络产业与生鲜农产品流通产业"融合"发展创造良好的法制环境。

6.3.2 加强农产品电商平台建设，保障农产品顺畅流通

截至2015年6月底，我国网站总数为357万个，而农业类网站只有4万多个，是网站总数的零头都不到，相对于8亿人的农民而言，涉农的电商平台明显偏少。另外，许多网站内容简单、更新滞后、功能单一，浏览量极低，且内容千篇一律。因此，从数量和质量两方面加强生鲜农产品流通平台建设都很重要。建设生鲜农产品电子商务平台，一要注重加强生鲜农产品电子商务市场主客体、交易过程信息管理与服务系统建设，强化在线查验、在线监测，有效遏制非法市场主体、虚假市场信息及非法交易现象；二要注重生鲜农产品技术创新服务，鼓励建立各类科技创新服务中心，提高生鲜农产品技术创新能力，从金融、品牌、技术、政策法规咨询、法律援助和维权服务等方面建设线上线下互动的综合创新服务平台。

6.3.3 促进物流配送发展，解决农产品配送问题

生鲜农产品和其他产品不同，高额的物流成本让农产品电商相比传统模式缺少竞争力。目前，我国冷藏车仅有7万余辆，平均2万人一辆，而日本则有15万辆，美国有25万辆，平均800～1200人就拥有一辆冷藏车，其冷藏运输率高达80%～90%；我国果蔬流通腐损率达到30%，而发达国家的损耗率则能够控制在5%以下。因此，我们应该加强冷链物流建设，一方面可以重点扶持一批生鲜农产品物流企业，提高其专业化和技术自动化水平；另一方面，可以在现有物流配送资源的基础上，整合、推进物流配送中心建设，制定政策引导现有的生鲜农产品物流由配送中心统筹管理。

6.3.4 加强农产品标准化建设，打造高质农产品品牌

我国幅员辽阔，不同的地理环境催生了一大批特色生鲜农产品，比如，赣南脐橙、烟台苹果等，但这些农业品牌，都是只有地域品牌，无企业品牌，而且以次充好、质量参差不齐的现象明显，这就难以形成规模效应和经济效应，更难以形成标准化产品。打造知名生鲜农产品品牌可从加强生鲜农产品标准化着手，在生鲜农产品播种、种植、采摘、生产加工等环节制定标准化手册，实现品质标准化、工艺标准化、规格标准化，打造诸如"褚橙""三只松鼠""獐子岛"这样的高端农产品品牌，改善消费者对网络购买农产品不信赖的现况。

6.3.5 健全网络金融，确保支付安全

健全网络金融，一是提高网上支付的便捷性和普及率。由于网银在农村普及度不高、农民使用电脑不熟练、教育成本高等原因，农村网上支付是一个难以跨越的关口，加强网络支付的便捷性对促进生鲜农产品电商发展有重要的作用。二是防范电子支付风险，确保支付安全。建立网络安全防护体系，防范系统风险与操作风险，完善电子支付立法建设，加强电子支付的监管，从各个方面保障支付安全。

第7章 山东省农产品供应链合作机制

7.1 山东省农产品供应链企业间合作关系存在的问题

通过对山东省农产品供应链企业的调研以及对相关实例展开研究后发现，供应链管理涉及的范围比较广泛，除了涉及供应商以外还涉及制造商以及经销商等。因此，想要构建一个高效的管理系统，就必须要着力引导各参与主体进行合作。现阶段山东省供应链企业间合作有所成就，不过依然有着下述问题。

7.1.1 企业间没有形成战略伙伴关系

山东省农产品供应链的各方参与主体即便存在着一致的利益，但现阶段尚不存在战略合作关系。供应链理论其核心在于各方主体也就是企业的相互合作。不过，从当前的实际情况看，企业的关系基本上停留在业务层面，仅此而已。如此一来，供应链管理的价值将受到影响，整体利益也无法实现。部分企业为了维护自身利益选择将风险进行转移，而且为了抢占市场，各参与主体的竞争也越来越激烈，各方企业很难通力合作。因此，在供应链合作方面至今也没有取得阶段性成果。

7.1.2 企业间信任程度低

随着市场环境的改变，企业的信任度越来越低。实际上充分的信任能够有效控制合作的成本。此外，还能够进一步提升供应链的运营效率，还有充分的信任能够让企业的朋友圈不断拓展。我国走的是社会主义市场经济路线，主要强调的是市场的发展，企业作为推动市场发展的主体，长期以来对企业信用缺乏清晰的认识，有的时候还存在着欺诈的情况。想要通过供应链达成合作，就必须要对各方有足够的信任，不然很难搭建起长期的战略合作关系。要是在合作期间，其不能够按照既定标准交货或者按照具体时间支付货款，那么企业的信用必然会受到影响，不利于企业的长期发展。因此，供应链合作的前提是信用。

7.1.3 供应链的合作方式相对落后

我国供应链管理出现的时间并不长,在实践中很少有企业真正关注供应链管理。通常情况下其依然会选择"推式"供应链管理而并非"拉式"供应链管理。对于企业来说,思想上缺乏改观。很少有企业愿意同竞争对手达成合作关系,更不愿意同竞争对手共享市场信息,共担市场风险,在这种情况下根本就不存在供应链企业的合作。

7.1.4 信息沟通不畅

在当前的市场环境下,市场变动会十分剧烈,信息共享能够充分推动各市场主体的合作。以网络为纽带的供应链模式能够在很长一段时间内占据供应链企业合作的主流位置,不过在山东省众多的农产品企业中,很少有企业真正认识到网络的价值。因此,很难实现供应链的高效管理。另外,法律以及社会信用体系方面的缺失同样会影响信息沟通。

即便供应链管理在国内出现的时间并不长,但并不影响以供应链为基础进行商业层面的合作。只是现阶段相关企业在供应链管理方面的效率并不高,而且缺乏科学的管理方式,导致供应链合作没能发挥出应有的价值。此外,如果不解决思想传统、缺乏高素质人才、缺乏合作意识这些问题,那么必然会长期影响供应链管理。由此可见,必须尽快协调企业合作相关的各项问题,只有将问题协调到位,才能够全面推动供应链管理模式的发展。

7.2 供应链企业间合作存在问题的原因

7.2.1 牛鞭效应对供应链中信息共享的影响

20世纪90年代,美国宝洁在分析帮宝适的订货模式期间了解到:终端市场其需求信息会以零售商为核心,逐步调整批发商、生产商、与供应商传导,随着传达的范围逐步扩大,信息会明显失真。这种情况并不是宝洁公司才有,实际上像通用以及惠普这类大型企业都存在这种问题。长此以往便引发了业界的重视。实际上1961年便已经有学者对此展开了分析,Forre Ster就是先行者,他的研究主要是根据系统动力学来展开。到1997年,Stanford大学教授Hau Lee主要研究了牛鞭效应,最终提出:随着供应链环节逐步发生改变，一旦到达下一个环节，企业会重点参考市场的信息来拟定生产方案，此时的市场信息一旦失真那么必然会被无限放大，一旦供应商获取了相关信息，那么可以确定这种信息同市场的需求会存在不小的差异。之所以会如此，最主要的原因在于信息在流转期间会逐步放大，最终导致供应商因错误信息指导生产，引发一系列的库存问题。由于这种情况仿佛击打过程中的赶牛鞭，所以被业界叫作牛鞭效应。下游的市场就等同赶牛鞭的尾部，上游的供应商就等同赶牛鞭的顶部，一旦尾部发生颤动，顶部的颤动会更加明显。

供应链结构由三个层面组成：组织结构、信息结构、决策结构，它们之间相互做工，可谓相辅相成。之所以会存在牛鞭效应，就是因为常规的供应链结构本身就存在问题。所谓的供应链，其覆盖的范围比较广泛，而且涉及多个企业，参考委托代理理论，供应链里面往往会存在双向委托的情况。简而言之，供应链的各个部分均存在独立的利益，而且对市场需求以及市场信息都存在着迫切的需求。为了满足各种需求，在决策的时候必然会选择最优方案。由于各个企业的需求不同，其最优方案必然存在差异，在相互作用下就会引发牛鞭效应，下述具体介绍其背后的逻辑：

（1）市场需求评估出错。对于上游的供应商来说，在评估市场需求期间，往往会依托于过去的销售数据来进行评估，因此忽视了库存的相关数据。长此以往，误差必然会越来越大，如果不扭转系列误差，必然会引发牛鞭效应。另外，作为买方，一旦察觉到某个阶段需求量逐步扩大，会单方面对市场走向做出判断，要是过于乐观，必然将选择加大订单量，引发一系列库存问题。

（2）订货批量决策不准确。对于供应链下游的企业来说，往往会因为物流以及订货成本的关系，即便认定市场需求会越来越大，也不可能马上寻求供应商，让供应商立即发货。通常情况下，都会让需求积累到企业的临界点才会选择大批量的订货。如此一来对供应商来说，订单的波动比较大，因此订单量并不具备足够的参考价值。

（3）订货提前期不规律。在实际操作中，供应链的各方参与主体从订货到收货必然会出现"时滞"，一旦出现"时滞"这种情况，便会引发各类负面效应。不仅影响订货量数据的准确性，还会影响企业在"时滞"期的需求量，会进一步控制库存规模。在这种情况下，企业往往会提前预计库存，提前期同库存波动存在明显的负相关关系。

（4）价格不稳定。对于生产商来说，由于其掌握了市场定价的权利，所以完全可以通过市场定价来控制出货量。对于需要订货的企业来说，如果价格高就可以控制订货量。另外，在一些特殊的日子生产商会做促销活动，这种情况下产生的订单也有可能导致牛鞭效应。

（5）产品供不应求期间企业的博弈。对于生产企业来说，由于各种关系导致产能不足，生产的产品根本无法填补市场的空间，这种情况下企业将掌握充分的市场主动权，会参考下游的订货量来进行销售，对于下游企业来说，想要拿到货源就必须增加订货量，这时往往不会考虑真正的需求。一旦过了这段时间，订货量就会回归日常水准，这个时候下游企业将掌握市场主动权，市场的风向也会发生改变。

由此可见，之所以会出现牛鞭效应，最主要的原因在于供应链的各参与主体并非铁板一块。他们都有各自的利益，为了维护切身利益，就必须坚持理性决策。基于管理的维度分析，主要是因为市场供求关系缺乏足够的合理性，而且市场信息流通不畅。各个企业在合作期间，会受到信息的影响，直接导致生产周期延长，影响资金周转的效率，制约企业经营目标的实现。

7.2.2 信任基础薄弱使供应链企业间很难建立良好的合作关系

在供应链的各个环节中都有参与主体，要么是供应商，要么是制造商，要么是零售商。大家如果不存在切实的利益，往往很难真正的合作。之所以会如此，最主要的原因在于各方主体相互之间缺乏信任。由此可见，必须要确立起信任关系。有学者证实，企业与企业之间如果存在信任关系，有12%的企业会选择继续保持合作关系，有22%的企业认为基本上不会寻找替代品，这些数据远远超出不存在信任关系的企业。

企业之间信用水平不高，合作范围有限。想要打造现代化的供应链，就离不开各类企业的参与。对于企业来说，选择合作对象之前必须要确保对潜在的合作对象有清晰的认识，无论是经营情况还是信用情况都要掌控到位。当前，山东省不少企业从成立至今也没有认识到信用的重要性，部分企业还存在欺诈的情况，如此必然会影响同其他企业的合作，很多企业在了解了企业的相关历史之后，会选择"敬而远之"。在这种情况下，必须要着力打造信用档案，让企业之间的信用变得公开透明。现阶段山东省部分城市了解到了问题的严重性，已经开始着手打造信用机制。只不过这种做法还没有在大范围内推广，因此尚未取得明显成效。

7.2.3 供应链企业间合作思想还不够开放

现阶段，山东省大部分企业及供应链管理的效率都不高。尤其在信用管理上问题就比较多，具体有：企业信息化发展长期保持着停滞的状态，直接导致企业经营期间的会计信息不能够在第一时间接受处理；部分企业不希望同合作方或者竞争对手共享信息，即便会共享部分信息，这些信息也不存在实际价值。之所以会出现这种情况，主要的原因在于企业的经营思想依然处于禁锢的状态，认为所有信息都属于商业机密，一旦泄密会影响企业的切身利益。

7.2.4 相关法律法规体系不健全使供应链企业间的合作缺少保障

现阶段国家在电商领域的法律法规还不够健全，很多制度都只是停留于形式。想要大力发展电商产业，必须要打造出完善的法律体系。其中《数字签名法》《CA认证机构管理办法》等法律依然处于缺失的状态，这样直接导致无法可依，让企业自由地发展，最终影响行业的发展前景。

7.3 供应链企业间合作机制的总体框架

7.3.1 指导思想及原则

1.供应链企业间合作机制的指导思想

供应链企业的参与主体众多，本身就属于动态联盟，因此没有企业实体的说法。供应链成立的原因在于各参与主体存在一定的共同利益。只有大家一起追求共同利益时，供应链才能够发展。对于企业来说，单独的企业很难应对市场的变化，选择抱团取暖的方式，更有利于企业实现利润最大化的经营目标。

通过上文可以看出，在当前的市场环境下，供应链企业完全能够以合作的形式来达成战略目标。只不过在合作期间，因为企业的整体规模不可能一致，所以会经常出现各种冲突。企业规模的差异会直接影响资源的准备。如果企业在获取的信息方面存在差异，那么会直接促使合作期间各方参与主体会选择自认为的最佳方案。企业之间的合作会在一定的框架内进行，因此从某种层面上将对企业的具体行为加以规范，有利于企业之间的合作。由此可见，提前设定的合作机制将直接影响供应链企业的合作关系以及合作成果。

在打造合作机制期间，必须要按照供应链整体目标来进行设定，如此才能够统筹各方关系，实现资源优化为主，最后达成互惠共赢的目标。

2.供应链企业间合作机制的基本原则

观察实践活动得知，不同的合作提供的管理模式必然存在差异以及各自的特征。其中就有动态性、透明性等特征，因此，在打造合作机制之前必须要参考各项特征来统筹规划。

（1）全局性原则。基于供应链的层面看，要打造合作机制的最主要的原因在于统筹规范各方参与主体的关系。此处的参与主体指的是企业，因此需要强调供应链整体利益，只有规划好整体利益，才算是坚持了全局性原则。如此就可以增强合作效率，取得更优异的合作成果。

（2）合理性原则。只有坚持合理性原则，才能够充分协调企业之间的合作关系，让企业更容易达成合作共识。所谓的合理性原则，就是在对所有企业都一视同仁的情况下，不违背企业经营的目标。不然的话，就会影响企业之间的合作，进而制约供应链的发展，严重的情况下会直接导致供应链的崩坏。

（3）经济性原则。为了推动供应链企业之间的合作，一方面应当兼顾到合理性，另一方面应当兼顾到经济性。以最优成本为目标，充分协调各种企业，进而实现经济性原则。

（4）一致性原则。为了推动供应链合作的发展，必然会设定一致性目标。在合作期间，各方参与主体的经营战略有所差异，会直接影响供应链整体目标的实现。如果差异过大，那么合作并不一定能够取得良好的成果。由此可见，在挑选合作企业的时候，应当尽可能地挑选战略目标一致的企业。另外，必须要确保各参与企业的技术以及管理能力差距不大，如此才可以确保供应链合作的稳步发展。

（5）简约性原则。供应链企业之所以会参与合作，原因在于通过合作能够充分地调动各方积极资源，整合企业的物流资金流等。在控制成本的情况下，实现利润最大化的经营目标。因此，打造合作机制时，应当做到简洁，让各方参与主体可以很好地理解核心内容，如此可以确保合作机制发挥出切实的价值。

（6）差异性原则。随着供应链合作的引导，各方参与主体不仅是竞争对手，还是合作伙伴，此外企业与企业之间的关系也存在一定偏差。在这种情况下，企业的资产专用性和信息共享情况会存在明显区别，各类企业选择的协调方式也会存在差异。因此，打造合作机制时，应当坚持实事求是的原则，根据企业之间的情况来设定，并且必须要认识到差异性的客观存在。

（7）敏捷性原则。供应链成员企业一旦达成合作关系，大家都需要在市场竞争中谋求共同利益。在此期间，必须要适应市场，主动根据市场需求的变化来调整竞争合作关系，所以应当打通精准的信息沟通途径，以此获取市场信息，为后续的调整打牢基础。

7.3.2 供应链企业间合作机制的总体构架

所谓的机制，其涉及的范围比较广泛。笔者阐释的机制主要体现在供应链体系里。

根据供应链的具体结构以及运行逻辑来打造对应的机制。供应链合作机制其核心功能在于稳定供应链，确保打造供应链期间能够得到应有的监督以及修正。

供应链管理在实践中其面对的客体是多个企业临时搭建起的整体，因此内部的关系十分复杂，必须要充分协调各方关系才能够保障供应链的稳定发展，打造合作机制就是为了推动参与主体之间的合作，尽早达成各个企业的整体目标。

供应链企业间合作机制涵盖了信任机制、信息共享机制、风险共担和利益分配机制。

不管供应链多么复杂，其成分必然是独立的企业，而且所有独立企业其之所以参与供应链合作，其原因在于达成经营目标。要是在利益分配环节出现问题，影响企业经营目标的实现，供应链条会直接断裂开来。由此可见，科学规范利益分配能够有效维护供应链的稳定。只不过在实践中合作机制会存在相互作用的情况。接下来会以图表进行城阐释。

例如，在各方参与主体的目标实现之后，便能立即签订合作协议；要是供应链运行期间，里面的部分条款影响了合作关系的稳定，便应当在第一时间修订协议，重新设置共同目标。签订协议时，要是参与主体缺乏足够的信息共享，对信息掌控更多的企业必然能够掌握主动权；要是大家信息掌控的情况差不多，在协议设定的不够明确的情况下，很容易引发矛盾，责、权会出现模糊的情况。另外，签订的协议里面的内容比较完善，完全可以规范合作路线，那么有利于推动供应链合作的正常开展。信息与信息、信息与目标必然会存在某些内在关联。所以彼此选择以图形的方式来进行展示（见图7-3-1）。

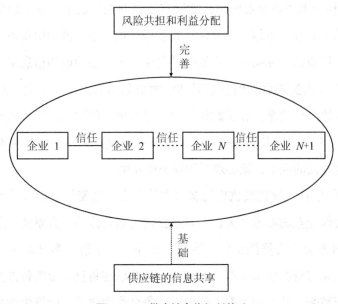

图7-3-1　供应链合作机制关系

观察图7-3-1不难发现，企业合作时最不能缺乏的就是信任。也正是因为信任的存在，才能够构建起合作的条件。信息共享属于合作的核心，风险共担与利益共享起到调节作用，有利于改进优化合作机制。

7.3.3 供应链企业间合作机制的内容

供应链企业合作机制就已经涉及打造各方参与主体的信任关系。充分发挥信息技术优势达到信息共享的目的，为进一步稳定企业之间的合作，可以选择风险共担的方式，然后再结合利益共享来协调各方利益往来。

实际上，在1985年欧美各国就已经有专家开始着手分析企业间的信任机制。尤其当前的市场竞争环境逐步变化，欧美国家已经开始着手研究关系营销学，在这里面信任机制就属于核心研究课题。其中，伯兰兹威斯克与凯勒兰克斯提出的观点是，信任属于个体其他个体的信赖程度。斯克尔和欧赞提出的观点是，信任等同于信仰：合作对象的承诺值得信赖，其会尽到合作期间应尽的责任。

1.信任是合作机制的保障

信任其本质属于思想活动，主要源于实践经验。对于每一个个体来说，会结合各方经验来挑选出值得信任的个体，然后在进行合作。贸易往来时，是属于互动的活动，信任是双方的行为，一旦有一方面解除了信任，那么合作便会戛然而止，在以后信任也会受到影响。

信任对供应链企业间的合作具有重要的作用，具体如下：

（1）对合作企业予以足够的信任能够有效控制交易成本。基于信息经济学的层面分析，供应链的各方参与主体其本身存在着委托代理关系。因为信息不对称、合同不健全之类的情况，供应链企业间可能会发生逆向选择（由签约前的信息不对称而引起的行为）、败德行为（由签约后的信息非对称性而引起的行为）等情况。想要协调相关情况，就先应当重视合作关系。在实践操作中，单方面地激励与监督依然缺乏有效性。当供应链企业相互的合作越来越深的时候，想要维护合作关系，就必须不断提高激励成本，想要节省这方面的成本，就必须要加强企业互信。

（2）充分的信任能够提高供应链参与主体的合作紧密性。抛开成本因素不谈，监督机制将引发合作企业的心理损失。一旦监督行为被合作的一方察觉，那么必然会影响合作的开展，对方会认为信任受到了挑战。此外，由于信任本身就存在着一定的感染性，如果过于强调监督必然影响对方的信任，长此以往将直接影响各方参与主体的相互信任，导致合作破裂。从本质上看，即便以竞争合作为纽带，能够带动企业间的合作，但如果能够提高企业的信任度，能够进一步延伸合作的深度，着力优化企业的生产与服务，有利于提高各方参与主体的责任感，竭尽所能寻求大家的一致利益。由此可见，提高供应链企业的信任对企业的价值极大。

（3）信任能够确保供应链具备足够的快速反应能力。第一，从供应链企业的层面看，信任能够反映出大家都在按照签订的合同发展，不存在各种违规以及违约行为，所以在信任足够的情况下，矛盾会越来越少，谈判也会越来越少，节省了大家的时间。第二，信任能够促使合作的灵活，产业链的所有企业愿意将自己掌握的信息公布出来供大家参考，而且愿意接受更多合理的条件。如此可以让企业之间的合作更加紧密，节省企业的运营成本。第三，信任能够赋予合同新的含义，在需要的时候，其他企业会提供力所能及的帮助，而且也乐于承担一些此前并未预见的缺陷。如此能够有效提高参与主体的市场反应力以及综合竞争水平。总而言之，在信任的情况下供应链能够更加灵活地做出反应。

（4）信任让企业能够长期合作。对企业的信任充分体现出大家都承认了合作的效果。由于合作时间越来越长，大家相互了解的程度自然会越来越深，很多时候已经可以提前判断对方的下一步棋，在这种情况下贸然同其他企业合作，对企业来说可谓得不偿失，还可能引发各种风险。此外，还会徒增工作量，导致供应链运转效率受到限制。由此可见，只要合作双方足够信任，根本就不需要继续挑选合作伙伴，如此自然能够控制一系列成本。另外，足够的信任能够推动供应链的运转。

正是因为信任机制的存在才能够搭建起合作机制。对于企业来说，必须要做到信息共享、风险共担。只有这样，才能够培养出良好的信任关系。

2.信息共享是合作机制的基础

从供应链的层面看，物流以及资金流全部是因为信息流的存在才会运转，如果缺乏信息流，物流与资金流将不复存在。即便强行运转，也无法发挥出足够的效率。当前企业的合作越来越紧密，合作期间就会衍生出信息，而且信息会产生一定变化。信息流并非单向运行，其完全可以统筹物流以及资金流。高度协调的信息流能够推动供应链的发展，让供应链的效率逐步增加。此外，信息流属于供应链里面覆盖范围最广、变换速度最快的项目。把控信息流，便可以正确地指导物流以及资金流的运转方向，可以达成供应链管理的制定要求。因此，在当今社会，所有企业必须要认识到信息流的重要性。

不过，在委托代理机制以及牛鞭效应的影响下，信息流的真实性可能会受到影响。

基于供应链的层面分析，所有企业都希望实现各自的经营目标，因此，会影响供应链整体目标的实现。如果企业经营目标偏差过大，会直接限制供应链的竞争优势。因此，想要充分控制信息不精准引发的风险，确保供应链具备足够的竞争优势，就应当打造出现代化的管理机制来规范企业的实践活动。对每一个企业设定相当的范围，只能在范围内进行共享。供应链企业完全可以通过这种方式来展开合作。

3.风险共担和利益分配使合作机制更加完善

只要存在合作的行为就必然面临着合作风险。对于供应链企业来说，同样如此。其中涉及下述层面：

（1）目标冲突风险。此处强调的是，供应链各方参与主体其经营目标与供应链目标之间的差距较大，从而引发的风险。

（2）协议风险。此处强调的是，各方参与主体受到协议的影响引发的风险。

（3）信息风险。此处强调的是，合作企业因为信息交流受到影响引发决策失误最终使得合作失败的风险。

（4）信用风险。此处强调的是，合作企业根本就没人搭建起战略合作关系，大家对彼此完全不够信任，都希望通过自身把控的信息来实现经营目标，进而引发合作失败的风险。

（5）利益分配风险。此处强调的是，合作的各方参与主体在分配利益的时候，由于没有做到平均分配，最终供应链会破裂，进而引发的合作失败风险。

例如，1993年，日本住友化工厂出现过爆炸的事件。由于该企业的核心业务是半导体生产，所以当生产车间爆炸之后，根本就无法履行半导体产品的交货合约。如此一来直接影响了半导体生产厂家的发展，并且引发了巨额损失。2000年3月，美国的飞利浦，其旗下的第22号芯片厂出现了火情，由于当时该企业为爱立信供货，而且供的是零件芯片。火灾导致爱立信大概损失了9亿美元的销售额，市场占有率从最开始的12%下滑到当前的9%。2002年9月，美国爆发过一次罢工运动，在这次运动中港口的功能无法发挥，因为西海岸属于中远集团踏足美国的跳板，结果到达美国之后船上的集装箱又不能够卸货，还不能够返航，引发了无力履约，直接导致中远集团市值减少了2400万美元。此外，中远集团同样受到了影响。这也不难发现，一旦企业遭遇不可控的情况，通常会以资金不足的方式来敷衍或者提出延期付款；出现财务危机之后，便在经销商那里多吃借款。如此透支性的消费让供应链环节变得越发的薄弱。

供应链的组成部分是各个企业，属于一个综合性的系统。当所有子系统只关注经营目标时，集中优化模式型完全可以大家进行参考，怎样去各方利益主体的关系，就需要供应链管理来全权负责。

对于供应链的参与主体来说，其本身都是独立的企业，其经营目标就是实现利润最大化，所以想要打造完整的供应链，就必须要做到合理分配利润。不然，只要有任意企业认为自身没有得到应有的待遇，必然将选择离开，然后在继续谋求合作伙伴。如此一来必然将影响供应链的合作关系，严重的话，将导致整体合作关系遭受破坏。

在供应链里面，必须要同时符合下述条件企业才愿意同各类企业达成合作协议：①在合作之后所收取到的利润必然远远超出不合作时的利润。不过，在利润分配期间会出现各种情况。利润分配时会坚持按劳分配的原则，在这个原则的规范下，可以尽可能确保分配环节的公平，但是很难满足各方参与主体的需求，长此以往会影响企业参与的积极性，也不能够明确展现出合作的价值。②在长期合作时，参与供应链的企业能够分配的利益会超过合作前的利益。

供应链管理需要兼顾全局，因此难度较大。各个企业之所以组建起临时的共同体，其都是为了实现利润最大化的目标，即便几乎所有供应链企业都已经搭建出了初级的利益共同体，但是内部依然没有达成一致，在利益方面更多地会朝着自身转移。对于企业来说，需要尽可能保障供应链不受影响的同时，还需要着力实现利润最大化的发展目标，并且应当确保利润分配体系。供应链在此期间需要维持绝对的平衡。

因此，供应链企业的合作应当把合作收益来进行分配，如此可以充分识别个体与总体目标的距离。

供应链企业的合作机制由信任机制、信息共享机制、风险共担和利益分配机制组成。合作机制离不开信息共享机制，在相关机制的影响下，信任机制已经能够利用各种机会来进行来协调，从而打造出更加先进的供应链企业合作机制。其各部分之间互相影响，互相制约，构成一个系统、科学的机制。

7.4 建立供应链企业间的合作机制

7.4.1 供应链企业间的信任机制

1.信任对供应链企业间合作的作用

纵观全球学术界，对信任一词的解释尚未达成共识。有学者把信任解释成意愿，安德森提出的观点就是相互信任的前提在于双方主体充分明确了彼此之间的关系。根据关系的情况来决定承担短期混乱的级别，级别越高，双方便对解决混乱更有信心。有的观点是信任其本质属于信仰和依赖，如维兹提出的观点是，信任等同于组织信仰，其具体的需求会在日后让其他伙伴来实现。墨尔提出的观点是，信任属于可信任的合作对象的想法。托尼和佳能提出的观点是，信任为可察觉信任目标的可信性与仁慈。

一般来说，只要合作的一方对自身实践活动带来的后果有清晰的认识，在必要的情况下，会寻找合作对象来协调相应的后果，这样便会产生特殊的社会关系。如果合作的一方可能将遭遇行为风险，另一方会及时做出应对，要是应对方案会给合作方带来影响，那么同样可能会遭遇行为风险，在这种情况下信任的价值可谓不言而喻。如果真的有可能爆发行为风险，那么认定属于抑制机会主义的一方便可以被信任。要是很可能遭遇风险的一方认为对方可以信任，那么便会信任对方。如果参与主体都可以信任，那么必然能够培养良好的信任风气。

巴内和哈森提出的观点是，信任同样可以进行分类，在日常生活中可以将信任分成低度信任、中度信任以及高度信任。如果是低度信任，那么便不能直接忽略机会主义的存在，只不过低度信任同各合作主体之间的欺诈行为不存在必然联系。如果是中度信任，那么一旦供应链总体出现问题，供应链的参与主体可能会为了自保忽略掉其他企业的利益。高度信任又称为"硬核心信任"，这种情况基本上只会出现的供应链遭遇极端脆弱性威胁的时候，无论有没有社会与经济的治理机制，各方参与主体会保持足够的信任。供应链里的企业能够获得各个企业的信任，主要是因为下述两个原因：①该企业具备对非机会主义行为进行激励的企业文化与对防范机会注意的控制机制；②企业负责人能够被其他企业所信任，这个人这行业里已经积累了良好的口碑。对于供应链的各个参与主体来说，必须要做到高度信任，只有这样才能够进一步推动供应链发展。高度信任的供应链需要各参与主体都愿意积极承担风险，要对所有企业都有足够的信心，认为其不可能做出损人利己的行为。

企业间的相互信任对于合作关系有以下促进作用：

（1）能够进一步控制参与主体的交易成本。又是各个企业都能够做到高度信任，自然能够缩减代理行为，也不需要支付额外的激励，也不用专门设置监督岗位，如此自然能够控制交易成本。

（2）信任能够推动企业合作。有利于提高参与主体的信任度，推动大家共同合作、共谋发展，充分保障生产和服务的弹性，一旦遭遇无法预料的事情，那么必须要具备责任感，确保信任能够解决问题。

（3）信任能够增强供应链的快反能力。在高度信任的情况下，合作的企业能够做到按照既定的时间交货以及付款，能够保障产品的质量，不违背合同规范。除此以外，还能够进一步控制摩擦事件，有效推动商业谈判活动的开展，帮助企业节省时间。另外，足够的信任能够让企业间的合作变得更加灵活，各方参与主体在恶劣环境下不会相互推诿。长此以往，将进一步提高企业的信任度，有效推动企业融合。

（4）信任能够让企业之间形成长期合作机制。要是企业认定对方可以信任，便说明双方的合作十分成功，在这种情况下，也没有必要再一次选择合作伙伴，如此一来可以有效控制各项成本。

2.信任机制的建立过程

通过上述内容可以得出结论，信任机制对供应链的正常运转起到了重要作用。想要在供应链内部搭建起稳定且长效的信任机制，那么就必须要按照下述流程来进行：

（1）对供应链上面的所有环节对信任的需求度展开评估。供应链覆盖的范围比较广泛，因此其具体的性质会影响信任的需求度；供应链的每一个环节对信任需求同样存在着明显的差异。因此，在打造信任机制之前，应当先明确供应链同信任需求度之间的关系，重点把握核心环节，满足这些环节对信任的需求。

（2）厘清同供应链信任度相关的各项因素。打造专门的供应链信任体系，先应当把握住哪部分核心因素会给供应链的信任机制带来影响，包括影响的运行逻辑。如此可以在打造供应链时尽可能避免这些不利影响。

此外，还应当明确合作期间风险的来源，如此可以便于运用科学的机制来维护合作关系，这方面就包括让谁来决定运用的机制，而且还要落实到位。这属于风险偏好或属于风险规避都需要进行充分的评估。如果市场存在着机会主义，而且各参与主体的消息不对称，就必须要求对合作的现状展开准确的评估。通过分析基于供应链能够实现的预期收益和维护供应链稳定的激励制度，乃至于值得信任的实践活动的关联情况。参考上述内容来做出具体措施。

（3）对备选的合作伙伴进行信用等级的评价。一旦供应链打造成功，也就意味着各方参与主体必须要足够信任对方。通常情况下，为了保障供应链的稳定，会在此之前就对信任关系进行评估。能够加入供应链的企业，必然存在着其特定的价值。只不过除了要关注其对供应链产生的价值以外，还要关注其信用层次。这方面应当通过专门的信用评级机构来加以了解。作为专业的评级机构，为了得出更加真实的结论，会调查企业在各个层面的信用情况。除此以外，会分析企业的资金环境以及企业文化乃至于负责人的个人信用情况等等；还会参考对供应链在各个环节对信任的需求度，来明确在此期间的最低信任度，最终再挑选合作对象。

（4）重视信息交流，打造共同目标。实际上，行为本身就存在着一定的联系性，这会直接影响此前以及日后的行为方式，所以必须要打造可持续发展的合作关系。这方面离不开信任的支持。在产业链中，各方参与主体愿意信任对方便能够实现互惠互利，而且随着互惠互利的次数逐步增加，企业间的合作关系会进一步强化，信任度也会更高。通常情况下，供应链刚刚打造成功后，因为企业对其他企业的认识程度不够深，因此容易出现猜忌或者试探的情况。只不过，当所有企业在供应链中合作越来越深入时，特别在取得良好的合作成果时，供应链的企业会相互产生更加浓厚的信任和依赖。

（5）打造科学的利益分配体系与机会主义防控体系。实际上，供应链里的每一个参与主体要是都能够做到按照既定规划来行动，随着时间的推移必然能够展示出足够的可信度。因此，必须要做到保障所有企业的行为理性化，特别在面临市场诱惑时，应当打造出科学的利益分配体系，如此能够有效控制机会主义的泛滥，维护各个企业的切实利益。

相关体系的核心在于拔高欺骗成本以及提高合作收益。如此一来，可以直接解决利用欺骗的方式为自身牟利的情况。另外，应当结合保护性合同或与之相关的协议来限制机会主义这种活动。简单来说就是要严厉打击违规操作，如此能够起到很好的震慑作用，消除投机心理，还能进一步增强企业间的行为信任度。

（6）签署相应的协议来限制不正当活动。如此能够维护信任机制可以发挥出切实的功能与价值，保障激励目标得以实现，属于激励机制的一种。

打造专门的信任机制，能够让各方参与主体更加深刻的理解自身应当做到的信任程度，还能够明确相互信任之后可以获得的利益。这不仅能够有效控制成本，还能够提高市场竞争水平。此外，还应当清晰地认识到不信任行为给企业造成的损失，所以才能够引导企业主动的根据信任机制中的规则来参与合作。

7.4.2 供应链信息共享机制

1.供应链信息共享的内容

所有能够指导企业进行决策的咨询都统称为信息。从供应链的层面看，每一个企业均属于独立的利益代表，之所以能够达成合作主要是因为存在着一致的利益。如此一来，企业之间的信息难以做到充分的共享。因此必须要解决信息共享问题，只有这样才能够推动合作目标的实现。信息共享之后，能够有效增强供应链的效率，基本体现在：信息共享能够让供应链变得更加的灵活；信息共享便于供应链对市场展开充分的评估；信息共享能够更好地统筹规划整体系统，捕捉供应链里面的所有信息能够提高信息管理效率。这里面最主要的信息涉及下述内容：

（1）需求信息。一般来说，供应链的各方参与主体会以订单的形式来转达需求方面的信息，在实践中，企业订货会根据库存的情况来决定，订货很难做到规律，而且信息的真实性会随着供应链的上移受到影响，最终会引发牛鞭效应。一旦出现这种效应，会直接影响供应商对市场的判断，要是对市场过于乐观，必然会提高产量，最终引发库存等相关的一系列问题。供应链里面的企业必须要实时共享需求信息，而且要确保信息的真实性，如此可以缩减预测流程，有效控制经营成本。

（2）销售预测信息。前文已经介绍过，尽量减少独立预测，可以控制牛鞭效应给企业带来的不利影响。通过实践不难发现，供应商管理库存最主要的方式就是将库存逐步清空，这方面依托下流的渠道商。供应商在管理库存时，如果渠道商的购买能力十分有限，那么库存管理将无法取得优异的成果。这种情况下，供应商完全可以按照具体方案来继续生产，还需要根据渠道商的具体情况来进行配送，应当确保渠道商的库存能够处于正常水平。之所以会有这方面的约束，主要是因为渠道商害怕供应商输送的货物过多。要是双方提前对市场信息进行交流，自然能够提高配送效率，而且还能够避免库存积压的情况。

共享销售预测信息在实践中的参与主体是上、下游两端的企业。通常情况下，下游部分对市场会比较敏感，因此能够充分掌握市场的具体情况，在预测市场需求时往往能够做到精准预测。将预测信息同上游企业进行分享，可以有效指导上游企业制定生产方案。

（3）库存信息。库存水平信息对整个供应链的正常发展十分重要。因此这也是各方参与主体比较常见的合作方式。只有掌握了库存情况，便能够确保库存始终处于正常水平。对于企业来说，库存管理十分重要，如果能够做到高效管理，也能够助力企业经营目标的实现。真正意义上的库存，需要充分考虑上下游企业全部的库存。如此可以对上游企业提供积极有益的指导，而且便于下游企业增强服务能力。

（4）生产、配送计划信息。共享这类信息，不仅能够便于制造商设定发展规划，还便于供应商能够依托制造商来满足补给需求。长此以往，双方会形成良好的合作关系，能够通过信息的共享，实现各自的经营目标。对于供应商来说，在了解了制造商发展规划的情况下，更容易保障供应量，避免出现供应量不足的情况或者供应量过大的情况。

（5）物流信息。物流对于任何企业来说，都是不可避免的重要环节。在物流环节中包含的内容比较广泛，除了运输以外，还有仓储以及流通等内容。对这部分内容的信息进行共享，能够更好地串联起供应链的上、下游企业。保障相关产品可以精准的交付。要是途中出现了意外情况，也可以在第一时间进行协调，能够充分控制损失范围。

（6）资金流信息。随时跟进供应链的资金状态。这方面应当基于财务来了解企业的运营情况。如此一来可以有效控制各方参与主体的财务成本，保障资金能够合理运用，便于企业制定经营目标。

2.信息共享的支持技术

随着时代的发展和社会的进步，信息共享所依托的基础也有所发展。现阶段，主要依托集成制造（CIM）、电子数据交换（EDI）、计算机辅助设计（CAD）、制造业执行信息系统（EIS）来实现信息共享。

利用供应链的核心系统，可以有效地串联起来各项信息以及数据。供应链的参与主体，必须要达到统一的信息系统，如此一来可以保障信息具有足够的参考价值。供应链信息系统应当充分整合各类信息，其中不仅包含市场信息还应当包含订单以及销售等方面的信息。如此可以更好地指导上、下游企业的实践工作，将库存控制在可控范围内，增强供应链快速反应能力，统筹规划各方要素并充分协调参与主体之间存在的矛盾，最终增强供应链的竞争水平。

3.供应链的信息共享机制的建立

利用上述信息共享的技术能够充分整合供应链各个环节所产生的信息。只不过这部分信息过于原始，需要处理之后才可以支撑供应链参与主体的高效协作。此外，对处理后的信息必须要第一时间进行共享，如此一来才可以彻底激发供应链的价值。前文已经提出过企业之间的信任情况将直接影响信息共享，限制了供应链的发展，还会提高各个企业的参与成本。由此可见，必须要打造科学且高效信息共享机制。

（1）建立信任文化。供应链的参与主体是各个企业，不同的企业之间的信任度存在差异。因此，必须要着力打造信任文化。这方面应当加大宣传，让所有企业能够充分理解合作能够给自身创造的价值，从而培养起适当的信任环境，如此更加容易实现信息共享。

（2）建立伙伴关系。对于供应链的参与主体来说，必须要明确各方切实存在的伙伴关系。正是因为伙伴关系的存在，才能够实现信息共享。此外，还应当极力控制虚报信息的情况。只要出现这种情况，就必须要予以严厉的惩戒，而且应当在供应链内部进行通报。如此可以有效制约各种商业欺诈活动的出现。

（3）详尽的信息搜集。要是已经能够明确某项信息的真实性存在切实的价值，在这种情况下就必须要竭力做到信息共享。如果无法做到信息共享，就必须要做好充分的信息搜集工作，提高信息成本，如此能确保信息具备足够的真实性。

（4）信息数据的经验评估。除此以外，重点参考此前的信息数据所发挥的价值来评估信息失真的情况。要是此前已经存在需要信息的这种情况，那么就应当小心谨慎，最好再结合部分手段来分析新信息，如此能够保障信息的参考价值。

上述已经强调过信息共享的作用，在信息共享的环境下能够充分发挥供应链的功能，而且应当认识到，由于供应链的特性，导致信息从下游到上游传递期间容易失真，供应链的激励机制会影响信息共享的效率。想要充分协调此类矛盾，就应当从供应链内部开始着手，打造更加高效的合作关系，打造信任文化，打造高效的信息共享体系。

通过信息共享能够充分提高供应链效率。笔者选择以供应链上、下游企业为研究切入点，深入研究了各类企业的合作目标，然后以此为核心，打造出科学的供应链上、下游合作伙伴的信息共享模式和技术支撑体系，能够为后续研究提供有效的指导。现阶段，信息技术可谓日新月异，市场的需求也在逐步发生转变，供应链的各方参与主体其合作也越来越深入。在这种情况下，选择通过网络的层面来分析供应链内部信息共享的各种情况，极具现实意义。信息共享机制的核心始终是共享，因此单方面的搜集或者分析信息还无法有效推动供应链企业的合作。所以必须要重视信息共享。只不过在共享期间还存在不少问题，一方面是技术问题，另一方面是各方参与主体之间不够信任的问题。由此可见，想要发挥信息共享的价值，先应当解决信任问题。

7.4.3 供应链利益与风险协调机制

供应链的各方主体之间不仅存在合作关系，还存在竞争关系，不仅需要做到利益共享，还要做到风险共担。基于此种情况，供应链必须要打造出科学的协调机制，如此能够更全面地协调各方关系，推动企业合作。企业在发展时，本身就会面临风险问题。只不过供应链之后，完全可以选择以合作的方式来控制各类风险，而且还能够打造出高效的生产/服务系统，随着该系统的逐步发展，利益共享以及风险共担会更加的均衡。要是不提前进行统筹规划，那么这种关系必然无法长期保持。供应链利益与风险协调机制涉及下述几方面。

1.共同分析市场信息

现阶段，市场的环境可谓日新月异，竞争也是趋于激烈。对于企业来说，在必须要掌握核心竞争优势的同时，还应当学会借力。在认识到企业自身不足的情况下，可以利用供应链的其他参与主体来进行协调。供应链的企业以信息共享的方式，各自能够掌握更加精准的市场信息，然后基于市场信息摸索出具有十足可行性的合作方案，一起来拓展市场。总而言之，必须要学会同产业链的企业分享信息，才可以获得更大的利益。

2.共同承担风险

整个产业链的上、下游企业在合作期间，都会面临各种风险。要是为了自己的利益不注重其他企业的风险，那么只要风险爆发，必然影响供应链的平衡，严重的情况下，供应链会崩溃。想防止出现实际情况，就必须要具有整体性的意识，面临风险的时候应当主动承担，将供应链系统打造成一个高效、统一的整体，自然能够掌握足够的市场竞争优势。此外，共担风险能够吸引更多的企业参与供应链，而且还能够确保所有企业能够达成良性的合作关系。

3.协调利润分配

（1）利润互惠互利。供应链之所以能够长期存在，必然离不开利益的合理分配。这方面应当坚持实事求是思想的指导，根据不同企业的实际情况以及不同的贡献来设定利润分配方案，保障所有参与主体的切身利益能够实现。不然的话，各个企业的积极性将无法调动，长此以往供应链会断裂。

（2）风险与利益均衡。从商业的角度看，风险与收益本身就是并存的。高风险则高收益是绝对的真理，所以在制定分配方案期间，应当结合各方主体承担风险的情况来进行设定，如果企业承担了较大的风险，那么必然当分配更多的利益。

（3）利益个体合理。要是供应链的参与主体中有企业支付了生产性成本的同时还支付了创新性方面的成本。此外，这种成本为供应链创造了更大的利润。在这种情况下，企业必须要分配到足够的利益，不然的话将很可能引发机会主义的情况。

（4）保持结构利益最优化。立足整体层面，充分考虑同供应链参与主体相关的各方要素，最终在制定科学的利润分配方案，从而推动供应链的整体发展。

供应链的各方参与主体在合作的时候离不开高效的管理。当然，这也是供应链管理的核心组成部分。现阶段，应当立足实践不断的分析总结。还要强调的是，在打造出合作机制后，必须要打造能够与之匹配的绩效评价系统，如此可以维护合作机制稳步发展。此外，企业的外部环境同样会影响供应链管理的效率。其中，最为重要的莫过于合作意识、管理能力、规章制度等。因此必须要充分整合内外部的各方要素，全面推动供应链管理目标的实现。

通常情况下，利润分配存在着下述模式：

（1）产出分享模式：各方主体都能够根据相应的分配比例来获取利润。其本质属于利益共享、风险共担。

（2）固定支付模式：主要是产业链中的核心企业会参考所有企业的具体责任，按照具体标准来划分利润，能够直接或者分批支付，剩下的利润全部由核心企业所得，当然在风险方面也完全由其一律承担。此类分配模式更加类似市场交易。

（3）混合模式：充分的整合了上述模式，核心企业不仅会按照既定标准来分配利润，还会在总利润里面提取一部分用于偿还报酬。

在实际操作中，会根据当时的市场情况以及整体的把握来自于各方参与主体的具体规模和发展战略来做出判断。混合模式是最为主流的利润分配模式。笔者重点分析的也是混合模式。

之所以能够做核心企业，其无论是规模还是市场经验都是其他企业所远远不能急的。因此，很容易就能够号召一大批合作伙伴。大家通力协作能够进一步发挥出供应链的效率。通过合作，供应链能够增加以下两种效益：一种属于能够直观看到了，存在着具象化的特征，这方面全部可以视作生产性收益增加；另外一种是无法直观看到的，不存在局限化的特征，属于知识产权收益增加。

想要进一步提高供应链的效率，核心企业就应当做好全方位的统筹规划，将供应链产生的额外利润加以分配。在实际操作中，各方参与主体同和核心企业合作之后所创造的收益，一部分能够做到具象化，一部分无法做到具象化。因此，想要根据单个企业对供应链的效益贡献来进行分配，难度较大。

第8章 山东省农产品物流与供应链发展策略研究

8.1 农产品供应链效率优化原则与目标

8.1.1 农产品供应链效率优化原则

农产品供应链对于农业发展而言发挥的价值可谓不言而喻。要是农产品在流通期间无法做到足够的有效率以及足够的公平，必然会影响各个环节的正常运营。因此，必须要着力提升当前的农产品供应链效率。鉴于此，农产品供应链效率优化应遵循下述原则。

1. 利益均衡原则

农产品供应链属于一个整体，其中包含各个部分。其中不仅有农户，也有农业合作社，还有批发市场等主体。这些主体之所以能够达成联系，是因为与利益存在着密切的联系。当前，有的是社会主义市场经济路线，在这种大背景下，所有供应链的参与者都希望能够实现各自的经营目标。在这种情况下，就必须要统筹规主体间的利益分配。只有这样，才可以充分保障农产品供应链体系的稳定，推动供应链走上可持续发展路线。农产品供应链的各个部分必须要做到投入和产出的平衡，只有这样才可以取得进一步的成果，保障农产品供应链的正常运行。在实践中，想要做到彻底的均衡比较困难，因此这本身就属于理想中的状态，正常情况下，只要能够做到在合理的范围内波动就已经算是成功。因此，想要进一步完善中国当前的农产品供应链，应当积极地转变思路，从利益关系以及流通体系出发，将利益进行合理分配，打造科学的利益分配体系以维护供应链体系的长期稳定。

2. 系统性原则

农产品供应链体系设计的范围比较广泛，参与的主体也比较多。在笔者看来，可以将子系统进行划分，主要划分成流通主体、流通客体、流通载体、流通环境和流通模式五个子系统，所有独立的子系统都会下属流通参与方。因此，想要完善农产品供应链，应当充分地认识到系统性原则的重要性，所谓系统性原则，其本身存在两方面的含义：一方面是国内农产品供应链体系属于国家社会经济不可分割的一部分，所以在完善农产品供应链体系期间，应当重点参考经济建设与社会建设的切实需求，从某种层面上看，必须要以国家利益为重；另一方面是中国农产品供应链体系其本质属于完整的经济生态系统，这里面蕴含多个子系统，在对其进行完善时，应当充分考量子系统的各项关系。

3. 实事求是原则

在任何情况下，都必须要坚持实事求是原则。在这里，主要指的是必须要深刻认识到社会主义现代化建设的发展层次，应当充分满足市场经济的切实需求。在完善时，应当充分整合掌握的资源以及内外部条件，还应当具备足够的前瞻性。在约束条件方面，主要涉及技术、制度、资源、法律等层面的约束。所谓的前瞻性，主要代指在优化期间，应当重点研究现阶段国内农产品供应链体系的发展情况以及市场的切实需求，在做出规划时必须在立足现实环境的情况下对未来市场的变化进行预判，提前做好各项应对准备。

4. 整合与新建相结合原则

在完善当前的农产品供应链体系时，应当重点整合掌握的资源以及优势，结合高科技技术以及优秀的内部管理，进一步保障资源利用率的稳步提升，充分整合各个层面，尽可能控制流通时间以及流通时的开支，发挥闲置流通资源的切实价值。这里面主要涉及基础设备、车辆以及库房等硬件，同流通的主体展开交流，尽可能找到双方的一致利益，最终实现互惠共赢。另外，应当结合具体情况，在有必要的情况下，不断优化基础设施。

5. 坚持政府引导与市场调节相结合原则

自20世纪80年代开始，中国进入了发展快车道，社会主义现代化建设取得了阶段性的胜利。市场在资源配置方面发挥了主要作用。因此，在打造农产品供应链体系期间，必须要充分明确市场的核心地位，通过价格与收益等方式，全面统筹农产品供应链体系同各个主体相互的关系，进一步增强供应链效率。此外，改革开放取得的成果同政府的引导存在着紧密的联系，因此不仅要重视市场调控，还要重视政府的调节机制，政府应当充分发挥自身的主观能动性，提供更多优惠以及利好政策。在完善农产品供应链体系时，应当积极引导市场和政府达成更加紧密的合作关系。

8.1.2 农产品供应链效率优化目标

1. 保持农业生产稳定发展

农产品供应链体系如果能够发挥出应有的功能，必然能够推动我国的农业产业取得进一步的成果。不过要是农业生产自身存在着问题，农产品供应链也不可能真正的搭建起来。现阶段，中国资本市场的环境正在逐步发生改变，投资的回报率已经无法满足热钱的需求。因此，部分本身在资本市场的资金开始朝着农业的方向进行转移，主要炒作农产品。在人为的炒作下，农产品的价格会发生剧烈的波动，长此以往将直接影响农业的发展。

我国作为传统的农业大国，农业十分发达，但是大部分都是个体户，不仅在技术方面没有优势，在资金方面也没有优势，对市场的把握也不够清晰，很难应对市场风险。一旦遭遇人为炒作，市场的供求信息将会发生流转。农民在不知道事实的情况下，往往会扩大种植面积，然后在所有农产品上市的时候，由于供大于求，市场价格会直接转移，导致农民遭受巨大的损失，会直接影响大家的生产积极性。

随着城乡一体化的发展以及国家在农业方面的支持，农民的收入稳步提升，不过增速方面远远不如城镇人口的增速，而且城乡贫富悬殊还出现了越来越大的趋势。之所以会如此，主要是因为农民无法掌握流通的主动权，市场长期处于买方市场，而且增收的速度远远赶不上价格上扬的速度，而且即便价格上扬农户也无法得到确实的好处。农产品流通环节离不开生产环节，所以想要完善农产品供应链，先应当确保农民的收入。

2. 保证农产品质量和食品安全

现阶段，国产农产品的品质逐步提升，不过较之欧美等国，依然存在不小的距离。农产品在流通的过程中，十分依赖流通效率。在当前的社会环境下，群众的物质生活得到了极大的提高，在消费方面也渐渐开始转型升级。越来越多的消费者开始重视农产品的品质。中国每一年都会出产很多农产品，不过这些农产品里面很少有产品能够进入高端市场，而且种类过于单一，缺少具有代表性的特色品牌，影响生产与消费环节正常开展的同时，还会限制农产品的供应效率。

另外，我国的食品安全现状较为严峻，部分农产品根本就没有按照既定标准来进行生产，生产期间对肥料以及杀虫剂等农资没有进行控制，影响了产品的品质。在流通方面，尤其在新鲜农产品流通方面，因为生鲜本身就容易腐败，想要让其正常上市，往往还会喷洒不少的化学药物。对于消费者来说，在食用了这些农产品之后，健康会遭受影响。因此，想要完善农产品供应链，先应当保障农产品质量，控制食品安全问题。

3.提高流通体系运行效率

产品供应链体系覆盖的范围比较广泛，涉及的子系统也比较多。每一个子系统都有固定组织构架，所以想要确保流通系统可以稳定运行，先应当增强协作效率，主要可以结合利益、法律等方式将所有主体进行无缝连接，打造科学的供应链体系，控制流通时的开支。由此可见，增强国内现存农产品供应链体系已经刻不容缓，只有这样才能够进一步优农产品供应链。

4.实现农产品流通的生态化

优化农产品供应链时间，应当充分认识到自然生态相关的情况，然后打造绿色流通路线。这里的绿色流基本上指的是在物流活动开展期间，应当尽可能地做到节能环保。流通功能为了实现环保专门引进的一些技术。其中就包括是农产品流通的环保化，在流通期间，应当控制噪声以及污染的排放。另外，农用物资的储存环保应充分发挥物理方面的优势。最后应当注重包装的环保化，切不可过度包装。此外，应当对所有容易引发污染的环节加以整改。总而言之，完善农产品供应链体系企业，效率只是一方面，必须要做到可持续发展。

8.2 农产品供应链效率优化策略

8.2.1 推广"农超对接"供应链模式

从本质上看，农产品供应链模式属于一个中间环节。其一方面连通了农业生产，另一方面连通了市场消费。在当前的社会环境下，其价值在于统筹农产品到了市场的各个环节。"农超对接"这种供应链模式是当前比较科学的供应链模式之一。参与主体是超市与农户或者农业合作社。在这种模式下，没有任何中间环节，农户直接将生产的农产品销售的超市。在实际操作中，不同的区域完全可以结合当地的具体情况来应用"农超对接"模式。

（1）应当着力推动农业合作社的发展，不断拓宽种植面积，提高种植技术以及管理能力。农业合作社必须坚持实事求是事情的指导，积极引进高素质人才。如果无法引进那么应当在内部挑选人才进行锻炼和培养。要求必须要具备足够的应变能力，能够保持足够的敏锐度，在任何情况下拥有市场主动权。

（2）应当着力引进"农超对接"的优秀人才。现阶段国内的高校尚未开设"农超对接"有关的专业，在市场存在切实需求的情况下，完全可以开设此类专业，鼓励学生学习专业，基于实践的层面，增强学生的实践能力。

8.2.2 缩短农产品流通时间并降低流通成本

农产品在流通期间会遭遇各种情况，部分情况会直接影响整体的流通效率。想要提高流通效率，就必须要着力优化流通环节。可以打造专门的线上农产品流通信息平台，通过互联网将所有信息发布出去。

此外，还应当对所有信息进行整合，尽可能做到高效资源配置，如此可以进一步控制交易费用，提高农产品的市场竞争力。农产品的流通成本其本质属于在流通中会支付的金额。这里面总共涵盖了交易成本与物流成本。交易成本覆盖的范围更大，完全包含农产品从农户到消费者手中的所有开支。想控制这部分开支，就必须要控制流通时间。这里应当基于社会环境出发，尽可能提高资金利用效率，推动经济建设。

此外，从企业的层面看，企业必须要着力控制物流成本，如此可以充分提高市场竞争力，掌握足够的竞争主动权。

由此可见，无论基于哪个维度，只要做好相应的工作，都可以为推动社会主义市场经济的发展以及农村经济建设做出卓越贡献。此外，还能够进一步提高企业经营水平。因此，有必要摸索出一条科学合理的流通路线，控制流通成本，最终进一步增强农产品供应链效率。

8.2.3 大力发展农产品第三方物流企业

农产品流通全面覆盖了商流、物流以及信息流。这里面所有要素都存在着相互作用的情况，正是在相互作用下才推动了流通目标的实现，在实际操作中，任意一种都不能缺少。对于农产品来说，如果没有物流的存在，其产品根本无法实现流通，物流解决的就是流通问题。在物流的作用下，可以让农产品在第一时间进入市场。而且由于第三方物流的存在，能够帮助产业链上游的企业解决配送问题，不需要企业自建物流。如此一来，能够让企业和农户可以把主要精力放在经营和生产中，提高了生产经营效率的同时，控制了物流时间，进而有效推动物流产业的建设，也解放了农户的相关工作，为农户创收做出卓越的贡献。

另外，因为农产品本身就容易腐败，部分农产品在流通期间需要冷链来进行运输，在这方面第三方物流拥有得天独厚的优势，完全可以做好这项工作。因此，农产品物流企业在发展中需要进一步提高技术，在条件允许的情况下，主动研发相关技术。

此外还可以直接从其他国家购买专门的冷藏物流设备，如此可以进一步优化当地的冷链运输条件，让农产品可以保持新鲜的状态供消费者购买，防止出现浪费的情况。

8.3 山东省农产品物流与供应链发展策略

8.3.1 完善利益机制，促进供应链整合

供应链的参与主体比较多，各个主体能够加入供应链就说明相互之间存在着一定的利益关系。因此，必须要着力优化利益机制，推动供应链整合。

从企业的层面看，其经营的目标就是为了实现利润最大化，在供应链中企业可能会因此引发一系列问题。为了防止相关问题的出现，就应当打造出科学的利益协调机制，能够对经营目标受到影响的企业提供相应的补助，补助的来源主要是获益更多的参与者。

在供应链的各个环节中，每一个企业都有自己的独特价值。核心企业如果想尽快推动产品进入市场，那么往往会提出让供应商及时供货，对供应商来说成本将难以控制，这种情况下，就必须要补偿供应商。不然长此以往必然会引发一系列矛盾，供应商不配合，核心企业的经营目标也无法实现。这种供应链管理模式出现的时间并不长，不过已经取得了明显的成效。美国与日本都有各自主流的汽车制造企业。美国有福特，日本有丰田。这些企业为了尽快推动产品上市，就会通过补偿的方式让供应商提前备货。正是因为使用了实力供应链管理模式，才推动了汽车企业的快速发展。

科技创新与品牌效应——不管是哪个层次的市场，其市场规模始终是有限的，但是完全可以设法将市场做大，这样可以给利益分配创造良好的先决条件。笔者认为，农产品供应链想要取得一定成果，就应当设法把"蛋糕"做大。这样才可以在提高整体利益的同时提高所有参与主体的利益。应当正确看待利益分配，将利益分配当作平衡供应链各方主体的要件。

想确保供应链的各个企业能够遵守既定方案。其前提条件在于既定方案可以给企业创造更大的利益。如果按照既定方案来开展工作，在必要的时候，部分企业可以在权利方面做出让步。简而言之，让次级企业通过掌握的一些权利与协议进行交换，最终实现经营目标。在实际操作中，所有的方案的落实离不开各方参与主体的支持。如此对协议的内容以及要求会产生更严格的标准，必须要能够提高供应链效率的同时实现整体价值的上扬。

基于静态的层面分析，供应链本身就能够创造价值。通过交易的形式，让供应链的参与主体能够按照既定规划形式，如此可以有效控制交易成本，而且还能够提高交易规

模。长此以往，必然能够为各方参与主体创造更大的价值。供应链的企业也能够在其中获利，这里的利主要来自于低价产品带来的消费者剩余增加。

想要实现上述目标，其根本在于增强农产品的市场竞争水平，而且还应当充分发挥品牌效应。对于现代农业来说，科技始终是第一生产力。现阶段，在规模化生产中，会运用各种各样的农业科技。我国部分地区还专门打造出了农业高科技示范基地，而且还成立了现代化的工厂化育苗室、组培室、穴播室，积极引进优质品种2000多个，绿色食品蔬菜、脱毒组培、立体栽培和病虫害生物防治等开始在农业生产领域逐步推广。

从供应链管理的层面看，已经建成了现代化的电商供应链，以全方位的管理来推动基地、市场、信息等一体化发展，信息中心主要提供信息方面的服务，对各项信息进行搜集整理之后，直接指导实践活动的开展。在信息的指导下，可以让冷链设备发挥出更大的价值，能够进一步提高资源分配效率，助力企业实现利润最大化的经营目标。随着科技含量逐步提高，充分地控制了生产以及物流方面的成本，此外还保障了优秀的品质，进一步增强了市场竞争力。

例如，厦门银祥公司在厦门市推出"银祥"牌放心肉，上市之后直接明确了10项承诺。虽然说其市场价格远远超过其他猪肉，但是依然受到了市场的热捧。部分消费者还专门跑到销售网点去购买。实际上，这种方式很容易复制，但是前提是产品的品质必须能够得到保障。随着市场竞争者越来越多，对于猪肉品牌的推动也越来越大。从消费者的层面看，肯定乐于看到企业之间的竞争。因为这样一来，企业必然会更加注重猪肉的品质。基于政府的层面分析，可以积极引导相关企业打造品牌。福建省专门开展了一系列同餐桌污染相关的管理工作，对生鲜类农产品设置了严格的入市标准。如此一来，各类企业必然会注重品牌的打造。首先，有品牌的农产品市场售价会更高，更容易引进社会资本参与农业项目的投资。其次，农产品品牌的竞争越来越激烈，会推动农业生产的发展，从而让农民实现增收。

8.3.2 促进供应链组织创新，探索供应链整合模式

供应链整合能够推动资源优化配置目标的实现。从供应链的层面看，通过整合可以让所有参与者都愿意主动打造核心竞争优势，积极同供应链上的企业达成更加深层次的伙伴关系，而且可以让所有企业能够专心致志的拓展主营业务，充分发挥各方优势资源，积极引进先进技术，对产业进行重新规划与布局，摸索出一条能够推动企业走上可持续发展道路的业务路线，最终达成互惠共赢的目标。在此过程中，必然将衍生出一系列同资源相关的企业网络。

对于企业来说，大家既存在着竞争关系，又存在着合作关系，而且市场的竞争会更加规范，竞争的体量会越来越大，供应链联盟会成为市场竞争的主导者。因此，传统的竞争模式已经无法满足市场的需求，供应链运行体系的发展会带动企业整体经营模式的发展，最终推动企业实现经营目标。

随着供应链不断地进行整合。各类农产品其针对的市场以及各个环节会存在相应的特点，这方面就需要坚持实事求是事情的指导。每一种农产品供应链其重心存在着本质的差异。以加工企业为例，主要需要对产业链的整体进行整合，蔬菜行业通常情况下会参考市场的需求来配置供应链模式。实际上，蔬菜供应链的模式也比较丰富，并不能单方面地认为只能够选择商业领域向后整合的模式。超市模式主要是大力应用同农产品相关的科学技术，然后在逐步整合农业合作社或者专门的生产基地，最终朝着消费市场进行整合。

8.3.3 农产品供应链整合应循序渐进、措施得当

农产品供应链管理应当坚持逐步推进，必须按照既定的步骤来整合内部和外部。优先整合内部，然后在对外部进行整合。此外，为了推动供应链整合的发展，企业应当不断增强业务管理能力，基于战略层面来打造全新的业务体系。除此以外，还应当重视信息化发展，只有先进的信息技术才能够保障供应链能够高效的管理。如果不具备先进的信息技术，所有整合都无法实现。笔者通过研究发现，内部和外部整合程度的评估指标应当科学地进行设定。经过系统评估，最终发现农产品供应链整合应当参考下述内容。

1. 加强核心企业内部各部门的整合与协调

先应当独立打造高度一致的物流目标，其具体目标是控制物流总成本。应当充分整合各方积极要素，切不可各自为战。想实现这方面的目标，所有企业应当联合起来，共同发力来控制物流总成本，不能够只关注企业自身的物流成本。必须要重视信息共享，信息共享的前提为信息沟通，企业应当着力打造现代化的信息沟通体系，基于整体的层面出发，对信息加以匹配。

2. 供应链环节间建立长期的协作关系

随着整合的不断发展，企业的结构会逐步得到优化。在此过程中，核心企业同其他企业已经能够达成良好的合作关系，共同搭建起高效的供应链管理平台，能够有效推动外部整合工作的开展。基于实证分析的层面判断，供应链外部整合之后能够有效推动供应链以及企业绩效的提升。

打造长期的合作关系，拉近企业目标与供应链目标之间的距离，能够有效推动供应

链外部整合的发展。实际上,供应链整合更多的是依靠各方参与主体自身的积极性,甚至很多时候根本都不需要一纸合同来进行约束。要做到相互信任,才可以真正推动供应链的发展,发挥出供应链应有的价值。如果各方参与主体没有建立起良好的互信机制,在信息分享时必然存在问题,长此以往将直接影响资源的合理配置,而且一旦发生问题各个企业也不愿意相互包容。

因此,长效协作的搭建必须要明确统一的利益,这方面供应链的所有主体都必须要提出自身比较关注的利益点,而且有愿意共担潜藏的风险。农产品供应链的所有工作必须要基于一致利益来开展,只有这样才可以在持续的合作下搭建起互信机制,推动多个层面的合作。

3.供应链环节间就产品、市场开发共同协作

供应链绩效很大程度上取决于实践期间的整合程度。供应商属于供应链管理理论的核心内容。想协调加工企业在加工期间存在的各项矛盾,就必须要同供货商达成一定程度的共识。农产品加工企业同样如此,对于加工企业来说,其在市场上竞争的根本是产品的质量,然而产品的质量在很大程度上取决于回收的原材料。因此,必须要同农户达成一致协议,企业完全可以充分发挥资金以及技术方面的优势,引导农户提高种植技术,不断地增强生产效率,保障质量稳定。同渠道商之间也应当达成良性的沟通机制,加工企业应当参考市场数据来调整生产方案,掌握市场竞争优势。

4.加强信息化建设,推进供应链信息共享

想要提高供应链管理效率,就必须要提高信息共享的效率。供应链的参与主体比较多,每一个主体对信息的需求都存在着差异。在这种情况下,必须要对信息进行整合,主动挖掘其中的重要信息然后再进行分享。现阶段很多企业已经充分地认识到了信息共享的重要性,尤其在订单量、价格波动以及存货方面的信息,会比较容易受到企业的重视。其完全可以打造专门的信息交换系统(如EDI系统、POS系统),然后对信心加以互换,着力发挥出信息的价值。

每一种信息层次的信息公开情况存在着一定的差异。层次越高会直接决定供应链的参与主体对信任的评估,就会直接影响信息分享的完整性。从实际操作中看,既然能够同属于一个供应链,必然说明各方企业存在着一次性的目标,但部分企业往往会担心将信息完全共享之后,自身的切身利益受到影响,所以不愿意完全公开信息。长此以往,信息分享机制根本无法发挥出切实的价值。因此,在信息分享方面,企业会选择谨慎处理。

农产品供应链的各方参与主体在共享信息期间,会提前对信息加以分类,然后在推动信息共享期间,会优先分享同绩效有关的重要信息。在信息共享期间,应当尽可能地防止形式主义，一旦出现形式主义的情况，供应链的各方主体虽然说会分享一部分信息，但分享的信息不具备足够的参考价值，所有企业也对此心知肚明，如此一来会直接导致恶性循环。在这种情况下，必须要解决强化信息流的参考价值，切不可流于形式。

供应链的信息化发展程度将直接影响信息共享的成果。实际上，发展程度基本上能够契合供应链整合的情况，信息化建设期间应当做到从内到外，将企业的核心信息作为信息指导，推动信息化建设。企业信息化建设程度可分成下述几阶段：

（1）企业信息化建设基础阶段。在此过程中，企业需要打造各种软件和硬件设施，在相应设施的支持下打造出信息化基础平台。

（2）企业核心机构的信息化。这个方面会优先选择从财务以及生产等机构着手，然后一步一步地打造出部门级的信息系统，从而实现初级信息化管理目标。所有系统没有连接在一起，能够在一段时间内满足管理所需，不会因为数据各自分散且独立储存，操作系统与数据库无法建立起统一协作机制，难以实现高效的信息共享，一旦企业经营到相应的层次，矛盾会逐步激发。其中，最容易出现的情况就是订单信息同生产效率之间不能匹配，库存管理也越来越难，进而引发下一个阶段。

（3）企业生产经营能够实现高效互联。到达这个阶段，企业的内部软件和硬件已经得到了充分的整合，信息共享不再是难事，而且内部管理模式逐步优化，企业的各个环节能够紧密的串联起来，完全可以通过对市场信息的搜集和处理，来指导生产部门的工作。产业链的上、下游有清晰的认识和精准的把握，能够做到事先计划，事中控制，事后分析。

（4）企业的业务不断发展，企业的结构不断优化，从而以客户需求为主导，串联产业链的整体环节，最终实现更加高效的合作组织形式，以信息技术为载体，将其同产业链紧密地串联起来，而且可以充分发挥各方资源优势，能够充分调动不同企业的优势资源，为市场提供更加优质的服务以及产品。

参 考 文 献

[1] 朱毅华.农产品供应链物流整合实证研究[D].南京：南京农业大学，2004.

[2] APPLE.揭秘添加水果到底值不值[EB/OL]．（2017-04-06）［2020-06-15］. http: //licai.shitou.com/article/49678.html.

[3] 苗巨亮.基于ERP系统环境下的企业内部控制研究[J].中国商论，2018（33）：107-108.

[4] 许翔宇.国外农产品供应链促进农户减贫增收的经验与启示[J].中国农业会计，2012（10）：50-53.

[5] 田立芳，董琼.国内农产品供应链研究综述[J].物流技术，2018，37（10）：90-95.

[6] 张建军，赵启兰，我国农业物流与农业经济发展互动关系研究：基于1991—2014年时间序列数据[J].中国流通经济，2017，33（1）：31.

[7] 湘西州统计局.农林牧渔业增加值的概念［EB/OL］．（2016-10-18）［2020-06-15］. http: //tjj.xxz.gov.cn/tjzs/201610/t20161018_229536.html.

[8] 廖明江.农产品物流影响我国经济发展的实证研究[J].改革与战略，2016，12：109.

[9] 王静.我国西部农产品物流与农村经济关系的实证分析[J].经济问题，2014，11：90.

[10] 方娜，张开华.基于ECM模型的城镇化与农民工资性收入关系的实证研究[J].统计与决策，2015，10：139.

[11] SAZZAD P. Information and Knowledge Management for Integration of Agricultural Supply Chain[J]. The XIMB Journal of Management, 2015, 12（2）：41-58.

[12] 涂洪波.中美日法农产品流通现代化关键指标之比较[J].中国流通经济，2013，27（1）：22-27.

[13] 郑颖杰，刘燕妮，甘辉.我国农产品物流组织模式发展趋势探讨[J].商业现代化，2008（5）：133-134.

[14] 孙统超.江苏省农产品物流模式探析[J].当代经济，2015（23）：94-97.

[15] 宋轶.农产品供应链集成模式研究[D].武汉：华中师范大学，2015.

[16] 杨跃之.基于互联网+的农产品流通模式创新研究[J].商业现代化，2016（9）：30-32.

[17] 吴宇轩.互联网+背景下农产品流通新模式构建研究[D].北京：首都经济贸易大学，2017.

[18] STONE B. The everything srore：Jeff Bezos and age of Amazon[M]. Boston：Back Bay PRESS, 2014.

[19] 黄友文.基于SWOT分析的我国生鲜电商物流研究[J].保鲜与加工，2017，17（2）：108-113.

[20] 樊世清，娄丹，孙莹.生鲜农产品冷链物流车辆配送路径优化研究[J].保鲜与加工，2017，17（6）：106-111.

[21] 余滢.关于湖南省农产品物流运作模式的探讨[J].中国高新技术企业，2009（23）：74-75.

[22] 李宁，潘晓，徐英淇.互联网+农业 助力传统农业转型升级[M].北京：机械工业出版社，2016.

[23] 窦欣.我国跨境农产品电商与冷链物流的融合发展现状与对策[J].保鲜与加工，2017，17（4）：134-138.

[24] 洪涛，张传林.2014—2015年我国农产品电子商务发展报告[J].中国商论，2015（5-6）：44-54.

[25] 陈立龙.内外贸一体化视角下深圳流通法制建设研究[J].中国商贸，2015（4）：1-2，5.

[26] 丁宏，许家伦.江苏省推动电子商务发展的战略与政策研究[J].江苏社会科学，2014（2）：268-272.

[27] HE M K, YIN J J, YANG H X. The study of new distribution mode of distributing fresh agriculture products by using the urban rail transit-take Beijing for example[J]. Applied Mechanics and Materials, 2012, 209/2010/211: 851-855.

[28] WANG H Z. Analysis on logistics operation mode of fresh vegetables[J]. Applied Mechanics and Materials, 2013, 347/348/349/350:1084-1086.

[29] SUN J, WANG X. Study on the E-commerce logistics distribution modes of fresh agricultural products[J]. Applied Mechanics and Materials, 2015, 744/745/746:1895-1901.

[30] WENG X G, AN J Y. Research on fresh agricultural products cold chain logistics certification system[J]. iBusiness, 2015, 7（4）:123-131.

[31] HAN X Y. Fresh Agricultural products logistics under "Farmer-Supermarket Direct-Purchase"：problems and suggestions analysis [J]. Applied Mechanics and Materials,

2011，97/98：1046-1049.

[32] 张爽.供应链企业间合作机制的研究[J].中国林业经济，2007（3）：60-62.

[33] 吴云.冷鲜肉供应链合作机制研究[J].物流科技，2010（3）：38-40.

[34] 尹航.吉林省循环农业发展研究[D].长春：吉林大学，2017.

[35] 王琦.农产品循环物流模式及策略研究[D].长春：吉林大学，2008.

[36] RACHEL C. Silent Spring[M].Boston：Houghton Mifflin，1962.

[37] KENNETH B. The Economics of the Coming Spaceship Earth：from Environmental Quality in a Growing Economy[M].Baltimore： The Johns Ho Pkins Press，1966.

[38] 何尧军，单胜道.循环经济理论与实践[M].北京：科学出版社，2009.

[39] 世界环境与发展委员会.我们共同的未来[M].长春：吉林人民出版社，1997.

[40] 唐奈勒.超越极限：正视全球性崩溃，展望可持续的未来[M].上海：上海译文出版社，2001.

[41] 保罗.商业生态学[M].上海：上海译文出版社，2001.

[42] 黄丽华.国内外农产品物流模式研究述评与展望[J].现代商业，2017（3）：9-10.

[43] 诸大建.从可持续发展到循环型经济[J].世界环境，2000（3）：6-12.

[44] 曲格平.发展循环经济是21世纪的大趋势[J].中国环保产业CEPI，2001（7）：6-7.

[45] 叶文虎.循环型经济论纲[J].中国发展，2002（2）：4-7.

[46] 叶文虎，万劲波.再论循环型经济的构建[J].环境科学研究，2008，21（2）：191-196.

[47] 任勇，陈燕平.我国循环经济的发展模式[J].中国人口·资源与环境，2005，15（5）：137-142.

[48] 张天柱.从清洁生产到循环经济[J].中国人口·资源与环境，2006,16（6）：169-174.

[49] 高岩.南阳市烟草卷烟物流发展战略与物流模式研究[D].杭州：浙江大学，2005.

[50] MARCO B. Fresh food sustainable distribution: cost, delivery time and carbon footprint three-objective optimization[J]. Journal of Food Engineering,2016,174（4）:56-67.

[51] 罗海燕，吕萍.甘肃农产品物流模式优化问题研究[J].兰州交通大学报，2011，5：95-99.

[52] 丁丽芳.云物流环境下的农物商一体化农产品物流模式[J].中国流通经济，2014，6：41-45.

[53] 王桔.绿色物流理论及其研究意义和方法[J].物流技术，2012（10）：69-71.

[54] 杨新.重庆生鲜农产品冷链物流发展现状及对策分析[J].农村经济与科技，2017（11）：151-153.

[55] 陈超,李斌.城镇化背景下我国农产品物流发展现状和问题及对策[J].农业现代化研究,2013(3):328-332.

[56] 白桦.基于"互联网+"的农产品物流发展对策研究[J].中国农业资源与区划,2016(3):176-179.

[57] 邹烈平.农产品物流发展趋势与对策[J].南方农机,2017(5):94-95.

[58] 艾小玲.江苏省农产品冷链物流发展现状分析与对策[J].物流技术,2017(10):17-21.

[59] 张萍.安徽农产品绿色物流存在的问题及对策建议[J].宏观经济管理,2017(S1):309.

[60] 朱一,丁小霞,姜斌远.珠江三角洲区域农产品物流信息系统框架的构建[J].物流技术,2014(17):445-447.

[61] 李淑兰,梅自力,张顺繁,等.我国农产品加工废弃物的类型及主要利用途径[J].中国沼气,2015(4):70-72.

[62] 张建军,赵启兰.我国农业物流与农业经济发展互动关系研究:基于1991—2014年时间序列数据[J].中国流通经济,2017,33(1):31.

[63] 王学良.农村物流发展与农民收入关系的实证研究[J].经济与社会发展,2013,3:92.

[64] 邹原.财政支出结构变动与经济增长关系的实证分析:以广西壮族自治区为例[J].金融经济,2012,7:36.

[65] 梁雯,王媛媛.基于ECM模型的安徽省新型城镇化水平对物流业发展影响研究[J].物流科技,2014,9:42.

[66] 涂洪波.中美日法农产品流通现代化关键指标之比较[J].中国流通经济,2013(1):22-27.

[67] 张川.基于循环经济的我国钢铁企业能源效率研究[D].北京:北京科技大学,2017.

[68] 白金明.我国循环农业理论与发展模式研究[D].北京:中国农业科学院,2008.

[69] 张叶.现代生态循环农业发展模式研究:以浙江省为例[J].浙江学刊,2016(5):185-190.

[70] 陆萍.循环农业发展:模式、影响因素与效率评价[D].杭州:浙江大学,2016.

[71] 王春晓.基于循环经济理念的农产品绿色供应链管理[J].价格月刊,2008(3):30-31.

[72] 王建花.农业循环经济发展模式研究[D].福州:福建农林大学,2013.

[73] 李峰.我国中部农业循环经济发展战略研究[D].武汉:武汉大学,2013.

[74] 张玉梅.基于循环经济的生猪养殖模式研究[D].北京:中国农业大学,2015.

[75] 覃志成.循环经济视角下新农村现代物流模式分析[J].商业经济研究,2015(32):41-43.

[76] 庞燕.循环经济下农业废弃物物流模式的构建与实施:以农作物秸秆资源回收利用为

例[J].系统工程，2010（11）：82-85.

[77] 朱煜，汝宜红，吴潮音.基于循环经济的物流模式研究[J].综合运输，2006（12）：52-54.

[78] 李婧.循环经济视角下山东省农产品绿色物流发展研究[J].全国商情，2016（36）：47-48.

[79] 余敏.基于循环经济的农产品物流模式及策略研究[J].吉林省经济管理干部学院学报，2016（6）：11-13.

[80] 姚冠新.农产品物流模式研究综述[J].物流科技，2016（1）：6-9.

[81] 田淑芳.安徽省生鲜农产品物流发展评价及模式选择[J].重庆科技学院学报（社会科学版），2017（3）：39-42.

[82] 梅杨.生鲜农产品O2O配送模式的评价及选择研究[D].武汉：武汉轻工大学，2016.

[83] 查伟华.基于循环经济的农产品物流模式及策略研究[J].特区经济，2011（5）：246-247.

[84] 陆学.循环经济理论研究综述[J].中国人口、资源与环境，2014（S2）：204-208.

[85] 武永强.甘肃省金昌市循环农业发展模式研究[D].兰州：兰州大学，2016.

[86] 应京武.温州清江镇生态循环农业发展研究[D].南昌：江西农业大学，2017.

[87] 杨锐.休闲农业转型升级路径研究：以烟台市为例[J].农业经济，2017（11）：28-29.

[88] 王晓东.武威市循环农业发展模式及其SWOT分析[D].兰州：兰州大学，2017.

[89] 程圆圆.循环农业发展的SWOT分析[J].绿色科技，2017（10）：250-252.

[90] 李慧明.源于"循环"高于"循环"的循环经济深入发展研究[J].中国地质大学学报（社会科学版），2008（1）：15-20.

[91] 张忠华，刘飞.我国循环经济主要发展模式及展望[J].环渤海经济瞭望，2016（9）：3-5.

[92] 马爱民，王博弘.济南市现代物流业发展的SWOT分析[J].科技资讯，2017（12）：116-117.

[93] MARIJA B, LUDVIK B, ROBERT V. Stability of Perishable Goods in Cold Logistic Chain[J]. International Journal of Production Economics，2005（93-94）：345-356.

[94] MONTANARI R. "Cold chain tracking: A managerial perspective"[J]. Trends in Food Science & Technology, 2008, 19（8）：425-431.

[95] SIMON J, ALEX K, JAN O, et al. A Country-by-Country Look at Regulations and Best Practices in the Global Cold Chain[J]. Food Safety Magazine，2006（5）：5, 34-43, 64.

[96] TARANTILIS C D, KIRANOUDIS C T. Distribution of Fresh Meat[J]. Journal of Food Engineering, 2002, 51（1）：85-91.

[97] RAU H, WU M Y, WEE H M. Integrated Inventory Model for Deteriorating Items under a Multi-Echelon Supply Chain Environment [J]. Int. J. Production Economics, 2003, 86

（2）:155-168.

[98] NAZIF H, LEE L S. Optimized Crossover Genetic Algorithm for Vehicle Routing Problem with Time Windows[J]. American Journal of Applied Sciences, 2010, 7（1）: 95-101.

[99] OSVALD A, STIRN L Z. A Vehicle Routing Algorithm for the Distribution of Fresh Vegetables and Similar Perishable Food[J]. Journal of Food Engineering, 2008, 85（2）: 285-295.

[100] 汪云华. 我国发展第三方冷链物流的环境和资源配置分析[J]. 中国西部科技，2006（19）：20-21.

[101] 恭树生，梁怀兰. 生鲜食品的冷链物流网络研究[J]. 中国流通经济，2006（2）：87-93.

[102] 鲍长生. 冷链物流运营系统研究[J]. 财贸研究，2006（7）：147-148.

[103] 吉爱平，朱华斌."火热"的冷链物流[J]. 市场观察，2008（4）：20-21.

[104] 陈大为. 构建以配送便模式为基础的长三角区域小件货物共同配送体系[J]. 物流技术，2005（3）：84-88.

[105] 胡小文. 共同配送效益计算研究[J]. 物流技术，2006（7）：140-141.

[106] 彭育松，周敏. 合作博弈下的共同配送利益合理分配模型[J]. 云南财贸学院学报，2006（22）：60-64.

[107] 贺政纲，贺正强，张锦. 基于相关总成本的采购联盟形成动力研究[J]. 公路交通科技，2006（11）：146-149.

[108] BHUNIA A K, MAITI M. An Inventory Model of Deteriorating Items with Lot-Size Dependent Replenishment Cost and a Linear Trend in Demand[J]. Applied Mathematical Modeling, 1999, 23（4）: 301-308.

[109] CHENG M B, WANG G Q. A Note on the Inventory Model for Deteriorating Items with Trapezoidal Type Demand Rate[J]. Computers & Industrial Engineering, 2009, 56（4）: 1296-1300.

[110] ZHOU Y W, LAU H S, YANG S L. A New Variable Production Scheduling Strategy for Deteriorating Items with Time-Varying Demand and Partial Lost Sale[J]. Computers & Operations Research, 2003, 30（12）: 1753-1776.

[111] HARIGA M. Optimal EOQ Models for Deteriorating Items with Time-varying Demand[J]. Journal of the Operational Research Society, 1996, 47（10）:1228-1246.

[112] 王海丽，王勇，曾永长. 带时间窗的易腐食品冷藏车辆配送问题[J]. 工业工程，2008

（3）：127-130.

[113] 赵艳艳. 食品冷链物流软时窗配送模式优化研究[J]. 安徽农业科学，2009（17）：8235-8238.

[114] ATTARAN M. RFID: An Enabler of Supply Chain Operations[J]. Supply Chain Management, 2007, 12（4）:249-257.

[115] CHOW H K, CHOY K L, LEE W B. Integration of web-based and RFID technology in visualizing logistics operations：A case study[J]. Supply Chain Management, 2007, 12（3）：221-234.

[116] 申永生，何世伟，王德占，等.易腐货物运输配流的优化研究[J].物流技术，2009（1）：65-67.

[117] 王红玲，郑纲，何剑锋.基于改进粒子群算法的生鲜农产品配送路径优化研究[J].安徽农业科学，2010，31：17961-17962.

[118] JU C K, MU C C. Developing an Advanced Multi-Temperature Joint Distribution System for the Food Cold Chain[J]. Food Control, 2010, 21（4）：559-566.

[119] 韩永奇.2008年我国肉制品产业走向何方[J].肉类工业，2008（9）：1-3.

[120] 张晓敏，李锋，徐宝才.我国肉制品冷链物流的发展现状[J].猪业科学，2006（10）：28-29.

[121] WEE H M. Joint Pricing and Replenishment Policy for Deteriorating Inventory with Declining Market[J].International Journal of Production Economics, 1995, 40（2-3）:163-171.

[122] 唐丽敏.机会行走在路上：从日本配送业的成长看我国传统中小运输企业的转型[J].东方企业文化，2005（10）：36-37.

[123] 吴丽娜.建立轴辐式物流配送系统研究[J].物流管理，2008（2）：30-31.

[124] 赵平.商业物流发展配送业务的营销研究[J].现代营销，2008（2）：13-15.

[125] 刘志勇，王侃.共同配送策略在冷链物流中的应用研究[J].物流研究，2007（10）：1-3.

[126] SVENSSON G. Aspects of sustainable supply chain management（SSCM）: Conceptual framework and empirical example[J]. Supply Chain Management. 2007,12（4）：262-266.

[127] 卞兴超，张滨丽.基于SLP的农产品物流园区布局规划[J].佳木斯大学学报（自然科学版），2017，35（1）：107-110.

[128] 赵越.润恒农产品连锁物流园竞争战略研究[D].桂林：广西师范大学，2018.

[129] 李夏培.电子商务背景下农产品物流园服务模式创新研究[D].北京：首都经济贸易大学，2017.

[130] 郑鹏.基于农户视角的农产品流通模式研究[D].武汉：华中农业大学，2012.

[131] 高悦凯，熊文杰，孟芳. 以生产企业主导开发的果蔬物流园区商业与运营模式的探究[J].武汉商学院学报，2014（3）：86-90.

[132] 宁维巍.山东省果蔬类农产品现代物流配送体系研究[D].济南：山东大学，2005.

[133] 周冬娥.农产品物流成本结构优化研究[J]. 中国市场，2013（10）：47-49.

[134] 王志国. 宁安市农产品物流园区发展对策研究[D].长春：吉林大学，2017.

[135] YIN J J, YANG H X. The study of new distribution mode of distributing fresh agriculture products by using the urban rail transit -take Beijing for example[J]. Applied Me：chanics and Materials, 2012, 209/201/211: 851-855.

[136] WENG X G, AN J Y. Research on fresh agricultural products cold chain logistics certification system[J]. iBusiness, 2015, 7（4）：123-131.

[137] 黄友文. 基于SWOT分析的我国生鲜电商物流研究[J]. 保鲜与加工，2017，17（2）：108-113.

[138] 叶洪强，谢余杰.推动物流业发展的物流园区信息化思考[J]. 市场论坛，2009（4）：65-67.

[139] 张友鹏.加快山东新旧动能转换的思考[J].中国国情国力，2018（11）：43-46.

[140] 白美，侯连涛，岳海鸥，等. 山东省新旧动能转换的问题与对策[J]. 科技视界，2018（32）：52-53.

[141] 余东华.以"创"促"转"：新常态下如何推动新旧动能转换[J]. 天津社会科学，2018（1）：105-111.

[142] 黄秀海.加快推进新旧动能转换对策研究：以山东省临沂市为例[J].北方经贸，2018（11）：116-117.

[143] 王彩霞，甄小虎.新旧动能转换下绿色物流RTP发展模式研究[J].中国物流与采购，2019（14）：42-43.

[144] 张艳华.山东省农产品物流发展模式研究[D].呼和浩特：内蒙古财经学院，2011.

[145] 许颖. "互联网+"下江西特色农产品的物流模式选择研究[D].南昌：华东交通大学，2016.

[146] 毕玉平. 山东生鲜农产品物流供应链模式研究[D].杨凌：西北农林科技大学，2011.

[147] 毛艳.长株潭农产品流通体系优化设计[D].长沙：中南大学，2012.

[148] 赵敏."互联网+"背景下生鲜农产品流通模式研究[J].保鲜与加工，2018，18（6）：144-149.

[149] 徐良培.农产品供应链协同机制研究[D].武汉：华中农业大学，2014.

[150] 田丽妮.我国汽车制造业供应链物流整合研究[D].武汉：武汉理工大学，2005.

[151] 陈超.猪肉行业供应链管理研究[D].南京：南京农业大学，2003.

[152] 徐倩，赵敏.山东省农产品供应链发展现状研究[J].商场现代化，2019（2）：30-32.

[153] 林荣辉.供应链环境下生鲜农产品的冷链物流研究[D].淄博：山东理工大学，2014.

[154] 于景英.山东省农产品供应链发展模式研究[D].青岛：中国海洋大学，2013.

[155] 艾小玲.基于供给侧改革的江苏省农产品冷链物流模式探讨[J].物流科技，2018，41（2）：83-89.

[156] 李艳军.美国农产品物流发展对我国的启示[D].石家庄：河北师范大学，2010.

[157] 严小青.中美农产品物流信息化比较研究[J].世界农业，2010（12）：8-13.

[158] 刘平平.长沙市生鲜农产品营销渠道优化研究[D].长沙：中南林业科技大学，2013.

[159] 张爽.供应链企业间合作机制的研究[D].哈尔滨：东北林业大学，2007.

[160] 沐潮.基于部分合作博弈的供应链企业策略选择与路径演化研究[D].天津：天津大学，2009.

[161] 赵敏.循环经济视角下农产品物流模式研究文献综述[J].物流技术，2018，37（6）：1-4，19.

[162] 赵敏.我国农产品物流现状与对策研究：基于济南市调研数据[J].物流技术，2018，37（5）：8-12.

[163] 刘阳阳.新旧动能转换下山东省农产品物流影响农业经济发展的实证研究[J].物流技术，2018，37（11）：13-16.

[164] 赵敏.蓄冷式冷链物流的配送模式研究[D].烟台：烟台大学，2011.